秘密战3000年

第1部
公元前到公元7世纪

修订版

指文烽火工作室 编

中国长安出版社

图书在版编目（CIP）数据

秘密战3000年. 第1部 / 指文烽火工作室编. --北京：中国长安出版社，2015.2
　ISBN 978-7-5107-0891-6

Ⅰ.①秘… Ⅱ.①指… Ⅲ.①战争史-世界-古代 Ⅳ.①E19

中国版本图书馆CIP数据核字（2015）第038646号

秘密战3000年
第1部 公元前到公元7世纪（修订版）
指文烽火工作室 编

出版：中国长安出版社
社址：北京市东城区北池子大街14号（100006）
网址：http://www.ccapress.com
邮箱：capress@163.com
发行：中国长安出版社
电话：（010）85099947　85099948
印刷：重庆大正印务有限公司
开本：787mm×1092mm 16开
印张：18
字数：300千字
版本：2019年1月第2版　2019年1月第1次印刷

书号：ISBN 978-7-5107-0891-6
定价：119.80元

版权所有，翻版必究
发现印装质量问题，请与承印厂联系退换

总 序

　　自从人类有历史以来，在政治、军事、外交、经济等各类型较量和斗争中，间谍、诡道、阴谋、外交暗战和秘密结社等间接手段层出不穷。

　　人们对于秘密战或敌视，或诅咒，或不予承认，但最终历史将告诉我们，每个胜利者或失败者对秘密战其实都无比重视与依赖。

　　该书将描述人类三千年以来，在秘密战领域的秘闻与传奇；还原历史上各重大政治事件中秘密战斗争所起的作用；将秘密战中错综复杂而又扣人心弦的情节，以及危机四伏而又惊心动魄的场面，展现给各位读者。

秘密战 3000 年

（公元前到公元 7 世纪）

古埃及法老拉美西斯二世所遭受的诈降诡计；周幽王烽火戏诸侯背后的政治斗争、外交暗战；摩西在古埃及所采取的间谍活动……这些藏匿在神话传说中的史实，是秘密战在人类文明萌芽时期初现的端倪。

聂政豪气冲天的匹夫一怒；亚历山大大帝的弑父之举；昌平君在秦国相国与末代楚王之间的身份变换……这些历史上得到保留的秘密战记载，则是人类对于秘密战的最初探索。

阴谋天才刘邦的横空出世；加密情报先行者恺撒的异军突起；隋唐时代间谍、外交暗战、特务政治等秘密战手段的炉火纯青……人类已经逐渐开始掌握住了秘密战的精髓与奥义。

CONTENTS 目录

- **001** 受制于间谍的埃及法老
  - 一　旧怨新仇
  - 二　互不服输的国王
  - 三　卡迭石大战
  - 四　握手言和
- **017** 耶和华庇护下的秘密战
  - 一　"谍报大师"摩西
  - 二　以笏刺杀伊矶伦
  - 三　参孙与间谍妻子
  - 四　亚比米勒的暗杀手段
  - 五　大卫夺位中的秘密战
  - 六　所罗门的谍报网
- **035** 不知所踪的绝色女谍
  - 一　女艾：中国第一个女间谍
  - 二　妹喜：妖姬？间谍？
- **047** "烽火戏诸侯"背后的暗战
  - 一　风雨飘摇
  - 二　祸起萧墙
  - 三　黑白颠倒
  - 四　虽死犹生
- **067** 聂政刺韩君的血色迷雾
  - 一　壮士与凶案
  - 二　韩烈侯？韩哀侯？
  - 三　蛛丝马迹
  - 四　许异是谁

　　　　五　真相再现
　　　　六　千年追凶
075　"弑父阴谋说"与亚历山大
　　　　一　婚礼上的谋杀
　　　　二　东征西讨
　　　　三　离奇死亡
091　秦国崛起的幕后风云
　　　　一　异国势力，盘根错杂
　　　　二　武王枉死，楚系独霸
　　　　三　赵系阴谋，奇货可居
　　　　四　楚赵争雄，暗藏杀机
　　　　五　阴谋泄露，决战咸阳
107　末代楚王的潜伏与暗战
　　　　一　秦楚情仇，恩怨难明
　　　　二　间谍丞相，身世之谜
　　　　三　策划阴谋，前往郢陈
　　　　四　间谍行动，扭转乾坤
　　　　五　棋逢对手，势败难回
　　　　六　临危称王，遗计殉国
123　"秘密战天才"汉高祖刘邦
　　　　一　牛刀小试
　　　　二　隐蔽斗争
　　　　三　决一雌雄
135　"战略之父"的谍战兴亡录
　　　　一　二十五岁，执掌帅印

二　大兵未动，谍战先行
　　　三　掌控情报，出奇制胜
　　　四　误用间谍，败走麦城
　　　五　高手相遇，惺惺相惜
　　　六　英雄末路，悲情谢幕
151　**汉初分封下的刺杀谍战**
　　　一　嗜血的皇弟
　　　二　淮南王的阴谋
163　**加密情报的开创者恺撒**
　　　一　《高卢战记》中的谍报战
　　　二　史无前例的"恺撒密码"
　　　三　扑朔迷离的恺撒之死
179　**密特拉教的诡秘阴影**
　　　一　公元前后罗马帝国的异教世界
　　　二　密特拉教的神秘教义与仪式
　　　三　密特拉教、罗马帝国与基督教
191　**早期道教与汉末秘密战**
　　　一　《太平清领书》的秘密
　　　二　张角与黄巾起义
　　　三　五斗米道的创立
　　　四　董扶和于吉
　　　五　张鲁的"太平世界"
　　　六　曹操与道教的瓜葛
207　**孙策之死背后的疑云**
　　　一　大战在即，奸雄之忧

　　　　二　扫平障碍，阴袭许都
　　　　三　奉孝鬼才，千里暗杀
　　　　四　暗杀成功，形势逆转
219　蜀汉灭亡的秘密战交锋
　　　　一　大战前夕，阴谋暗藏
　　　　二　两线攻势，魏蜀交锋
　　　　三　阴平暗渡，千古奇谋
　　　　四　旧派阴谋，一计亡国
　　　　五　兴衰有因，后患无穷
235　借刀杀人的司马氏阴谋
　　　　一　钟姜合谋，独霸蜀中
　　　　二　计划周详，欲夺天下
　　　　三　成都兵变，三雄身殒
　　　　四　螳螂捕蝉，黄雀在后
　　　　五　三家消散，乱世终焉
247　突厥控诉下的隋唐秘密战
　　　　一　长孙晟的离间计
　　　　二　李世民"反间计"大败突厥
　　　　三　独孤怀恩"卧底"失败
　　　　四　间谍毁掉窦建德
　　　　五　"双面卧底"助李世民登基
267　从政斗中走出的女皇帝
　　　　一　费尽心机，接近李治
　　　　二　争宠夺权，手段狠辣
　　　　三　登基称制，其路漫漫

受制于间谍的
埃及法老

作者：郭廷春

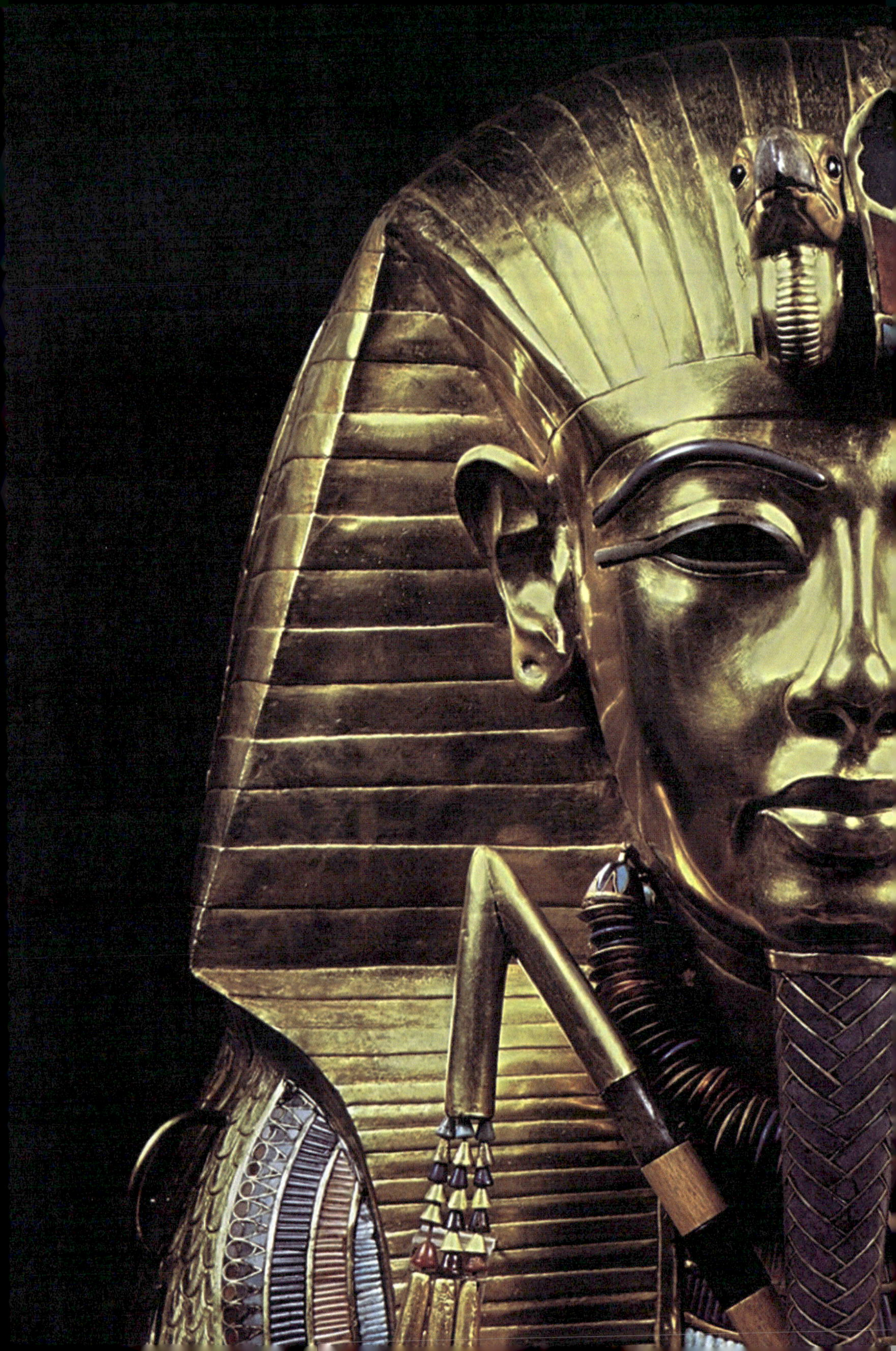

在古埃及漫长的历史中,有一位充满传奇色彩的人物——拉美西斯二世(约公元前1303年—公元前1213年),他是古埃及最著名的法老之一。

有资料这样赞美他:"一位强大的国王,一位战无不胜的将军,一位和蔼可亲的父亲,一位不知疲倦的建设者。敌人惧怕他,臣民爱戴他,神灵保佑他。"他在位的67年(有争议)里,有8位皇后、不计其数的嫔妃和一百多个儿女。他活了九十多岁(有的资料认为应该是在80~90岁之间,当时的埃及人平均寿命也不过40岁),一度使埃及繁荣强盛。时隔三千年后,这位风云人物荣登美国《时代》杂志封面人物,再次引起人们的关注。鲜为人知的是,他在即位后的某次御驾亲征途中,险些因两个间谍而丧命。

同样因为间谍,赫梯帝国国王穆瓦塔里什与拉美西斯二世之间的"卡迭石之战"被载入史册。穆瓦塔里什利用间谍作战的方法使他一举成名,被史学界认为是"世界上最早使用间谍的人"。

其实,在这两位风云人物登上历史舞台之前,埃及与赫梯就早已开战,在拉美西斯二世和穆瓦塔里什分别成为埃及和赫梯的最高统治者之后,两国的较量才真正展开。而著名的"卡迭石之战"则成为两国关系的转折点——战后两国订立合约,进而宣布联姻,自此两国修好,再不言战。

旧怨新仇

拉美西斯二世出生在古埃及第19王朝时期(公元前1320年—公元前1200年)。其祖父拉美西斯一世(公元前1320年—公元前1318年在位)是王朝的创立者。拉美西斯一世原名"普拉美斯",出身于非王室的军队指挥官家庭,曾是一名骑兵部队的长官,具有将军身份,最终被法老[①]选定为继承人。

拉美西斯一世在其执政时期,改编并加强了埃及军队:他将军队分为三个军团,每个军团都以埃及主要神灵的名字命名。各军团还配备了战车队,以增强作战机动性和行军速度。他还将各军团中挑选出的骨干整合成了一支侍奉自己的近卫军,并从相邻各部落中招募雇佣军,守卫边境要塞。拉美西斯一世又从东北要塞修筑了一条经过沙漠却通往亚洲的军道,以便作战时能迅速调兵遣将。这些军事措施为19王朝与赫梯间的争霸奠定了基础。

赫梯原是小亚细亚地区的奴隶制国家,其位置相当于今天的土耳其。"赫梯"一词出自《圣经》,特指生活在青铜时代末期以

---

① 在古埃及语中,其本义为"大房子",后逐渐演变为对国王的尊称。**法老自称为太阳神拉神之子,宣扬君权神授**说,集军、政、财、神诸权于一身。

后的一支迦南人，后来也有学者用它来借指青铜时代统治安纳托利亚高原的王国，称"赫梯王国"（或译为"西台帝国"）。赫梯人是世界历史上最早开始冶铁的民族，也是世界上最早进入铁器时代的民族。王国毁灭之后，大量的赫梯铁匠散落各地，冶铁技术也因此扩散到世界的其他地方，在公元前8世纪传至古印度，公元前6世纪传至中国。

赫梯王国大约形成于公元前19世纪中叶，初为小国，后以哈图莎（今波加科斯）为中心形成联盟，渐趋统一。公元前17世纪建立赫梯帝国，公元前16世纪初攻陷巴比伦城。公元前16世纪后半叶，赫梯国王铁列平进行改革，王权巩固，国势日盛。公元前15世纪末至公元前13世纪中期，是赫

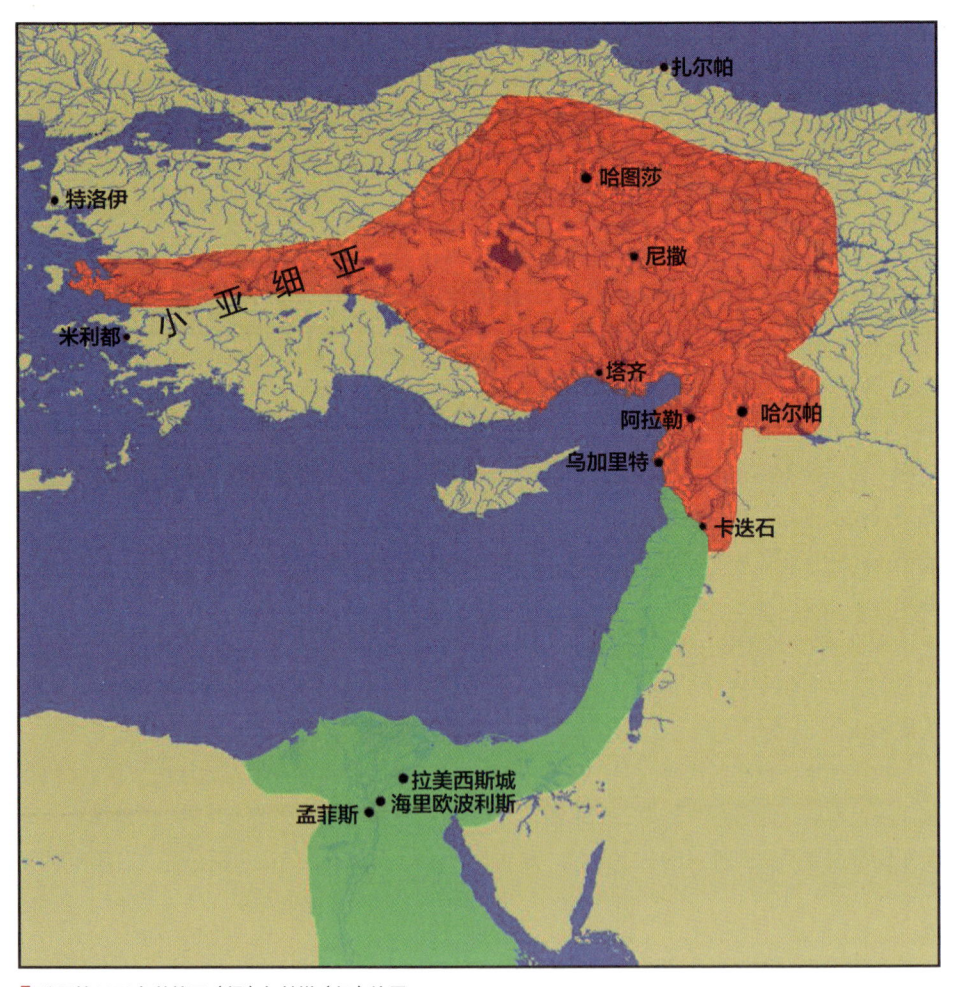

▎公元前1279年的埃及（绿）与赫梯（红）边界。

梯最强盛的新王国时期。首都先在库萨尔，后迁至哈图莎。

在埃及阿赫那吞①时代，埃及军事实力走向衰落，根本无法保卫自己在叙利亚的领地，赫梯国王苏庇鲁流马斯趁机在叙利亚大肆扩张。叙利亚一些小国，如努卡西西、穆基西、尼亚等纷纷向赫梯投怀送抱，就连与埃及有血缘联系的乌伽里特也背叛了埃及。此时，从奥伦特河谷的荷姆斯湖向西，直到腓尼基海岸的阿穆路地区，名义上都归埃及所属，阿穆路国王阿基路想趁埃及在亚洲的统治瓦解之机，向外扩张领土。他一方面派军援助埃塔卡马反对仍然忠于埃及的阿姆基和乌培，另一方面率兵亲自攻打图尼普。在阿基路军队的围攻下，图尼普向阿赫那吞请求军事援助，但阿赫那吞此刻也饱受国内王权与阿门僧侣集团矛盾的困扰，对他的请求爱莫能助。随后，阿赫那吞传讯阿基路，并把他囚禁在埃及。几年后，阿基路被释放，不久便投靠了赫梯，阿穆路地区也随即划入赫梯版图。

赫梯为集中力量消灭米坦尼王国②，和埃及结为盟友，从而瓦解了埃米同盟。为表示尊重盟约，苏庇鲁流马斯在其扩张过程中，只攻打米坦尼的属国，乌伽里特、腓尼基各邦及阿穆路等埃及的属国因此而避免了战火。苏庇鲁流马斯在位期间，彻底摧毁了米坦尼，并趁阿赫那吞致力于改革无暇东顾之机，夺取了埃及在西亚的领地。至此，赫梯与埃及两大霸国第一次实现领土接壤，双方

赫梯战士头像。

以奥伦特河为界划定了各自的疆域。

其后不久，叙利亚的一些小国组成了反埃及同盟，并企图拉拢与埃及保持王室间婚姻关系的乌伽里特。乌伽里特国王写信给苏庇鲁流马斯，请求赫梯帮助他解除困境。苏庇鲁流马斯趁机把乌伽里特变为了赫梯的诸侯国。而后，苏庇鲁流马斯继续南下吞并了卡特那、乌培等本来都属于埃及的小城邦。

然而，阿赫那吞并没有对赫梯的大肆吞并扩张行为做出反应。其后，在阿赫那吞的继承者图坦哈蒙统治时期，埃及曾出兵企图恢复在亚洲的失地，但收效甚微。图坦哈蒙死后，因无子嗣继承，埃及的统治大权落于大臣阿雅的手中。图坦哈蒙的寡后安开孙巴阿吞私自写信给赫梯国王苏庇鲁流马斯，请求他派一位王子来埃及与她成亲，并允诺让

---

① 即埃及第18王朝国王，公元前1379年—公元前1362年在位。
② 公元前1550年—公元前1350年存在，领土范围为今美索不达米亚。

拉美西斯二世雕像。

这位赫梯王子充当埃及法老。苏庇鲁流马斯几经斟酌,同意了寡后的请求,但派出的王子在赴埃及途中被杀。这起事件或许是一个阴谋,意在挑起赫梯与埃及的争斗。苏庇鲁流马斯听闻王子遇难,勃然大怒,立刻派兵攻打埃及。埃及最终战败,大批士兵被俘,苏庇鲁流马斯也因赫梯军中传染病肆虐,而被迫停止了对埃及的征战。

拉美西斯一世加冕仅一年零四个月便撒手人寰,其子西提一世即位,他便是拉美西斯二世的父亲,而此时赫梯的统治者是穆西里二世,当时两国境内都发生了叛乱。据一些史料记载,埃及在亚洲的平叛活动特别顺利。继位第二年,西提一世沿地中海东岸北上,前往阿穆路地区作战,而后又攻克了卡迭石城。北进途中,他与赫梯人遭遇,一番激战过后,西提一世获胜,抓获了许多赫梯战俘。埃及卡尔那克神庙中的铭文写道:"当他(西提一世)从赫梯回国时,蹂躏了(叛乱的)国家,并杀死了亚洲人,(带走了)他们的白银、黄金、天兰石、孔雀石,以及(各种)美好的东西……"

二 互不服输的国王

公元前 14 世纪的最后 10 年内,埃及法老西提一世和赫梯国王穆西里二世相继去世,两位叱咤世界的风云人物——拉美西斯二世和穆瓦塔里什分别继承两国王位,埃及与赫梯的争霸开始进入白热化阶段。

在古埃及的石刻上,有一段赞美拉美西斯二世的铭文:"你是拉(太阳神),你的身体就是拉的圣体。没有一个统治者能比得上你,你举世无双……自拉起,除你之外,伊西丝女神从未爱过任何一个国王。……每个城市都应该知道你是所有人的神!"铭文固然有阿谀奉承的嫌疑,但无疑也为后世提供了解读拉美西斯二世的另一种角度。

拉美西斯二世〔约公元前 1279 年(或 1290 年)—约公元前 1213 年(或 1224 年)在位〕是埃及一个很有作为的法老,他治国有方、智勇双全。他的母亲名叫杜雅,是一位骁勇善战的将军的女儿。这位王后先后生育了四个儿女——两名男孩和两名女孩,拉美西斯二世的哥哥很早就夭折了,这使得拉美西斯二世顺利继承了王位。拉美西斯二世很聪明,幼年就进入"法老学校"学习,10 岁在军中任职,15 岁随父出征参战,曾出征利比亚和巴勒斯坦。到 22 岁时,他已能独

▏拉美西斯二世人物复原图。

自在努比亚地区作战。拉美西斯二世在很短的时间内就学会了很多东西,特别是作为法老所必需的两项技能:军事征服和建造王宫。如今在埃及,处处可见在他指导下完成的建筑奇迹。

父亲去世后,拉美西斯二世继位,那时他大概只有 25 岁,但已初露锋芒。尤其在军事方面,他具备了雄才大略和远见卓识。继位前,拉美西斯二世曾担任突击部队和车兵首领,他作战勇猛,爱护军士,在军中享有极高的威望。他秉承父志,极力想通过对外扩张使埃及更加强盛。

穆瓦塔里什是穆西里二世的次子,因长兄早逝,才得以继承赫梯王位①。史书中对穆瓦塔里什成长过程的记载语焉不详,但可以推断出他是在尚武的环境中长大的。穆瓦塔里什继位后,把都城从哈图莎迁到了离叙利亚较近的达塔萨,致力于利凡特地区的战争事务。

即位的前两年,拉美西斯二世将主要精力都用在国内工程建设上。在其当政的第 3 年,阿穆路发生了叛乱,公然脱离赫梯转而投靠埃及。拉美西斯二世闻此,当年 5 月即率军深入西亚收复了阿穆路,成功占领了南叙利亚的别里特(今贝鲁特)和比布斯。

出乎埃及意料的是,穆瓦塔里什并未立即采取军事行动,而是不声不响地打起了秘密战。

当拉美西斯二世班师回国的时候,他并不知道,他的首都其实已经布满了赫梯人的

■ 赫梯国王小金像。

密探。这些训练有素的谍报人员都是穆瓦塔里什精心培训出来的,他们将埃及的一举一动都看在眼里,然后一字不漏地汇报给他们的国王。与此同时,穆瓦塔里什也开始积极扩军备战,召集起遍及安纳托利亚和北叙利亚的所有臣民和盟军,其中包括三千五百多辆战车和十倍于此的步兵。

为了结与赫梯的旧怨新仇,拉美西斯二世决定毕其功于一役。其实说到底,双方争夺的是今黎巴嫩和叙利亚的控制权。古代叙利亚地区位于亚、非、欧三大洲的交汇点上,扼古"锡道"要冲,是古代海陆商队贸易枢纽、历代列强的必争之地。

为了实现这个目标,拉美西斯二世首先要攻克奥仑特河上游的卡迭石城。卡迭石城位于被埃及刚刚收复的阿穆路以东,交通便利,是所有商路的交叉点,这里由赫梯军队重兵把守。

箭在弦上,战争一触即发。

---

① 公元前16世纪后半叶,赫梯国王铁列平通过改革确立起了王位继承法,即长子优先,无长子归次子,无子归女婿的王位继承方式。

受制于间谍的埃及法老

三 卡迭石大战

"卡迭石之战"发生的时间不详，历史记载多有龃龉之处，莫衷一是。公认的较为准确的时间为拉美西斯二世在位的第5年，由于拉美西斯二世出生和即位的时间存在争议，故卡迭石之战发生的时间也存在着几种说法：公元前1300年、公元前1286年、公元前1285年和公元前1275年。我们之所以能够全面地了解这场战争，是因为好大喜功的埃及法老拉美西斯二世在战后命人将战争的场面刻在了浮雕和碑刻上。但因为所提供的信息或存在偏差，或相互矛盾，有的还令人难以置信，所以很多细节无法甄别真伪。

拉美西斯二世的军队还没有开拔，他的出征计划却早已被赫梯间谍侦知。不仅如此，埃及军队的详细情况及进军路线也被赫梯间谍摸得一清二楚。

赫梯国王穆瓦塔里什有一个专长，就是善于打情报战。在那个时代，懂得利用间谍的国君或许还有很多，但鲜有史料记载，而穆瓦塔里什却成为史书上记载的最早利用间谍的人。事后证实，这次间谍战打得非常漂亮，对战争的进程及战役的成败都起到了决定性作用。在谍战方面，拉美西斯二世难以和穆瓦塔里什比拟，所以他在这方面吃了亏。当时，赫梯的间谍遍布埃及，他们当中不乏"死间"①，为穆瓦塔里什的战

赫梯首都哈图莎外城的狮门。

---

① "死间"即故意散布假情报给被舍弃的间谍，这些间谍被捕后，会为了保命把自认为真实的情报透露给敌人。

9

争决策立下了汗马功劳。

在得知拉美西斯二世的军事部署情报后，穆瓦塔里什迅速召开王室会议，研究作战计划。最后决定将主力隐蔽在卡迭石附近，并以此为中心，扼守要道，以逸待劳，诱敌深入，一举歼灭。此外，穆瓦塔里什还精心为拉美西斯二世设下了一处陷阱，又差遣急使奔赴叙利亚各城，集结军队迅速开往卡迭石城。

穆瓦塔里什选择卡迭石城作为两军的决战之地，是经过深思熟虑的。

卡迭石在古代又名"金札"，位于奥伦特河上游西岸的高岗上，而向北流的奥伦特河，其上游流经叙利亚的东南部，西为黎巴嫩山脉，东为安提—黎巴嫩山脉，湍急的河水穿过悬崖峡谷北去。这里峭壁耸立，地势险要，是连接南北叙利亚的咽喉要道，也是赫梯的军事重镇和战略要地。从叙利亚南部北上征战的军队，一般都会避开沿腓尼基海岸的那条与许多河口交叉的狭窄道路，选择沿奥伦特河谷北上，这就必须经过卡迭石城堡。此外，还有一条支路，可以从西部沿海通到卡迭石。因此，拉美西斯二世的远征军要想控制赫梯军团北进的咽喉要道，就必须先占领卡迭石。赫梯军队据守此地，不仅可以居高临下控制河谷，还可以神不知鬼不觉地观察敌军的一举一动。赫梯在此集结了包括2500～3500辆双马战车（每辆战车配备驭手1人，士兵2人）在内的两万余人的主力部队，这些战士有的是从臣属各国征集的，另外还包括一些从小亚细亚诸部落中招募的雇佣兵。

埃及军队出发了。拉美西斯二世御驾亲征。军队由四个军团组成，均以神的名字命名——"阿蒙神"（底比斯的主神）军团、"拉神"（太阳神）军团、"布塔神"（创造万物之神）军团和"塞特神"（沙漠、外国之神）军团，每个军团约五千人，加上征募的由努比亚人、沙尔丹人组成雇佣军，大约三万名士兵和二百辆战车。其中以战车兵、步弓兵和枪兵为核心。

拉美西斯二世乘坐着一辆装饰异常豪华的战车，战车四周镶嵌着黄金和宝石，拉车的是两匹他挚爱的战马，它们的名字很有趣，分别叫"底比斯的胜利"和"心满意足的傻瓜"。大军浩浩荡荡，从三角洲东部的嘉鲁要塞出发，沿里达尼河谷和奥伦特河谷挥师北上。行军途中，拉美西斯二世在阿穆路南部海岸的某地留下了一支特种部队，他此次的出征计划是：攻克卡迭石，控制北进咽喉，再向北推进，控制整个叙利亚。

经过近一个月的行军，拉美西斯二世统率的先锋部队"阿蒙神"军团先期抵达卡迭石地区，在卡迭石城以南约15英里处的高地宿营。此时，"拉神"军团尚在数英里之外向卡迭石城进发，"布塔神"军团距此地更远，"塞特神"军团则远在阿穆路地区。

▌**古埃及战争壁画。**

拉美西斯二世的侦察兵过来报告称，尚未得到任何有关赫梯主力军队的情报。第二天一早，埃及军队继续向卡迭石进发，到达渡口萨布吐纳（此地位于卡迭石以南8英里）。此时，兵士向拉美西斯二世报告，说是抓获了两名赫梯骑兵（一说是两个来自修舒部落的阿拉伯人）。拉美西斯二世喝令将他们带过来，两人贼头贼脑，俨然一副牧人打扮。通过审讯得知，他们是赫梯军的叛逃者，准备投奔埃及。拉美西斯二世急忙审问二人赫梯部队的情况。两人说，由于惧怕法老，赫梯军主力仍驻扎在卡迭石以北百里之外的哈尔帕。二人又说，叙利亚各城邦王侯们的军队与赫梯貌合神离，他们也都想投靠埃及，而卡迭石的赫梯守军也士气低落，力量薄弱，都非常畏惧埃军。拉美西斯二世点点头，自己的探马之所以没有侦察到有关赫梯军主力的任何情报，原来赫梯人还在很远的地方。

其实，这就是事前穆瓦塔里什为埃及法老设下的陷阱，这两个人便是赫梯间谍。得到如此"重要"的情报，拉美西斯二世大喜过望，急忙下令继续进兵，准备一鼓作气拿下卡迭石城。黄昏时分，约五千人的"阿蒙神"军团越过奥伦特河西岸，抵达卡迭石城下之后，在城西安营扎寨。

看到拉美西斯二世的军队驻扎在城西，穆瓦塔里什知道自己的间谍"游说"计划成功，埃及法老"上钩"了。于是，他下令赫梯军主力悄悄转移到卡迭石城以东的奥伦特河东岸，准备次日一早围歼埃及军队，活捉拉美西斯二世。为做到万无一失，谨慎的穆瓦塔里什又派出两名间谍，让他们连夜刺探埃及军营，还秘密派出侦察兵监视"阿蒙神"军团及其后续部队动态。可恰恰因为这两个间谍，拉美西斯二世免遭灭顶之灾。

是夜，万籁俱寂。拉美西斯二世还没有休息，正在营中和他的将领们研究天亮后攻城的战事。突然，卫兵走进大帐，说又抓获了两名赫梯间谍。拉美西斯二世急忙审讯，可这两人拒不开口。拉美西斯二世大怒，下令严刑拷打。重刑之下，两个间谍被打得皮开肉绽，实在招架不住，只好实话实说，称赫梯军主力明天一大早就要围攻埃及军团。正待追问详情，一名士兵气喘吁吁地进来报告，赫梯大军已将大营包围！

拉美西斯二世顿时目瞪口呆，责问是怎么回事。卫士称，赫梯主力一直在卡迭石城严阵以待，只待大军进入伏击圈。拉美西斯二世怒不可遏，立即将此前谎报军情的两名赫梯间谍处死。这两名间谍见自己的使命顺利完成，含笑献出生命。

由此可见，与赫梯国王穆瓦塔里什相比，拉美西斯二世的情报力量逊色得多，埃及的谍报人员不仅未能掌握赫梯军队的真实实力，甚至连军事部署也毫不知情，更别提识破赫梯间谍的诱敌之计了。

余怒未消的拉美西斯二世此刻仍在大骂身边的高级军官，斥责他们侦查的情报有误。很快，久经沙场的拉美西斯二世便镇定下来，他布置军队马上突围，并且急速命令其他三个军团迅速向卡迭石集结。但为时已晚。

此时，穆瓦塔里什率领两千五百辆战车已经渡过了奥伦特河。据埃及的一些资料记载，在这千钧一发的紧急关头，久经沙场的拉美西斯二世跃上战车，亲自杀敌。有的史料这样写道："阿蒙神的光辉护佑着他（拉美西斯二世），可怜的敌人成百上千地被砍到。"赫梯人被埃及军队的突然行动弄得措手不及，全军顿时大乱，不少赫梯士兵溃逃至河边，有的逃进河里被淹死。

其实，这是对拉美西斯二世的粉饰之词，实际情况并非如此。赫梯国王在战争前夕精心准备，并且投入了赫梯精锐的主力部队，怎么会一触即溃？况且埃及军队孤军深入，还步入了穆瓦塔里什布置的包围圈，且未完成其余三个军团的集结。在战争初期，赫梯军队占据优势，这是毋庸置疑的。开战当天，赫军向埃军发起了猛烈攻击，拉美西斯的部队遭受重创。

与此同时，得到"救驾"命令的埃及"拉神"军团已抵达卡迭石城西南，赫梯战车部队迅疾出击，飞奔过河，猛击埃军。赫梯军的突袭令埃及军队阵脚大乱，"拉神"军团死伤惨重，很快败退。随后，赫梯收拢全军，集中力量进攻拉美西斯二世所在的大营，准备活捉埃及法老。

此刻的拉美西斯二世已经陷入赫梯军的重重包围之中。法老在侍卫的掩护下，奋力杀敌，异常英勇。怎奈赫梯军队越来越多，进攻越来越猛烈。更为糟糕的是，这时一队赫梯骑兵冲过来掩杀埃军，拉美西斯二世眼看就要成为赫梯的俘虏。危急时刻，拉美西斯二世突然想起自己的战狮。这些狮子作为法老平时护身之用，从未投入过战斗。眼下生死关头，也顾不了许多，救命要紧。于是拉美西斯二世下令赶紧将它们放出。没想到这一招果然奏效，赫梯骑兵见一群狮子冲过来非常害怕，战马更是被吓得瑟瑟发抖，撒腿便逃。拉美西斯二世暂时得以脱险。

应该说，当时的局势对赫梯军队十分有

■ 卡迭石之战。

利,只要他们再接再厉,就能击败埃及军队,俘虏拉美西斯二世。或许是拉美西斯二世命不该绝,事情在关键时刻出现了转机——此时,赫梯士兵纷纷放下了刀枪,他们更钟情的东西出现了,那便是法老身边无数的财宝。这些财宝究竟是如何出现在战场上的?是拉美西斯二世随身携带,还是沿途劫掠而来,无人知晓。正是这些财宝救了埃及军队,看到一箱又一箱的宝物,赫梯士兵无心作战,纷纷放下武器,争抢着将宝物收入囊中。据说有的箱子被打翻,财宝散落一地,赫梯士兵红着眼睛互相争抢,他们见钱眼开,早已将赫梯国王的进攻命令当作耳旁风了。

正在此时,赫梯军队突然大乱,他们遭到了背后袭击,原来是拉美西斯二世麾军北上之时留在阿穆路南部的那支特种部队赶到了。这也许正是这位埃及法老的高明之处。根据史料记载和埃及的一些雕刻显示,这支特种部队被称作"尼伦"(意为"青年"),属于精英部队,应该具有卫戍部队的性质。

这支援军呈三线配置:一线战车为主,轻步兵掩护;二线为步兵;三线步兵和战车各半。他们突袭至赫梯军队侧后,原本就为抢劫财物而混乱不堪的赫梯军队顿时被打得落花流水,拉美西斯二世也从败局中被解救出来。

撰写拉美西斯专著的弗朗克·齐米诺在叙述这段历史时,写道:"多亏有两件出乎意料的事才让拉美西斯得以全身而退:首先是赫梯族士兵攻进了埃及军队的营地之后,立即忙着抢夺财物,把乘胜追击敌军的事忘在了脑后;其次是法老的后续部队及时赶了上来,救助了拉美西斯及其士兵。"

阿布辛贝神庙壁画描绘的卡迭石战役。

面对局势的变化,赫梯国王穆瓦塔里什应变有方,他指挥卡迭石城的守军短促出击,配合主力军袭击埃军。接下来的战斗更加激烈,双方势均力敌,陷入僵持状态。埃及军队连续发动六次冲锋,把许多赫梯战车赶入河中,迫使穆瓦塔里什又将一千辆战车投入战场,三千名士兵组成的后备队也全部上阵。

喊杀声中,埃及军队同赫梯军队展开了肉搏战。顷刻间,血流成河,哀鸿遍野。卡迭石城周围到处都是堆积如山的士兵尸体。这时,赫梯的铁兵器发挥了前所未有的威力,拉美西斯二世部队的伤亡很大,士兵一个个倒下,作战人数越来越少,赫梯军队再次胜利在望。

又一个决定命运的时刻到来了。就在赫梯军队准备最后一击结束战斗的时候,埃及的另一支援军及时赶来,这就是"布塔神"军团。在接到法老要求紧急增援的命令后,这支军团加速行军,终于及时赶到。"布塔神"的降临,令拉美西斯二世大喜过望。他迅速整合队伍,重整旗鼓,对"布塔神"军团做出了详细的战略部署:第一线为战车兵,打头阵,作先锋;第二线由10个横排的重装步兵队组成,手持盾牌和长矛等武器,排成密集阵列向前推进，步兵队的两翼由战车兵保护，同时这些战车兵还需去压迫敌人的两翼；第三线仍是战车兵，作为后卫或用来追击敌人，轻弓箭手穿插在第一、二线中间放箭扰乱敌人的阵线。

最后的较量开始了。埃及军队利用方阵作战，拉美西斯二世还亲自率领一支敢死队在战场的一角发动攻击。而赫梯军队的战车兵也在穆瓦塔里什的指挥下，拼命厮杀。但由于埃及军队的力量得到了增强，令赫梯军队难以招架，最终无奈地退出到要塞之外。战斗结束时，双方仍然未分胜负。

据称，当时赫梯还有一支几千人的步兵部队，但不知何种原因并没有派上用场。有

拉美西斯二世的木乃伊。

些资料分析，或许穆瓦塔里什认为，如果让他的步兵零零碎碎地渡过大河，投入到变化如此迅速的战争局势中，于战斗也无益，还不如保存实力，用他的战车兵来应付。

四 握手言和

战后不久，拉美西斯二世向南撤退，卡迭石、阿穆路直到大马士革之间的广大地区归赫梯所有。阿穆路国王本特西纳也被赫梯军队所俘。接下来，双方同意停战。随后，埃及撤至大马士革附近的阿巴，而阿巴以北的叙利亚仍属赫梯帝国的势力范围。

此后的16年中，埃及与赫梯仍有零星战争，但规模都很小，双方均未能取得决定性胜利。长期的战争消耗，使双方精疲力竭。

这时，善于打间谍战的赫梯帝国国王穆瓦塔里什去世了。穆瓦塔里什的弟弟哈图西里什（约公元前1275年—公元前1250

年在位）继承王位。公元前1259年[①]，他向埃及提议，两国正式结束战争，握手言和。哈图西里什的请求得到拉美西斯二世的同意，两国间近百年的争霸战正式结束。

埃赫两国的这一和约被认为是历史上保留至今最早的有文字记载的国际军事条约文书。哈图西里什把写在银板上的和议草案派人送到埃及，拉美西斯二世以此为基础拟定了自己的草案，寄给赫梯国王。条约全文以象形文字被铭刻在埃及卡纳克和拉美西乌姆寺庙的墙壁上。后来，人们发现了这个条约的两个版本，一个是刻在卡纳克的石柱大厅

---

① 有的史料称是拉美西斯二世统治的第21年，待考。

墙上的象形文字版，另一个是在挖掘赫梯族首都哈图莎废墟时发现的刻在黏土板上的巴比伦楔形文字版。

除了说明性的内容外，和约还包括一个序言和9个条文，即：永久和平；互不侵犯；赫梯国王履行先前条约；埃及法老拉美西斯二世执行现今条约；军事互助；赫梯国家不接纳埃及亡命者；埃及不接纳赫梯亡命者；神对违约者的威胁和对守约者加恩的诺言；亡命者的引渡等。

需要说明的是，凭借这一和约，埃及和赫梯不仅瓜分了他们在叙利亚和巴勒斯坦的势力范围，两国还建立起军事同盟：军事上互相支援，共同应付双方国内冲突引发的危险。

条约签订后，赫梯国王哈图西里什为表示诚意，采取了和亲政策，将自己的长女嫁给了拉美西斯二世。通过政治联姻，进一步巩固了双方的同盟关系。埃及卡纳克神庙墙上的一幅雕刻就生动地描绘了拉美西斯二世迎娶赫梯公主的情景。

然而，拉美西斯二世统治的时代已是埃及衰落的前夜，拉美西斯二世死后，埃及开始走下坡路。

赫梯帝国在与埃及开战后，也已日薄西山。到公元前13世纪末，"海上民族"从博斯普鲁斯海峡侵入赫梯，小亚细亚和叙利亚各臣属国家纷纷反抗，赫梯国家迅速崩溃。公元前8世纪，赫梯完全被亚述帝国所灭。

至于这场间谍几乎起到决定性作用的"卡迭石之战"，拉美西斯二世回国就命人在很多壁画和雕刻上，大肆宣扬自己是胜利者。在埃及阿布·辛拜勒神庙描绘卡迭石战役的浮雕中，可以看到拉美西斯二世在战车上指挥的光辉形象。弗朗克·齐米诺解释说："在古代，还没有哪一次战争拥有如此多的史料。拉美西斯战争归来之后，在他王宫的墙壁上，在阿布·辛拜勒神庙、卡纳克神庙和卢克索神庙里刻下了战争的场景。当然，

▌战后缔结的和平条约。

其中占突出地位的还是拉美西斯。"

弗朗克·齐米诺又说："真实情况可能并非完全如此。穆瓦塔里什虽说失去了许多重型战车（与埃及人的战车相比，数量更多，但也更难操纵），但他的士兵几乎毫发未损。而对拉美西斯二世来说，赫梯族人的突袭使他损失了至少一个支队。"由此可见，卡迭石的战事结果至多是平局，这也迫使拉美西斯二世放弃了再次攻取卡迭石的打算。

讽刺的是，拉美西斯二世如此夸耀自己在"卡迭石之战"中的英雄壮举，恰恰也从另一方面显示了这位好大喜功的埃及法老有多么希望这段因为间谍而险些战败的黑历史永远消失在历史的漫漫长河中。

耶和华庇护下的
秘 密 战

作者：李从嘉

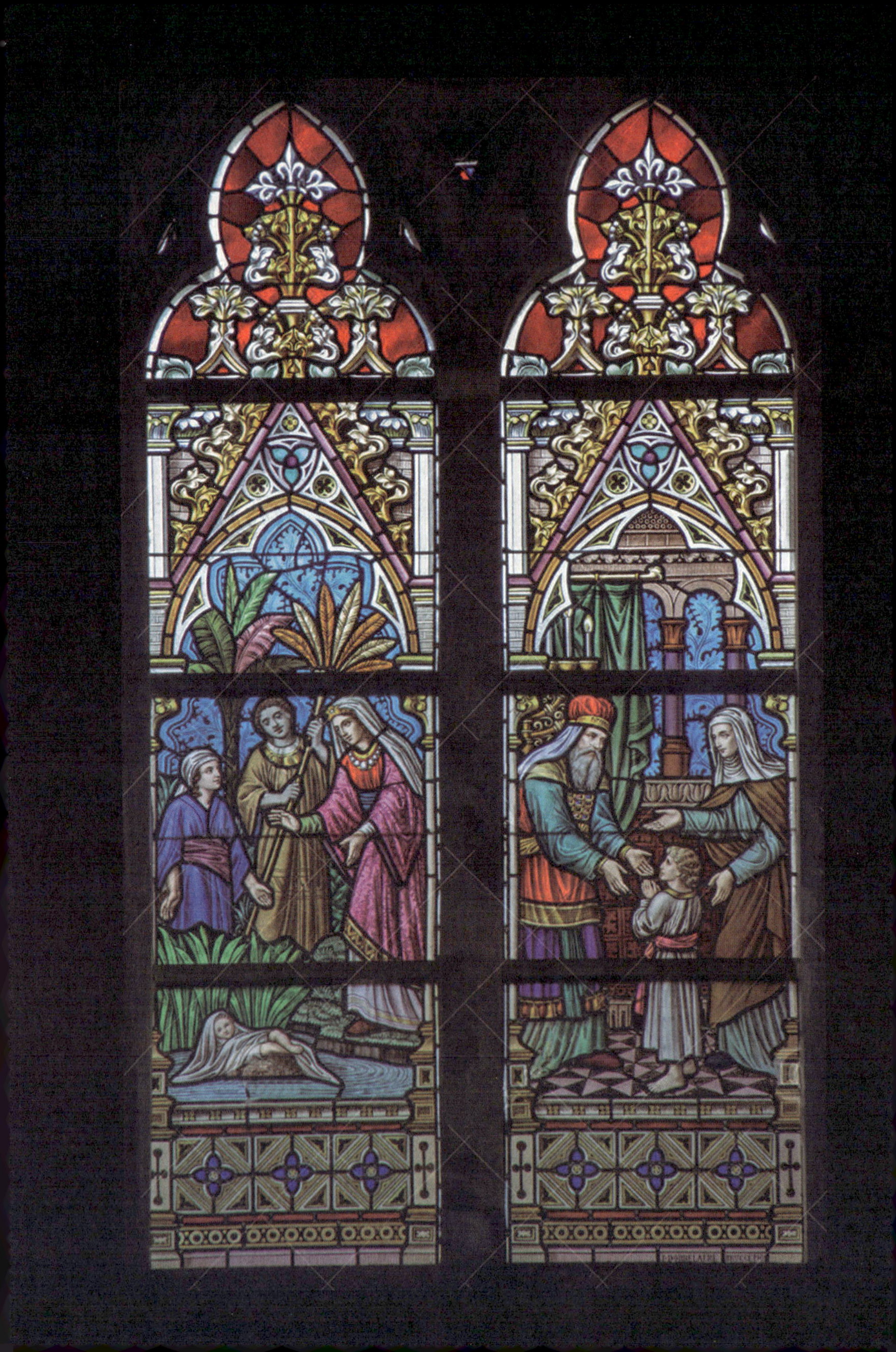

耶和华庇护下的秘密战

拉美西斯二世同时代，另一位秘密战的史诗级人物出现了——他就是被从水中救起的犹太先知摩西①。摩西出生于公元前13世纪，生卒年不详，很多人认为他和埃及著名法老拉美西斯二世处于同一时代，而摩西可以算得上是犹太秘密战的先行者。我们不妨拨开历史与传说的迷雾，让耶和华名义下的秘密战浮出水面。

一 "谍报大师"摩西

不管摩西的养母是不是埃及公主，摩西熟知埃及文化、熟悉埃及宗教是毫无疑问的。摩西成年后，主动认同了犹太人的身份和文化，娶了犹太米甸部落长老的女儿为妻。通过一系列"神迹"或者说魔术表演，以及岳父家族的支持，摩西成了犹太人的领袖，

▎摩西被埃及公主救起的情景。

---

① 摩西名字的其中一个解释就是"水中获救"。

19

▎耶和华降灾。

▎犹太人在埃及。

踏上了率领犹太人返回故乡的征程。这段故事的大背景是埃及新王朝时期。公元前16世纪，埃及人推翻了外来游牧民族建立的喜克索斯王朝，民族情绪高涨。与喜克索斯王朝渊源颇深的犹太人，也成了他们迁怒的对象。加上宗教文化的对立，犹太人在埃及举步维艰。埃及的土地所有制度是法老、贵族、神庙、村庄共有的混合土地所有制度。犹太人并不能在埃及获得土地，他们在埃及以游牧、手工业、经商作为生存手段，所以摩西创立的犹太教有明显的适应游牧和商业生活的戒律。为了将亚伯拉罕家族的耶和华崇拜强行推广到所有的犹太人中间，摩西不惜大开杀戒，清洗掉三千名信仰埃及神明的犹太人（参看圣经十诫）。

摩西是历史上第一个进行割礼的人，他在犹太人中的身份是宗教领袖、军事领袖和行政首脑，是个三位一体的领导人。"火焰荆棘""蛇杖传说"并不是摩西的专利，埃及神话中也有类似的说法。摩西被耶和华眷顾、抬起手臂助犹太军队获胜的故事，也有拉美西斯二世得到太阳神帮助脱离困境的影子。和拉美西斯二世不同，摩西非常注意谍报的作用。摩西出埃及之前，就已经派遣间谍对以色列人迁徙路线上的道路和城镇村庄进行了侦查。为了获得迦南地区的详尽情报，他从随行的十二个部落中挑选出十二名能力卓越的间谍，并吩咐他们"要仔细调查你们去的地方，看看他们的土地肥沃程度怎么样，他们的人口多不多，城镇

耶和华庇护下的秘密战

有没有围墙和堡垒，更主要的是战斗力强不强？"为了验证间谍渗透地区的物产是否丰富，摩西还要求间谍们把果实等食物带回来进行鉴定。这十二名间谍中最受摩西看重的谍报人员就是约书亚，他和最早到达迦南的迦勒一样在犹太人早期历史中发挥了重要作用。此前摩西和亚玛力人作战时，其战场指挥官就是约书亚，登何烈山取十诫石板时，其护卫也是约书亚。约书亚曾多次见证或直接参与了摩西的神迹展示事件，甚至连"约书亚"这个名字就是摩西重新命名的，意为"见证神迹"，种种迹象表明了两者的密切关系。作为摩西的得力助手，约书亚也被安排参与这次秘密行动，摩西对秘密战的重视可见一斑。

摩西最终没有实现带领犹太人占领上帝应许之地的承诺。按照圣经的说法，原因是犹太人不信教，多次怀疑上帝。实际情况很可能是犹太人的实力还不足以夺取迦南。受到客观条件的限制，生活在旷野之中四处流浪的犹太人数量不会太多，没有一两代人的休养生息，犹太人根本积攒不出征服迦南地区所需的人力资源。摩西在犹太人中的地位还一度受到挑战。按照圣经的描述，他的同族兄弟可拉连同他人一起，鼓动了两百五十位犹太首领，宣称摩西并不是耶和华旨意的唯一接受者。经过一番较量或者说是在耶和华的干预下，摩西清洗了反对者。摩西去世后，他的大业由昔日助手、最早进入迦南地的间谍约书亚来完成。

秘密战 **3000** 年

摩西密探的活动范围覆盖古埃及到迦南的大部分地区。

约书亚发动秘密战的手段比摩西更加驾轻就熟。在完成了犹太民族的总动员后，约书亚率先派出了自己的间谍。犹太人的间谍手段在当时算不上先进，还停留在"生间"出入敌对地区进行侦查的原始阶段，他们还没有完整的谍报网络和保密手段，通信基本上靠两条腿，而同时期的两河流域已经出现了情报的密码保密和在奴隶头皮上书写情报的谍报手段。但约书亚的间谍无比的忠诚，这也是受狂热宗教信仰的感染。约书亚的两个间谍进入耶利哥城，完成了耶利哥城布防情况的侦查。耶利哥城的统治者对外来者还是有足够警觉的，他们随即在全城范围内展开了搜索。约书亚并没能在耶利哥城提前设置联络点，两名犹太间谍能逃出生天，全靠他们在耶利哥城临时发展的内线——他们下榻的旅店的女主人嚒合，嚒合这个女人风评不好，甚至有从事风月生意的嫌疑，两名犹太间谍答应在耶利哥城攻破后保护她的家人和朋友。一番苦战之后，约书亚攻克了耶利哥城，他下令不得重修耶利哥城，意图用耶利哥城的苦难警示那些反抗犹太统治的人。约书亚的一生就是征服迦南的一生，在这个过程中，约书亚也曾因自己的失察而遭到基甸人的欺骗，但总体说来，犹太人是这一阶段迦南地区秘密战的王者。

二 以笏刺杀伊矶伦

约书亚死后，以色列人继续与迦南人作战，他们在迦南各地屠城31次，恐怖的名声在迦南无人不知。平原上的巴特利城难于攻克，为了拿下这座迦南最后的堡垒，以色列人再度派出了间谍。这次以色列间谍使用了贿赂的办法。他们设法找到一个出城的巴特利居民，在威逼利诱的胁迫之下，这个巴特利居民只好充当了犹太人的间谍。然后，迦南的悲剧又在巴特利上演。这场屠城之后，以色列人夺取了迦南的大部分土地，从而演变成了农业民族。

约书亚之后，犹太民族进入了士师时代。士师是犹太人不世袭的领袖，其角色在宗教领袖、行政首脑、军事领袖三者间徘徊，每位士师的工作重点也各有不同。士师们声称圣灵与他们同在，声称自己是上帝的代言人，在犹太人中享有很高的威望，但他们不能垄断宗教事务，没有贴身卫队，也没有常设官僚机构辅佐他们处理政务，可以调动的军队只有犹太人的民兵。在英文中，"士师"和"法

耶和华庇护下的秘密战

官"使用的是同一个词,实际上他们确实也是犹太人秩序和律法的维护者。士师同样精通秘密战手段,第二任士师以笏就是其中的佼佼者。

以笏出生在犹太十二部落中规模最小的便雅悯部落。便雅悯部落的人惯用左手,据圣经记载,便雅悯部落曾一次性出动七千名惯用左手的士兵;到了大卫王时代,便雅悯部落以盛产能同时使用左右手的投石格斗战士而著称。以笏就是这些战士中的一员,他被称为"惯用左手的人",虽然他并不一定是左撇子。时逢摩押王击败犹太人,犹太人向其称臣纳贡20年,以笏充分利用了自己惯用左手的优势,想趁向摩押王伊矶伦进献礼物之机,谋害这位压迫犹太民族的恶王。他先是将短剑藏在右腿上,瞒过了王宫的守卫。在进献完礼物之后,以笏诈称自己有重要机密想向伊矶伦单独汇报,有猫一样强烈好奇心的伊矶伦自然不会拒绝他的这个请求。于是,以笏趁机用左手拔出了短剑,刺死了伊矶伦。据说伊矶伦很胖①,以笏这一刺致使他肝脏破裂身亡,他周身的肥肉甚至把短剑连同剑柄都一起吞没。刺杀完成后,以笏逃至游廊,顺手将楼门关闭,从这个细节不难看出,以笏对伊矶伦王宫的结构了如指掌,刺杀前的准备工作做

▌以笏刺杀伊矶伦。

① "伊矶伦"在犹太语中意为"小肥牛",这很可能不是他的真名,是犹太人对他的蔑称。

23

得很到位。

伊矶伦的仆人、护卫苦等了半天不见动静，才想起是不是应该打开屋门看看情况，这时以笏已成功脱逃。除了运气好、身手好、准备工作足以外，伊矶伦宫殿差劲的安保也是以笏取得成功的原因。摩押王国并不大，整个迦南地区也本就不大，伊矶伦的父亲是联合了多个盟友才征服了犹太人。受限于国力，伊矶伦的王宫面积自然也不大，所以以笏能在短时间内完成脱逃。

斩首行动只是以笏的第一步。当天他在以法莲山向犹太人吹起了起义的号角，大批犹太人在他的周围集合，准备跟着他下山痛击被"神罚"了的摩押人。没过几天，整个迦南南部的犹太人就完成了总动员，在以笏的率领下，向群龙无首的摩押人发起了进攻。之后，以笏又派人把守约旦河的渡口，在那里拦击溃逃的敌人。经过浴血奋战，犹太人共歼灭近万摩押人，将自己的仇敌赶出了迦南地区。以笏凭此功劳得到了"士师"的称号，统治犹太人多年（按照圣经的说法，他的任期是80年）。

三　参孙与间谍妻子

如果说以笏是士师中的秘密战高手，那么大力士参孙就是士师中秘密战的低能儿和受害者。士师领导犹太人最大的原因就是外来的压力，其中祖上来自克里特岛的腓力斯人就是犹太人在夺取迦南地区后最大的威胁。他们装备了当时还很少见的铁制武器，单兵战斗力也强，建立了以加沙等五座城市组成的同盟，和犹太人冲突不断。大部分士师们都要领导犹太人和腓力斯人开战，士师只好各显神通。比如女士师底波拉凭借的是占卜技能和鼓动能力；也有士师靠的是个人武力，比如珊迦，按照圣经的描述，这位士师的战绩就是一个人干掉了六百名腓力斯人。英雄崇拜在文明早期是各民族共同的爱好，犹太人也不例外。士师中有几位超级英雄也属于正常现象，这些犹太超级英雄中参孙就是最强的一个。

参孙属于拿细耳人，属于犹太教祭祀的一种。他们的习惯是不剃发，不饮酒，对葡萄有着非同一般的禁忌，婚丧嫁娶方面也有很多限制。我们知道参孙其实犯了大部分忌讳，但不剃发这个忌讳他倒是从始至终没有主动触犯过。虽然圣经描述参孙具有圣灵因

参孙剃发。

子,和上帝的关系比较近,但从他的表现看,他更像一个爱惹是非的军事领导人而非教士。参孙一生似乎都喜欢腓力斯女人,对自己的女同胞没有太多好感。腓力斯男人身材高大强壮,古代犹太人甚至称他们为巨人,女性的身材可能也比一般犹太女人健美性感,很对肌肉男参孙的胃口。参孙十八九岁时就冒着大不韪要娶腓力斯女人为妻,犹太人对此很有非议;反倒是腓力斯人没有太多意见,很乐意接受参孙当他们的女婿。在迎亲路上,参孙独自一人干掉了一头倒霉的狮子,见到了在狮子嘴里筑巢的蜜蜂,还吃了这群蜜蜂的蜂蜜。婚礼上参孙因为和腓力斯人猜谜语起了冲突,闷闷不乐地扔下了新娘,一个人在杀死了三十个腓力斯人后回家。参孙回家后不久,他的新娘就匆忙改嫁给本部落的小伙子。参孙将怒火变为现实,直接烧了腓力斯人的农田,连同腓力斯人的葡萄园也一把火烧个精光(这对于参孙来说也是犯戒)。腓力斯人不甘示弱和参孙开战,结果反而使参孙赢得了战无不胜的威名。拜参孙所赐,他的腓力斯人老婆即使改嫁也被自己同胞杀死,这更加激怒了参孙。参孙领着自己的支持者对腓力斯人大开杀戒,一个人取得了杀死上千腓力斯人的战绩。犹太人的反应不是欢欣鼓舞,而是抓住了自己的英雄,交给腓力斯,希望腓力斯人帮助他们除掉这个没事找事的混蛋。参孙却再次上演大逆转,成功脱逃。参孙的冒险故事中,很少看到这位大力士领着一帮部下作战,经常是参孙单枪匹马对付一大群腓力斯人。

让犹太人选举参孙当选士师的关键就在于犹太人和腓力斯人的冲突。犹太人需要参孙在和腓力斯人的冲突中充当他们的军事指挥官,而不是真正的说一不二的政治领袖。参孙的权力欲望也不是很强,当选士师后还是轻车简从,只有在犹太人需要时才出马。参孙的自律意识并不强,很容易爱上别人,一旦激情到来,这位犹太人的英雄并不管对方的身份。为了讨好他的腓力斯女友,参孙在腓力斯人五座主城之一加沙过夜,差点被腓力斯人堵住出不了门。参孙解决的方法是一个人扛着城门回了家。后来,参孙再次被腓力斯美女大利拉吸引,并不管不顾非要娶她为妻。大利拉的家乡曾经被犹太人焚毁,按照犹太人的说法,她一度靠出卖自己的肉体为生(真伪尚难考证)。大利拉并不愿意嫁给仇人的领袖,但腓力斯人已经和犹太人打得难分难解,一心想除掉参孙。腓力斯人一面威胁大利拉,声称如果不嫁给参孙就杀死她,一方面又开出了1000腓力斯银币的价码作为利诱,几番权衡下大利拉开始充当西方历史上第一个女性间谍。

大利拉和参孙成婚后,用自己的肉体讨好这个头脑简单、行动鲁莽的犹太士师,千方百计希望得到参孙力大无穷的奥秘。参孙在欲望得到满足后一开始并不愿意说出自己的秘密,拿各种谎言搪塞大利拉。大利拉一得到情报就立刻出卖自己的"丈夫",让自己的同胞设下各种陷阱来捕捉参孙。由于情报有误,参孙每次都得以逃出生天。看着落荒而逃的腓力斯人,参孙将这当成了好玩的游戏,并不把这些异样情况放在心上。在这些故事中,参孙的脑子里根本就没有秘密战的概念,也不去想一下,为什么腓力斯人可以如入无人之境般屡次进出自己家中。粗心大意的参孙终于为自己的好色付出了代价。经不住大利拉的软磨硬泡后,参孙将自己的秘密和盘托出。而大利拉更是亲自出手剪下参孙的头发,让自己的同胞生擒了参孙。参孙就此度过了一段屈辱的时光,被刺瞎双眼像驴子一样给腓力斯人磨面。参孙的悲剧一方面是他的警惕性不强,另一方面也说明士师只是临时性的领袖。参孙没有自己的贴身卫队,遇事全靠自己搏斗,自己的家里也成了任凭敌人出入的自由之地,和普通犹太人毫无区别。犹太人在自己的领袖被抓获后并没有组织武装营救,也没有和腓力斯人进行谈判,真正让参孙得以复仇的是参孙自己的努力。

按照圣经的说法,参孙向耶和华忏悔,反思了自己违反戒律的情况,耶和华在他长出头发后又让他恢复了神力,在腓力斯人祭神的日子里参孙得以复仇成功。参孙将腓力斯人的神庙柱子撞到,埋葬了上千腓力斯人,这其中就包括自己的前妻大利拉。大利拉是来看参孙的笑话的,自始至终她对参孙都没有感情,是一个把感情和任务一分为二的合格女间谍。

犹太人收敛了参孙的尸骨,也厚葬了大利拉,虽然这个女人毁灭了他们的英雄,但仍得到了犹太人的尊重。

四 亚比米勒的暗杀手段

在"十三士师"的故事中,参孙的故事最受欢迎;而在这十三人中,野心最大的当属雇凶杀人者亚比米勒。亚比米勒是士师基甸的儿子。古代犹太人并不是一夫一妻制,基甸的老婆很多,他的众多老婆给他留下了七十个儿子,但基甸很虔诚,所以只要他不娶异教徒的女人,犹太人依然认定他遵守了"摩西戒律"。基甸死后,亚比米勒主动站出来,要求犹太人承认他的统治地位。犹太人没有让上一任士师子女继位的习惯,而亚比米勒也不以当上士师为最终目的——他想要当犹太人的王。

亚比米勒的母亲是示剑部落出身,示剑部落看中了亚比米勒的计划,双方一拍即合。亚比米勒拿到了示剑部落给的金钱援助,并用这笔钱雇用了大批杀手,组建了一个秘密组织。圣经上没有说明杀手的数量,从这些杀手可以在一夜之间杀死亚米比勒六十七个兄弟的情形来看,数量一定不少。老父亲死后,亚比米勒的兄弟们曾因继位问题而争执不休,他们相互之间并不和睦,因此并不住在同一个地方。弄清兄弟们的住所及其活动规律,无疑是刺杀的难点所在。约坦是唯一逃过这场劫难的兄弟,这个孩子逢人就控诉自己哥哥的罪行,但无人理睬他,亚比米勒自然也不放在心上。

亚比米勒是将间谍侦查、阴谋暗杀等秘密战手段运用在犹太人内部纷争中的第一人,虽然他不被犹太人称为"士师",却也因此在士师的篇章中占有篇幅不小的一席之地。这个野心家最后死于镇压提备斯城战斗中的意外。

耶和华庇护下的秘密战

■ 亚比米勒之死。

五 大卫夺位中的秘密战

　　士师的时代结束于撒母耳，按照圣经的说法他选择了便雅悯部落农夫的儿子扫罗当上了犹太人的王。从这一段开始我们也可以摆脱圣经的阴影，从真实的历史中来看犹太人新的秘密战是如何进行的。

　　扫罗不同于以往的士师，他有一支自己的私人卫队，把便雅悯地区的基比亚建成了首都，在战利品分配上扫罗一反常态截留了很大一部分，而不是全都献给耶和华。根据历史资料，扫罗统治的核心就是他出身的便雅悯部落组成的精锐部队，他的卫队由他的亲戚押尼珥指挥。为了保持常备军的战斗力，让这些军队脱离生产是理所应当的。扫罗希望保留一部分战利品并不全是为了个人享用，而是有现实需要。扫罗在和周边敌人的战斗中胜利不断，他和撒母耳的矛盾也越来越深。按照犹太教的教义所有的俘虏必须处死，一次战斗中，扫罗为了战略需要，留下了亚玛力亚甲的性命。亚玛力人是犹太人进入迦南时最早遇上的敌人，双方激战数百年犹太人也没有灭掉对手，这个民族的生命力很是顽强。扫罗不想处死亚甲可能是出于战略考虑，但撒母耳要求扫罗必须按照教义处死亚甲王，两人闹得不可开交，传说撒母耳因此又选了大卫为王。扫罗已经形成了自己的统治集团，北方部落和内地各部落都承认

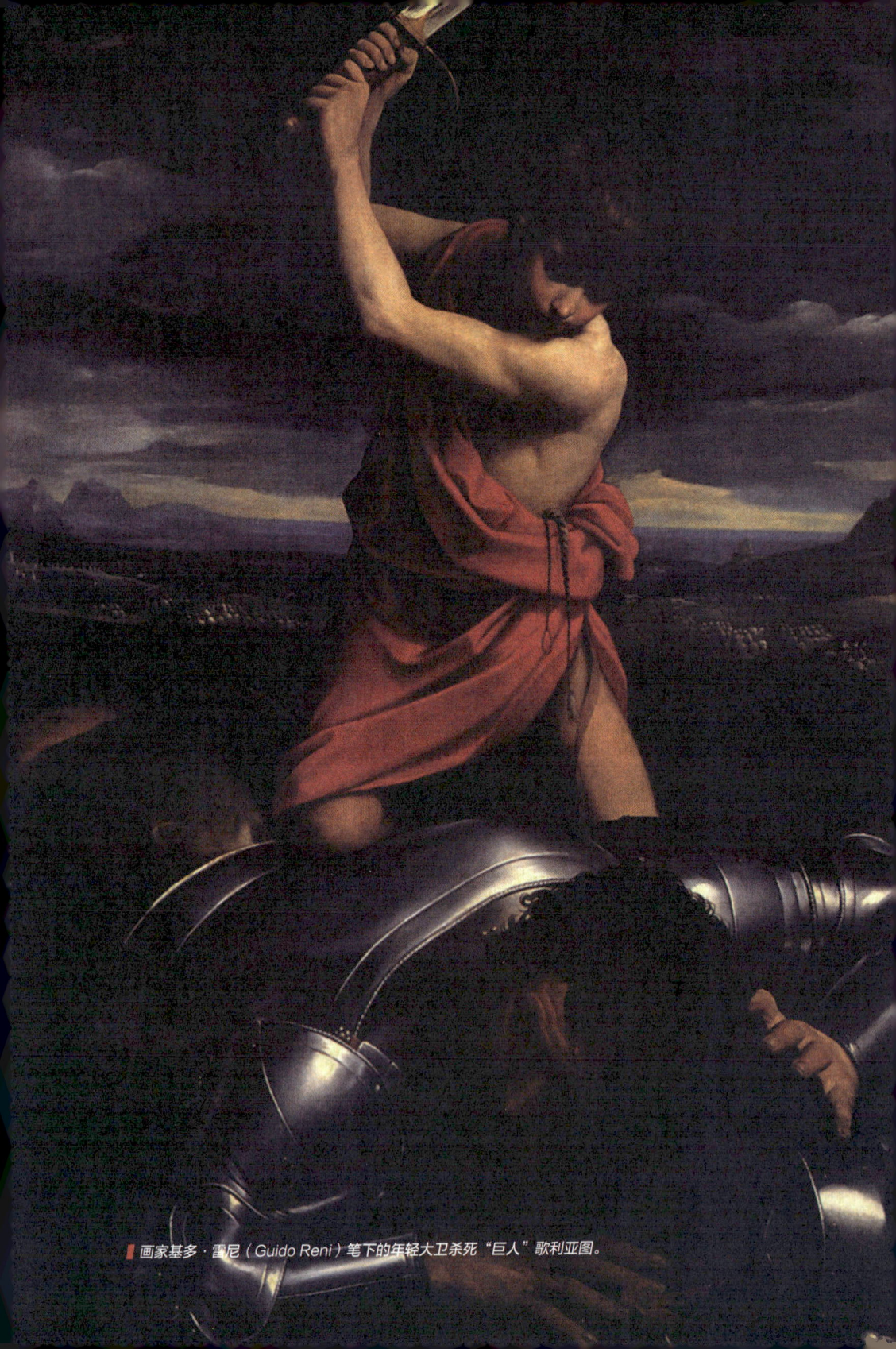

画家基多·雷尼（Guido Reni）笔下的年轻大卫杀死"巨人"歌利亚图。

他。虽然他的统治局限于迦南的核心地带，但也不是说换就能换的。

被撒母耳选中的大卫出身南方犹大部落，是犹太人南方部落的代表。大卫早年凭借投石技巧，杀死了腓力斯人军中的"姚明"歌利亚一举成名，从而跻身扫罗统治集团的核心。大卫多才多艺，情商很高，他不但为扫罗弹奏乐器，还和扫罗的儿子约拿单成为好友，并娶了扫罗的女儿为妻。大卫的英勇善战和音乐天赋使得他在犹太人中间获得了摇滚巨星一样的名气，甚至超过了老牌实力派偶像扫罗，这使得扫罗很是嫉妒。扫罗因此迁怒于大卫，四处追杀大卫。大卫逃入南方犹大山区，那里是扫罗统治力量薄弱的地区，更重要的是那里是大卫出生的地方，群众基础比较好。大卫在犹大山区的所作所为既像土匪，又像佣兵头子，他身边聚集了不少支持者，有为数四百人的卫队，这些人就是大卫王朝统治的核心国王卫队基伯儿（英雄）卫队的雏形。为了保住自己的势力集团，大卫不光收保护费，还接受腓力斯人的雇用。扫罗和三个儿子战死在基利波山时，大卫还在腓力斯迦特王的保护下生活。

扫罗去世后，按照圣经的说法，大卫顺理成章的继位为王。据大卫王朝留下的历史资料记载，大卫夺位有秘密战的作用。扫罗死了三个儿子，但这不是他儿子的全部，他至少还有一个叫伊底波设的儿子。他在外约旦的马哈念继位为王。大卫迅速返回自己的家乡，腓力斯的迦特王并没有阻拦，这位国王乐意见到犹太人自相残杀互相削弱。大卫带着自己的人马迅速占领希伯伦，很快得到了自己出身的犹大部落的全面支持，特别是南方的犹太人部落一面倒的支持大卫。北方的犹太部落虽然在基利波山一战元气大伤，却不愿意放弃扫罗的子女，犹太人的南北战争正式爆发。

大卫王精于用兵，在多次交战中击败伊底波设的军队。军事上的失败促使了伊底波设军队的分裂。第一个给伊底波设重大打击的就是伊底波设的亲戚押尼珥。押尼珥在扫罗死后要求得到扫罗的一个妃子，按照犹太人当时的惯例，这个妃子只能属于国王也就是伊底波设。伊底波设拒绝了这个敲竹杠一样的无理要求。押尼珥回想起昔日大卫对自己的不杀之恩和现在的优势，立刻公开投入了大卫的怀抱。押尼珥一直是扫罗家族军事集团的核心人物，他的背叛使得伊底波设集团的瓦解过程加速，北方部落开始承认大卫的统治。伊底波设称王后两年被自己手下的两个军官暗杀，扫罗家族退出了犹太人的历史舞台。大卫从此得到了犹太人各部落的承

■ 最早的耶路撒冷城模型。

秘密战 3000 年

女画家阿特米谢·简特内斯基（Artemisia Gentileschi）所作的所罗门之母拔示巴戏水图。

卫的首都希伯伦。大卫以退为进在迦特城打败了腓力斯人，将腓力斯人赶出了迦南地，并从迦南人手中夺取了耶路撒冷作为自己的新都。

押尼珥并没有在大卫这里获得荣华富贵，他被大卫的侄子约押杀死。大卫并没有处罚约押，只是厚葬了押尼珥。大卫看上乌利亚的妻子拔示巴后，又指示约押把乌利亚放在最危险的地方，谋杀了乌利亚。以上种种迹象表明大卫对约押包庇并不只是亲属的包庇，而是一个国王对给他干脏活的秘密行动头子的庇护。押尼珥的投靠很可能就是大卫和约押拉拢的结果，甚至伊底波设的被杀，也有大卫王朝秘密战的阴影。大卫晚年陷入了和自己儿子押沙龙的内战，又是约押替叔叔解决了问题，让大卫王陷入了丧失爱子的悲哀中。

认，登基为王。腓力斯人并没有看到犹太人打得两败俱伤，于是直接出兵，兵锋直逼大

六 所罗门的谍报网

大卫临终前任命他和宠妾拔示巴所生的最小的儿子所罗门为王，所罗门的出生就伴随着阴谋诡计。这个智慧与狡猾兼具的国王也是秘密战的好手，他继位前最具有实力的两个兄长是已死的押沙龙和亚多利亚。亚多利亚并没有像圣经所言主动退让，而是积极投入到了争权夺利中。所罗门先下手为强，大肆宣扬亚多利亚和大卫王妃子的绯闻，并以此为借口处死了自己的哥哥。所罗门王是建设的能手，无论是圣殿山建筑还是港口建设、防御工事、铜矿开发、商船经营都搞得有声有色，在秘密战的建设工作上更是青出

于蓝。所罗门王的父亲大卫王为了换取祭祀阶层中米利人的支持，下令关闭除了耶路撒冷之外的全部祭祀场所，将全国的宗教事务中心放在自己的卧榻下。犹太人的宗教领袖和军事、行政首脑的分离已经形成，先知作为舆论领袖拥有批评犹太人国王的权力，拿单对大卫王谋杀乌利亚夺取拔示巴的批评家喻户晓。大卫一心弥合北方犹太部落和自己出身的南方部落的裂痕，一生费尽心力。所罗门也看到了南北部落之间的不和。和父亲大卫不同，所罗门消除隔阂的手段除了公正的裁决和劝导外，更有遍布全国的特务网络。

到了所罗门统治末年，犹太王国对他的不满情绪开始增加。古代犹太人并不是一夫一妻制度，所罗门也不是一个清心寡欲的僧侣君主，所以他的老婆是很多的。老婆众多就意味着宫廷开支加大，所罗门王所收税款也越来越多，激起了犹太人的不满，所罗门很明智地将人们的不满控制在不揭竿而起的地步。所罗门娶的众多老婆中有来自地区强国埃及的公主，这个公主带来的嫁妆就是通往地中海的城市基色。埃及王室的宗教色彩和埃及的国力决定了所罗门不可能强行让埃及法老的女儿改信耶和华。所罗门是一个很明智的人，他容许埃及公主等和他联姻的异国公主们保持自己的信仰。出于对外贸易的需要，所罗门也在犹太王国推行宗教自由政策，由于传统的祭祀阶层在所罗门的收买下成了世袭制，祭祀阶层不敢批评所罗门王。对所罗门进行批判的是犹太人新的舆论领袖、民众良心先知亚希雅，他就多次在公开场合批评所罗门的内外政策。庞大的工程开支、奢侈的宫廷消费使得所罗门入不敷出。铜矿和海外贸易的盈利耗尽后，所罗门向当时地中海地区的头号奸商腓尼基人提出了借贷要求。推罗的统治者向所罗门贷款120他连得黄金，代价是加利利地区20座犹太城市，这激起了犹太人的公愤。凭借着发达的特务网，所罗门基本上都能在第一时间发现阴谋，并把有心叛乱的人迅速处理掉。

犹太人有12个部落，所罗门就把犹太国王划分为12个行省，废除了部落组织，任命内齐弗（总督）强行推广徭役和赋税。北方部落地区的赋税标准远远超出南方的同胞，这激起了北方人的不满，反叛的种子开始萌发。所罗门手下官员拿巴的儿子耶罗波安成了这些不满势力的希望所在。耶罗波安在充当圣殿工程监理时候，先知亚希雅走过来把新衣服撕成12片，将10片交给了耶罗波安，这是一个暗示，表明北方十个犹太部落支持耶罗波安和所罗门作对。耶罗波安心领神会，立刻着手发动起义。所罗门的特务网很快发威，这次起义没有造成严重的后果就被扑杀。耶罗波安跑到埃及，在埃及法老的庇护下等待所罗门的死亡。所罗门一去世，他的继承人就遭到了十个北方部落的抛弃。也许罗波安的公关能力真的不怎么样，但一开始北方十个部落就一起不交税、不服役，展开全国范围的公民抗争运动没有相关人等的鼓动组织绝不可能。在这场犹太人分裂的大事件中，罗波安显然没有让自己父亲留下的特务网发挥相应作用。

犹太人是少有的喜欢记录历史的民族，他们的历史记录在先知的言行里。先知是他们的舆论代表和历史解读人。大卫家族三代已经得罪了先知好几回，所以罗波安的施政和妄言不一定就是造成分裂的原因。冰冻三尺非一日之寒，犹太人南北方的对立才是分离的原因。耶罗波安其实也没少受先知批评，他在圣经里被称为不虔诚的人，原因就是耶罗波安擅自和异教徒签订盟约，实行宗教宽容、对外开放政策。这些措施其实是一个国家行政首脑的正常举措，但先知们看来和异教徒订立盟约就是亵渎耶和华，容忍异教徒就是不虔诚，所以耶罗波安的名声也不好。耶罗波安建立的以色列王国，始终没有在权力上达成统一。各个部落保留了很多特权，在思想领域被先知垄断，

神庙四周的三层建筑，底层 7.5 英尺宽，中层 9 英尺宽，最上层 10.5 英尺宽。

两座镶金木门，分隔内部圣堂和中殿。

中殿的嵌壁式通气天窗。

内殿（圣殿）是一个 30 英尺的立方体。内有两座雄伟的金制圣像守护约柜。每个圣像 15 英尺高，并有一对翼展达 15 英尺的翅膀。

中殿（圣殿）60 英尺长、30 英尺宽，包括金制祭坛、金制桌台和 10 座金烛台，南北各 5 个烛台。

清洁祭台的水车，内乘有用来清洗祭台的清水。

▎所罗门修建的圣殿。

33

在人身安全方面以色列的国王大半都死于非命。刺杀国王成了家常便饭，耶罗波安的儿子拿大死于部下巴沙的刺杀，耶罗波安的全部家属都在这场改朝换代中死于非命。作为民众的良心和历史的解读者，历代犹太先知的看法就是活该，一点也不谴责巴沙这种以下犯上滥杀无辜的做法。这种鼓励下以色列王国将刺杀君主当成光荣事业前赴后继也就顺理成章了，以色列的国王们毕竟不能凡事都以先知的要求当成自己处理内外事务的准绳，所以这些国王也都没有得到好评，都是先知嘴里死不足惜的人。

先知们参与以色列王国王位争夺最明显的一次就在暗利王朝末年。亚哈作为暗利王朝的第二位君主，娶了推罗的公主耶洗别为王后。推罗是迦太基的母邦，也是地中海地区最富饶的城邦，亚哈自然不敢干涉自己老婆的宗教信仰。对老婆带来的巴力信仰，亚哈甚至大力欢迎。先知们不得不赤膊上阵，先知以利沙直接派自己学生给当时的军中统帅耶户涂抹油膏，使其称王，并利用耶户完成了对亚哈家族和巴力神祭司的大清洗。

以上，就是隐藏于圣经和传说当中，关于犹太人早期秘密战的故事。世界历史上，犹太人历来以多灾多难而著名。这个民族在两千多年来各个强势政权的打压下，依旧保持了自己鲜明的民族特色，并将自己的文化发展成西方文明的两大源头之一——希伯来文化。犹太人在各方面取得了惊人的成就，这和他们民族从摩西时代就开始的秘密社团组织、秘密战手段息息相关。

不知所踪的绝色女谍

作者：郭廷春

中国的神话传说中同样流传着秘密战的故事，这些故事的主角无疑是那些"无拳无勇"却能"以声色为戈矛"的绝色女谍。

在古代"男尊女卑"思想的桎梏下，鲜有史学家愿意在普通女子身上多费笔墨。在"惟女子与小人难养也"的道德评价下，更难将女人对历史的推动置于公正的品评之中。

"少康中兴"，女艾功不可没。"商汤立国"，妹喜亦应记功。这两位绝色女谍是少康、商汤走向成功不可或缺的助力。然而可悲的是，在他们功成名就后，两位绝色女谍却不知所踪。

女艾：中国第一个女间谍

女艾生活的年代正值夏朝的多事之秋。其时，女艾是夏王少康帐下一位征战沙场的女将军。而少康此刻正为早日复国殚精竭虑。

"少康复国"源于"太康失国"或"后羿代夏"。

太康失国

夏朝是中国历史上第一个朝代。当时，大禹因治水有功，舜便将王位禅让给了大禹。大禹晚年本来按照禅让制要传位给皋陶。史载皋陶是颛顼（五帝之一）的第七个儿子，以正直著称，曾被舜任命为掌管刑法的"理官"。他"明于五刑，以弼五教"，后被奉为中国司法始祖。可惜皋陶早亡，大禹就决定传位于皋陶的儿子伯益。伯益曾跟随大禹治水，功劳卓著。相传他懂得飞禽的语言，被尊为"百虫将军"。伯益还善于畜牧和狩猎，发明了我国最早的屋舍，被汉族民间尊称为"土地爷"。

然而，大禹的禅让计划最终没能实现。他的儿子启打破了王位"贤者居之"的传统，提出"父传子、家天下"的口号，直接继承了大禹的位子，建立了夏朝。

然而，关于启和伯益的王位之争却有很多说法。《史记》记载，禹死后本应由伯益继位，但四方诸侯比较中意禹之子启。于是，伯益让位于启，隐居到箕山南麓。史料称："禹子启贤，天下属意焉。及禹崩，虽授益，益之佐禹日浅，天下未洽。故诸侯皆去益而朝启，曰'吾君帝禹之子也'。于是启遂即天子之位，是为夏后帝启。"但《汲冢书》（《竹书纪年》）上却说，禹死后由其子启继位，而伯益与启发生争执，伯益失败被杀，被族人葬于天台山上。

无论如何，启最后坐拥江山。但承位日久，启也难免骄奢淫逸。到了晚年，更是彻底抛弃了禹的节俭传统，"淫溢康乐，湛浊于酒、渝食于野"，他生活腐化，沉迷歌舞，不修政事，还迷上了外出打猎。

启在位16年。晚年的时候，5个儿子为争权位打得不亦乐乎，爆发了"武观之乱"。启死后，长子太康继位，将都城由阳翟（今河南省禹州）迁往斟寻（今洛阳偃师二里头）。

太康（公元前2060年—公元前1975

贺友直连环画中的《后羿射日》。

年）在执政之初还勤于政事，但迁都以后就像变了个人。他忘记了祖父大禹的训诫，也开始奢靡享乐，而且变本加厉，比自己的老子有过之而无不及。这也难怪，有其父必有其子，太康自幼受父亲"享乐主义"的影响，耽于酒肉美色，只顾饮酒田猎，对政事不闻不问。正直的大臣们向他进谏，劝他以百姓为重，勤于国事，可太康置若罔闻。看到君主这个样子，再加上之前他们兄弟为了夺权造成的内乱，众臣对太康很是失望，民心渐失，这也给了一个觊觎其权位的人以可乘之机，他就是后羿。

也许人们对后羿的认识仅限于那个古老的神话传说——后羿射日。可我们说的这个后羿，虽然也善射，但对射太阳确实不在行。后羿又称"夷羿"，生于今山东济宁，是东夷有穷氏部落的首领（酋长）。"有穷氏"古称"东夷"，是夏朝时期山东半岛的一个擅长射箭的部落。后羿对太康的所作所为了如指掌，并且一直在寻找机会取而代之。

机会果然来了。这次太康带着一些家属和亲信跑到洛水北岸去打猎，而且一去三个多月未归，弄得百事废弛，民怨沸腾。后羿得知，认为袭击夏王朝的时机已到，随即带兵攻破夏都斟寻。

过了一些日子，满载猎物的太康兴高采烈地踏上归程。刚走到洛水岸边，就见对岸部有重兵，派人探问后才知国都易主。太康急忙逃跑，在阳夏（今河南省太康县西）筑了一座土城住下来。他的5个弟弟感伤哥哥被流放，便做《五子之歌》以示哀念（出自《尚书》《夏书》）。27年后，太康病死。他名义上在位29年，其实只有两年。范晔在《后汉书》中也记述了这件事："夏后氏太康失德，夷人始畔"。这段历史被称为"太康失国"。

后羿占领夏都、废黜太康之后，立太康的弟弟仲康为王。仲康名义上在位30年，实际上仍由后羿专政，他只不过是一个傀儡。这便是"后羿代夏"。

寒浞杀羿

后羿夺取大夏政权后，自恃强悍，荒

淫自纵，"不修民事，而淫于原兽"，也和启、太康一样，沉迷于打猎。他远离武罗等贤臣名将，亲近奸佞小人寒浞。也正是这个人，结束了后羿的生命。

寒浞的祖先是黄帝的车正哀，因哀有功，黄帝将他封于寒（今山东潍坊市一带），其属地称为寒国（也称"伯明国"），其族人后来便以寒为姓。寒浞出生在仲康七年（公元前2041年），自幼娇生惯养，胡作非为。他仗着体壮力大，十几岁就搅得四邻不安，受到族人谴责。寒浞的父母为此斥责他，他竟把父母捆起来，依旧为非作歹。族长大怒，将13岁的寒浞驱逐出去。

寒浞被逐后决定投奔刚刚占领夏都的后羿。途中，寒浞遇到一位奇人，便拜为师父，学了一身高超的武艺。寒浞恐师父再收别人为徒，竟用毒药毒死师父全家，搜刮了师父的财物后，一把火烧光师父家的房子。公元前2028年秋天，寒浞辗转来到斟寻。他收敛恶行，博取了后羿的信任。因为身体健壮，寒浞先在军中当小头目，多次参加对诸侯的作战，不到一年就成了大将军，后又因平叛有功被后羿提拔为军队的左司马（副总管）。寒浞善于溜须拍马，又认后羿为义父，得以多次升迁，逐渐成了主政大臣。

堕落的后羿玩物丧志，而寒浞为虎作伥，不断变着花样满足后羿的享乐欲望。看到后羿无暇顾及朝事，寒浞便结党营私，不断壮大势力。后羿身边的大臣武罗、伯因、熊髡、尨圉等人看出了寒浞觊觎王位的狼子野心，便向后羿阐明利害，建议后羿将寒浞治罪，后羿却置之不理。公元前2025年，后羿不顾群臣反对，拜寒浞为相，从此寒浞开始总揽朝政。

公元前2024年，58岁的后羿纳18岁的少女纯狐为妃。纯狐才貌双全，是后羿外出巡游时在野外遇见的。纯狐对后羿强行将其招入宫中为妃很不满，她表面上对后羿百依百顺，暗地里勾引寒浞，二人一拍即合，密谋杀死后羿，夺取王位。

在二人设计下，后羿的亲信大臣武罗等人在3年内陆续被害死，寒浞再无任何顾忌。公元前2022年，酒醉的后羿将正在亲热的寒浞与纯狐捉奸在床。寒浞趁机杀死后羿，自立为王，改国号为"寒"。

寒浞即位后，便大肆屠杀有穷氏族人，还吩咐手下将后羿的尸体剁成肉泥，加入毒药做成肉饼，送给后羿的族人吃。吃下肉饼的后羿族人被毒死，不吃的也会被乱刀砍死。《左传·襄公四年》对此有详细记载："羿犹不悛，将归自田，家众杀而亨之，以食其子。其子不忍食诸，死于穷门。"

寒浞称王后心里并不安稳，因为夏王还在，他只有灭掉夏氏才能心安。

此时夏王也已易主。仲康被后羿立为

寒浞墓。

傀儡后,难有作为,不到20岁便郁郁而终,其幼子相继位。相胸有大志,他试图恢复祖宗雄风,便逃出宫廷投靠同姓的斟灌氏和斟寻氏。在他们的支持下,以帝丘(今河南濮阳一带)为根据地,征伐淮夷及风夷、黄夷,积极向东夷扩展势力。寒浞担心的成为现实,他出兵与相进行了数次战斗,双方互有胜负。

公元前2002年,寒浞先是派两个儿子浇和殪灭掉了斟灌氏和斟寻氏,除去了相的左膀右臂。紧接着兵分三路攻破夏都帝丘。夏王相虽然率城中军民拼死抵抗,但终究寡不敌众,官室内外血流成河,包括相在内的都城百姓及夏王的族人都被杀死。自此,夏朝的统治区域全部控制在寒浞手里。

少康中兴

胜利的寒浞以为这下可以高枕无忧了,可他万难想到,夏王的子孙并没有被他斩尽杀绝,若干年后,相的儿子少康成了他的掘墓人。

原来,在韩浞攻破夏都时,相的妃子后缗已身怀六甲,她强忍失去丈夫的悲痛,不顾作为王后的尊严,从城墙下面的水沟里爬了出去,逃到娘家有仍氏(今山东济宁市南)部落,于公元前2001年生下了儿子少康(又叫"杜康")。

少康在外祖父家长大,从小就聪明异常,初懂人事后,母亲就告诉他祖上失国的惨痛经过,叮嘱他日后报仇雪耻,复兴大夏。少康将母亲的话铭记于心,发誓夺回天下。他先在外祖父手下担任牧正[①],利用闲暇时间学习作战本领,还要时刻提防寒浞来杀害他。但还是不慎暴露了身份,得知消息的寒浞吃惊非小,立刻派儿子寒浇追杀少康。

寒浇是寒浞的长子,生得豹头、狼眼、虎背、熊腰。且"多力,能陆荡舟"。寒浞还有一个儿子叫寒豷,也体壮如牛。他们是寒浞原配夫人姜鑫所生,都天生神力,勇猛善战,既有母亲勇武强健的血统,又有父亲机智狡猾的智慧,两人十几岁时就开始领兵厮杀。后来因战功赫赫被寒浞双双封赏:寒浇获封过王,镇守过邑(今山东莱州市西北);寒豷获封弋王,镇守弋邑(今河南太康与杞县之间)。

被寒浇追杀的少康逃到有虞氏(今河南虞城县西南)做了庖正(掌管饮食之官)。有虞君主虞思见少康年轻有为,就将两个女儿嫁给他,赏他良田十顷,士兵五百名(出自《左传·哀公元年》),安置在今河南夏邑县,少康总算有了落脚之地。他鞠躬尽瘁,时时俯察民情,关心百姓疾苦,并向子民宣传祖先大禹的功德,争取民众支持。

此时的少康将复国大计提上日程。他开始招兵买马,组建自己的军队;还四处招揽贤才,各方势力齐来归顺。他还与逃亡有鬲氏的夏臣伯靡建立联系,收抚斟灌氏、斟寻氏被伐灭时逃散的族人,壮大了声威和武装力量,一支"复国"大军逐渐组建起来。

---

① **古官职名,牧官之长,主管畜牧。**

然而，少康深知，现在的力量还不足与寒浞抗衡。为了知己知彼，少康打起了秘密战，派出了中国历史上、也是世界历史上第一个间谍，而且是个女人，她就是女艾。

女艾（或称"女歧"）的生卒年月不详。她应该是少康手下的一名女将领（一说为仆人），因为夏商时期女性可以领兵作战。女艾不仅对少康忠贞不二，而且智勇双全。少康交给女艾的任务就是获取寒浇的军事情报，包括兵力及具体部署，以争取主动，打寒浇一个措手不及。

接受少康的卧底任务后，女艾乔装打扮，来到寒浇的封地过邑。她用尽办法打探消息，源源不断地向少康提供有价值的情报。女艾的故事出自《左传·哀公元年》，仅仅五个字："使女艾谍浇"。

另有一种说法，说是女艾曾经装扮成一个仆人，借着缝补衣服的机会，与寒浇同住一个房间，窃取了寒浇更多的机密。后又作为少康的内应，帮助少康成功杀死寒浇。这种说法出自屈原的《楚辞·天问》，原句是这样的："惟浇在户何求于嫂，何少康逐犬而颠陨其首。女歧缝裳而馆同爱止，何颠易厥首而亲以逢殆。浇谋易旅何以厚之，覆舟斟寻何道取之"。其中的一句"女歧缝裳而馆同爱止"，便是对女艾做间谍时的情景描写。也就是说，"女歧"就是"女艾"。少康根据女艾的情报，用行刺或袭击的方法除掉了浇。或者很可能就是女艾夜间行刺了浇，但这种说法很难得到佐证。

关于少康使用女谍，也在清朝人朱逢甲的《间书》中有所体现："用间始于夏之少康，使女艾间浇。"不管怎样，少康的复国斗争，除正常的军事手段外，诡诈的秘密战术也可圈可点，女艾的功绩更是不可被抹杀。

公元前1965年，根据女艾的情报，少康认为全面进攻的时机已经成熟，便率领复国大军攻占了寒浇的封地过邑，杀死寒浇。公元前1963年，少康命长子杼领兵攻打弋邑，寒豷的军队也被击败，寒豷还被剁成肉酱。《左传·襄公四年》描述此事并评论道："少康灭浇于过，后杼灭豷于戈。有穷由是遂亡，失人故也。"

公元前1962年，少康率大军一鼓作气，乘胜先后攻克了寒浞的两大封国，收复中原大部分地区，剩下的便是寒浞的都城斟寻了。此时寒浞年近八十，早已无力征战，躲在深宫里不敢应战。而其部下见夏军势如破竹，感到大势已去，便落井下石，突然反叛，杀进宫中捉住寒浞。寒浞自杀不成，被凌迟处死。少康恢复了中断四十余年的大夏，建都纶邑（今商丘夏邑县），史称"少康中兴"。

少康的复国故事，史书着墨很多，而对于女艾的功绩，却绝口不提。即使是那可怜的五个字，也只是为了显示少康的战略远见而已。然而，可以想见的是，在那个信息闭塞的年代，如果没有女艾（甚至少康之子季杼）深入敌人内部，历经千辛万苦地搜集情报，少康很难了解敌人的真实情况，更妄谈一战而胜。而女艾这个美女间谍在少康复国之后，便销声匿迹了，想必少康也很难再想起她。

二 妹喜：妖姬？间谍？

"有施妹喜，眉目清兮。妆霓彩衣，袅娜飞兮。晶莹雨露，人之怜兮。"大凡有外人打听妹喜的相貌，有施氏族人都会不约而同地吟诵这首诗，吟罢不免还要附上一句，光听诗歌还不行，要想知道妹喜是何等美貌，必须亲眼见见她本人。

委身夏桀

有施氏为夏朝方国（东夷部落）之一，在今山东省蒙阴县境内。因其本就臣属于夏朝，日子过得还算太平。

时间来到公元前1785年，此时的妹喜正在抹眼泪。在得知夏桀率领军队攻打有施氏的时候，妹喜便有了某种不详的预感。

夏桀的"造访"无非是想满足他那两种无休无止的欲望：财富与美色。

桀，姒姓，夏后氏，名"癸"或"履癸"，生卒年不详。因他生前凶猛残暴，后人（一说商汤）便称他为"桀"或"夏桀"。刘向《列女传》中有这样的记载："美于色，薄于德，乱孽无道。"桀是夏朝第十六代君主发之子，是夏朝最后一位君主，历史上有名的暴君。

夏桀本来文武双全，他身强力壮，赤手就能把铁钩拉直，但随着坐太平江山的日子久了，享乐之心渐重，逐渐变得荒淫、暴虐。这次他前来攻打有施氏，不知是早有此意还是心血来潮。有施氏只是一个蕞尔小国，自然难与气势汹汹的夏桀军队抗衡，没过几招便俯首求和。可夏桀蛮不讲理，竟然坚决不准有施氏投降，即使有施氏献出大量的牛羊马匹及无数财宝。无奈之下，深知夏桀好色成性的有施国王献出了本部落最美的女孩（一说是国王的妹妹或女儿）——妹喜。

妹喜的眼泪最终没能制止厄运的发生。她知道，为了全族人的性命与和平，她已经没有了其他选择。当她出现在夏桀面前时，夏桀的眼睛顿时直了，甚至在部下的提醒下才缓过神来。作为一国之君，夏桀可谓阅人无数，看到的美女更是不胜枚举，但与眼前这个小美人比起来，顿时黯然失色。夏桀急令收兵，同车载着妹喜返回都城。

自此，有了妹喜的日夜相伴，夏桀把一切都抛在脑后。他封妹喜为王妃，视其为尤物，"日夜与妹喜及宫女饮酒，无有休时。置妹喜于膝上，听用其言"（出自《列女传·夏桀妹喜传》）。

▌夏桀把人当马骑。

见夏桀这么宠爱自己，妹喜暗暗擦干流淌在心底里的眼泪。她变得千娇百媚，尽展风韵柔情，把夏桀迷得神魂颠倒。为了使妹喜高兴，夏桀不惜重金，"筑倾宫、饰瑶台、作琼室、立玉门"（出自《竹书纪年》），以此作为离宫，终日和妹喜一起饮宴淫乐，更加不理政事。

不仅如此。妹喜对夏桀说，自己有一些癖好，希望能够得到满足。夏桀笑眯眯地看着妹喜，等待妹喜提出的要求。妹喜说，我从小是被当作男孩子养大的，所以至今仍然喜欢穿男人的衣服，戴男人的帽子。夏桀一听，说这个简单，你喜欢什么样的衣服，只管叫人去做。妹喜接着说，我还喜欢听撕裂绢帛的声音，这种声音美妙无比，听到它就感到浑身舒畅。对于妹喜的这个爱好，皇甫谧的《帝王世纪》中有确切记载："妹喜好闻裂缯之声而笑，桀为发缯裂之，以顺适其意。"缯，是古代对丝织物的总称，在当时的生产力条件下，丝织品是很贵重的。夏桀却不管这些，他一听到妹喜有这个嗜好，急忙命人把宫中织造的精美绢子在妹喜面前一匹匹摊开，然后一一撕开，妹喜听着手舞足蹈，夏桀更是喜不自胜，完全不在乎别人说他们是暴殄天物。

妹喜的这两个爱好虽然荒唐些，但还算说得过去，可最后一个爱好就有点骇人听闻了，而且令很多人丢了性命。这个爱好就是看着一大帮人在酒池里饮酒。按说这也不算什么，可这个酒池太出格了，它的规模大到可以在里面划大船。史籍记载，夏桀下令建造这个大酒池时，朝中一位敢于仗义执言的忠谏臣子关龙逢曾出面劝阻，可夏桀怎能听得进去，结果关龙逢被处死，酒池顺利建造完成。《列女传》上说："酒池可以运舟，一鼓而牛饮者三千人，其头而饮之于酒池，醉而溺死者，末(妹)喜笑之，以为乐。"也就是说，这个大酒池可以容纳三千人在一起喝酒，以至于很多人喝醉了便掉进酒池里淹死。见此情景，夏桀和妹喜不但没有任何不适感，反而觉得特好玩，不住地哈哈大笑。

间谍伊尹

夏桀终日在宫中享乐而不理朝政，引起了大臣的不满。他们担心这样下去，大夏的江山难保。况且，夏桀对他的子民也非常残暴。《史记·夏本纪》载："桀不务德，而武伤百姓，百姓弗堪。"百姓在他的统治下苦不堪言。在商汤伐夏时的《汤誓》中，就有对夏桀罪状的揭露，比如："率遏众力"（耗尽众人的力量）、"率割夏邑"等等。

就在这时，很多贤良的大臣纷纷劝夏桀收敛恶行，以国事为重。

夏桀三十七年（公元前1781年），东方商部落首领汤将一个德才兼备的贤人伊尹引见给夏桀。伊尹以唐尧、虞舜的仁政来劝说夏桀，希望他能体谅百姓的疾苦，用心治理天下。忠言逆耳，夏桀必定不会听从，伊尹只得离去。令夏桀想不到的是，伊尹离开后，夏桀也去日无多了。

关于伊尹（一说名挚）的身世和籍贯，有很多说法，其中难免笼罩着神秘色彩。《吕氏春秋》中记载着这样一个故事：有莘国[①]一位叫先氏的女子外出采桑，在一棵大桑树洞里捡拾到一个男婴，就抱回去献给了国君，国君为这个婴儿赐名伊尹，小名阿衡，并交给他的厨师抚养②。

其实，伊尹本是有莘家族的奴隶。他的父亲是一位厨师。自小就聪明好学，因近庖厨，还精通烹饪。据说他钻研出五味调和与火候理论，以至于被后人奉为中国"厨圣""烹调之圣"。伊尹还是中医药学始祖。相传他看到生病的人吃中草药的叶、稞、根时难以下咽，便用陶器把草药煎成汤液（出自《甲乙经·序》）。

伊尹善于类比，他从烹饪之术中悟出治国之道。孟子在说到这件事时曾赞叹道："伊尹耕于有莘之野，而乐尧、舜之道……尹之心志、昭然，终始以天下为己任。"因为伊尹有才学，不少奴隶主贵族还聘请他担当子女的家庭教师（出自《墨子·尚贤》）。

伊尹因为博学，最后成为闻名遐迩的人物，他的才气打动了一个人——商汤。

汤（？—约前1588年）也称"成汤"，子姓，名履（又名"天乙"），商部族首领主癸之子。史载，商族从始祖契到汤，曾先后迁居8次，至汤将商邑扩建为亳，称为亳邑（今河南偃师商城）。

商汤是一个有作为的首领，他不想只做一个池中之物，觊觎着夏的天下。贤主思良臣，要想成就大事，必须有得力之人辅佐。而伊尹正是商汤需要的大才。

生来就富有传奇色彩的伊尹与商汤的交往经历也很独特。求贤若渴的商汤为了得到伊尹，带着玉、帛、马、皮等礼物前往有莘国去聘请他。但有莘君告诉商汤，要想得到伊尹，必须与自己的女儿成亲。无奈之下，商汤与有莘氏结亲，而伊尹便作为陪嫁，成为汤的"小臣"。如今，在河南省嵩县空桑涧西南有个小山丘，据说就是商汤聘请伊尹的"三聘台"。

商汤为了将伊尹收在门下费尽心思，而他求贤若渴的情形也被史书生动地记载下来。《墨子·贵义喻》中说，为商汤驾车的彭氏之子得知商汤是去见奴隶出身的伊尹，不以为然地说："若君欲见之，亦令召问焉，彼受赐矣！"意思是，您要见他就下令召见好了，这对于伊尹来说就算天大的恩赐了。而商汤的回答是："今夫伊尹之于我国也，譬之良医善药也，而子不欲我见伊尹，是子不欲吾善也！"意思是，伊

▋伊尹画像。

---

① 约公元前21世纪，夏启封支子于莘（今合阳），称"有莘国"，简称"莘国"，上属雍州。
② 一说为因其母在伊水居住，以伊为氏。尹为官名，甲骨卜辞称其为伊，金文则称为伊小臣。

商汤画像。

尹对于我来说就是良药，你不想让我见他，这是不想让我好啊！于是把这个车夫赶下去，自己驾车前往。试想，有了这样的明主，伊尹怎能不殚精竭虑地辅佐？

伊尹与商汤经常在一起讨论治国之术。为了把这些道理讲得更透彻，伊尹还经常用所擅长的烹饪来打比方。据《吕氏春秋·本味篇》记载，因商汤喜欢美食，伊尹经常借机提出自己的治国主张。在用人上，他以做靓汤为例，告诉商汤：只有任人唯贤、大行仁道才能得天下，而得天下者方可尽享美味佳肴。此外，他还用"割烹"作喻向商汤陈说，要他"伐夏救民"。

商汤任命伊尹为阿衡（宰相），在两人及其他贤臣共同经营下，商汤开始壮大力量。为试探夏桀的实力，伊尹建议商汤停止向夏进贡，结果夏桀征调了九夷之兵伐商。伊尹见此情形，就对商汤说，夏桀还能调动兵力，伐夏时机不成熟。

于是，伊尹和商汤再次就夏桀的统治弱点进行研判。除了剖析夏王朝统治集团内部的各种矛盾和问题以外，他们认为最关键的问题还是民心向背。基于这一点，为更了解夏桀的真实情况，伊尹做起了间谍。

伊尹做间谍的事是孙武透露的，他在《孙子兵法·用间》中说："昔殷之兴也，伊挚在夏。"其中的伊挚就指伊尹。这句话的意思是，商的兴起有伊尹在夏朝做间谍的功劳。

现代考古研究成果证实，商代早期都城是河南偃师商城，与夏王朝晚期都邑——今河南偃师二里头遗址相距6公里。如此近的距离，为伊尹做特工提供了便利。伊尹频繁往来于两地之间，潜入夏朝内部（"间夏"）。有史料称，商汤曾先后5次派伊尹以丞相身份出使等方法搞情报。这期间，伊尹把夏桀的种种恶行打探得一清二楚，包括夏桀沉溺酒色、滥施酷刑、诛杀忠臣、修筑瑶台、宠爱妹喜、打造酒池肉林等情况，最后得出结论："上下相疾，民心积怨"。夏桀的暴虐已经引起百姓强烈不满，他们对夏桀恨之入骨，用恶毒的语言诅咒他，情愿和他同归于尽（出自《书·汤誓》）。

此外，商汤也频繁活动，还一度被夏扣押。伊尹等人费尽周折，又给夏桀送去大批珍宝，才将商汤救出。

此时，伊尹又打探到一个消息：妹喜失宠。这令伊尹心里一动。他再次潜入夏都。如果说，此前伊尹赴夏只是为了侦察政事民情，以制定灭夏计划，而这一次就是做亡夏前的最后准备，他想让这位昔日的宠妃充当自己的间谍，这个看似不可能的计划居然成功了。

妹喜之谜

伊尹利用妹喜做卧底的事儿有史可查，但妹喜究竟是什么时候做的间谍却是问题所在。这个问题的答案有两个：

第一个答案：妹喜是在失宠后为了报复夏桀才被伊尹发展成内线的。

据《竹书纪年》记载：桀"命扁伐岷，岷送女于桀，二人曰琬、曰琰。后爱二人，女无子焉，其名于苕华之玉。苕是琬，华是琰，而弃其元妃于洛，曰末（妹）喜，于倾宫饰瑶台居之。末喜氏以与伊尹交，遂以间夏"。屈原的《天问》《吕氏春秋·慎大览》中都有相应记载。

45

有一日，贪得无厌的夏桀又去攻打岷山氏，国小力弱的岷山国君无奈，只得效法有施氏，献出两个美女给夏桀，一个叫"琬"，一个叫"琰"（"琬"和"琰"都是美玉的意思）。夏桀焉能放过美女，他照单全收，将二女带入后宫，宠幸有加。有了新欢，旧爱自然被晾在一边。备受冷落的妹喜被夏桀安置在洛水一带，再无往日的欢笑。妹喜饱尝寂寞，不免心生怨怼，对此时造访的伊尹自然不会拒绝。伊尹与妹喜秘密来往，夏朝的核心机密也就不时出现在商汤面前。天长日久，伊尹感到亡夏的时机已经成熟，便与妹喜商定里应外合，配合大军一举灭掉夏桀。

第二个答案：妹喜在被献给夏桀的时候就已经是间谍。

《国语·晋语一》中这样写道："昔夏桀伐有施，有施人以妹喜女焉；妹喜有宠，于是乎与伊尹比而亡夏。"而《说文》解释说："比，密也"，"密谋"的意思，也就是说妹喜是和伊尹一起密谋将夏朝灭掉的。这表明，在有施被讨伐的时候，有施国王忍痛将妹喜送给夏桀以息事宁人，使夏桀收兵，同时为了复仇，赋予妹喜一个艰巨的使命，那就是在夏桀身边做贴身卧底，搞机密情报，将来择机里应外合置夏桀于死地。

正是因为这个角色使妹喜备受煎熬——二八少女，离乡背井，葬送了大好的青春年华，还要强颜作笑，日日忍受夏桀的蹂躏；纵然夏桀对妹喜恩宠有加，但谁又能懂得妹喜内心的酸楚呢？也许正是这种久藏于心底的仇恨，使得妹喜突生报复之心。于是，居瑶台，住琼室，听裂缯之声，嬉戏于酒池肉林，一切变得心安理得起来。同时，妹喜不忘肩负的使命，依仗夏桀的恩宠与信任，她轻而易举地获取了机密，包括夏都守防图。

一切都顺理成章地有了结局。商汤的反击开始了。他指挥大军先攻灭夏桀的党羽豕韦、顾国，击败昆吾国，然后直逼夏朝重镇鸣条（今河南封丘东，一说山西运城西），展开了鸣条大决战。战争结束，夏桀带着五百残兵败将逃到南巢（今安徽寿县东南），被商汤活捉。商汤没有杀他，而是将夏桀放逐在此地的亭山，失去自由的夏桀长叹道："吾悔不遂杀汤于夏台，使至此"（语出《史记·夏本纪》，商汤曾被夏桀捉住，伊尹送珍宝给夏桀，夏桀放了商汤）。最后，夏桀郁郁而终。

现在看来，夏桀的灭亡是历史的必然。但从谋略上讲，伊尹"用间"的做法无疑加速了夏桀的败亡。《吕氏春秋》也充分肯定了伊尹"用间"的作用，《孙子·用间》为此总结道："能以上智为间者，必成大功，此兵之要，三军之所恃而动也"。伊尹因此成为中国最早使用间谍的成功者之一，对后世的影响不言而喻。

商汤和伊尹都如愿以偿了，而妹喜有没有被商汤记上一功呢？这已无可考。可不知何时，妹喜被人演绎成红颜祸水，成了惑乱君王的坏女人，还与妲己、褒姒、骊姬并称为"绝色女谍"，这对她是否公平，每个人都会做出判断。

"烽火戏诸侯"背后的暗战

作者:明月吹箫

秘密战3000年

《东周列国志》中所描绘的烽火戏诸侯。

既然提到了"四大妖姬",那就不禁要说一下那个"烽火戏诸侯""一笑倾国"的褒姒了。

西周作为一个历史地位足以和秦汉唐宋并驾齐驱的伟大王朝,其历史却始终笼罩在一层神秘的面纱之中而不为后人所明晓,甚至至今我们依旧不能确知它的国祚长短。由于史料的匮乏和艰深,大众眼中的西周史更多的带有神话和浪漫色彩,与其近三百年的漫长历史不为公众知晓相比,最为人熟知的反而是开国史的神魔故事:昏庸而残暴的君王,妖狐变化的宠妃,被无辜残害的忠臣义士,睿智的老者,英明的复仇家族,神魔之间的斗法。而它的结局与开局一样传奇,在通俗文艺的熏陶下即便对历史一窍不通的人也大半知道烽火戏诸侯这个成语,听说过那个一笑倾国的故事。然而,真实的历史往往比传奇故事更加扑朔迷离、曲折传奇。

关于西周灭亡的原因,司马迁在《周本纪》中留下了一个由周朝史官编造的玄幻故事:夏朝衰落的时候,有两条神龙降落在夏帝的宫廷说自己是褒国的先君,夏王无所适从,经过占卜才决定将两条龙的唾液收藏起来。于是以隆重的仪式祷告上天,两条龙才留下唾液消失。夏王命人用木匣把龙的唾液收藏起来,夏朝灭亡之后,木匣为商人所得,商朝灭亡后又被周人所得,千年来从来没有人碰触这个禁忌。但到了昏庸的周厉王时代,他肆意妄为,居然打开匣子观看,龙的唾液流在殿堂上,无法清除。厉王命令宫女们赤身裸体对着唾液大声呼叫,龙唾变成了一只黑色的大蜥蜴,爬进了后宫一位7岁宫女的体内。她长大成人之后，她竟然怀孕了，恐惧之中将婴儿抛弃在城外。

多年之后周宣王在位时，民间流传着一首谣言："山桑弓，箕木袋一起出现的时候，周朝就要灭亡"。宣王听到了这首民谣后下令追杀一对卖山桑弓和箕木箭袋的夫妇。夫妇二人在逃难的路上，发现了先前被小宫女扔掉的那个小女孩，出于怜悯收留了她。三人继续往前逃，逃到了位于秦巴山地、汉水两岸的褒国。宣王死后，幽王即位，幽王在位的第三年（公元前779年）发动了对褒国的战争，而当年的那个小女孩已经成长为风华绝代的美人，于是褒国国君将她献给了幽王。褒国是夏朝的同姓诸侯国，姒姓褒氏，古代的女子称呼一般为氏在姓前而不称名，所以这个女子便被称作"褒姒"。

风雨飘摇

早有学者指出了这个故事的荒谬性，如果褒姒的母亲在厉王末年是六七岁，那么褒姒应出生于宣王初年甚至共和时期，而经过四十余年的宣王时代，到幽王三年时她已经人老珠黄，又如何会有一笑倾国的魅力？很明显，周朝史官是在为尊者讳，故意隐藏着历史的真相。但至少有一点，他们在有意无意间透露出来：周朝的衰亡确实与周厉王息息相关，这当然并非如故事中所言是因为他打开了藏有神龙唾液的木匣，也不是如传统所说因为他的嗜利暴虐而引起国人暴动。实际上他确实碰触了夏商周三代王朝的千年政治禁忌，那就是上古王权依赖的微妙政治平衡。

三千多年前，原本处于西陲一隅之地的小邦国居然在一代人的时间消灭了庞大的商王国，这固然是由于几代周王的苦心经营和高超谋划，但无疑也与末代商王希图革新却急躁冒进，遭到了诸侯方伯、贵族王亲、祭司贞人的群起反对，而给予周人可乘之机有关。而周初王室的内部争斗也险些倾覆了得来不易的新王朝，在平定武庚之乱和三监之乱之后，周人统治者依旧战战兢兢，深以"小邦周"能战胜"大邑商"而感到侥幸。从周初开始，他们便开始精心经营一个远较殷商复杂而精致的统治架构，可以简单概括为"天子至尊，王师至强，诸侯分封，贵族治国"。天子是整个周王朝的最高统治者，在理论上有"普天之下，莫非王土，率土之滨，莫非王臣"之称，在实际上他要仰赖于诸侯尤其是姬姓诸侯在四方的夹辅，在王畿之内则有宗周、成周两座都城，有三公为百官之首辅佐天子，卿事寮和太史寮则为王廷最重要的官僚机构。支撑天子至尊地位的有受命于天的神秘色彩，有同为姬姓亲戚的血缘纽带，有礼乐文化的教化熏陶，有派驻各地的诸监诸卿，有留诸金石的严刑峻法，然而最重要的还是周王直接掌控的十四万大军：西六师和成周八师，那个时代最庞大的武装力量。当然，作为奖赏，诸侯在自己国内掌握大权，而王廷的高官也例由贵族子弟出任。

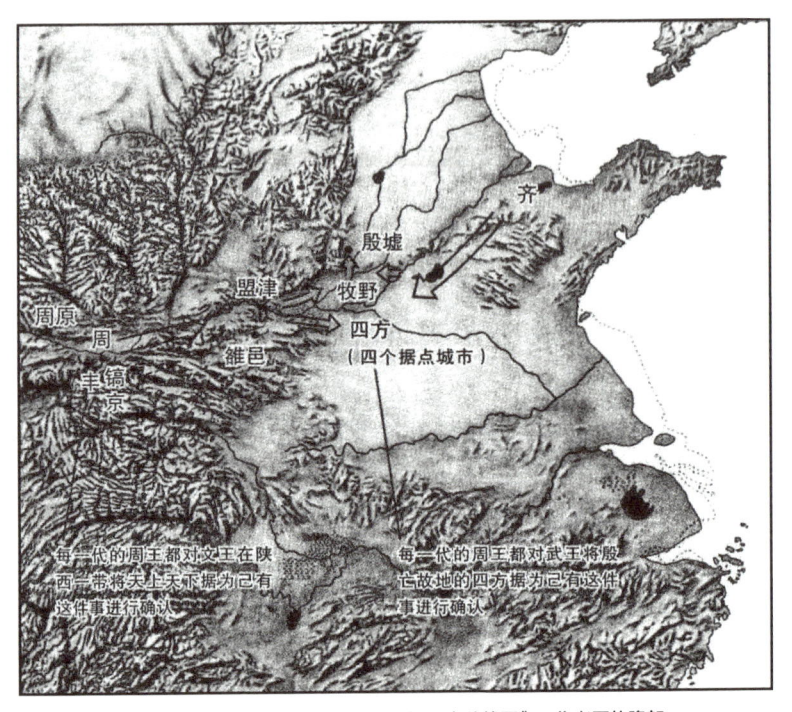

▍西周诸侯分封图,选自《从城市国家到中华:殷周 春秋战国》,作者平势隆郎。

　　这个主要由周公旦主持编织的权力网络,曾让周人创造了成康之治的辉煌历史,也让周人有过重创四夷、开疆拓土的光辉岁月,并帮助周人战胜了多次的王室内乱与诸侯反叛的政治危机。但最终却遇到了一个最可怕的敌人:时间。随着一代代人的生老病死,很多事情变得不一样了:受命于天的神秘色彩在周王室一次次的战败和内乱中消失,昔日的骨肉亲情因为血缘疏远而淡薄,礼乐文化对于习惯了东方各族风俗甚至与蛮夷频繁通婚的诸侯贵族们来说也不再那么重要,派驻各地的诸监诸卿逐渐成为诸侯的臣属或自己就变成了诸侯,最后就连严刑峻法也因诸侯的屡次抗命而失去其严肃性。而给西周王朝致命一击的则是对外战争的屡屡失败,曾是东亚最强大军事力量的王师丧失了它作为国之重器的威慑力。

　　昭王十九年,在南征楚国时西六师在汉水全军覆没,昭王死于非命,周人不可战胜的神话被打破。

　　穆王十三年,淮夷的一支徐戎入侵成周,在洛邑以东140公里的棫林(今河南叶县)才被击退,这是周人灭商一百年来第一次遭遇入侵。

　　夷王三年,齐哀公因为违背夷王的意志被烹杀,其弟静被立为国君,是为胡公,但很快哀公的同母弟联合哀公党羽杀害了胡公，自立为君（即献公）。夷王五年，为了惩罚这种犯上作乱的行为，王师对齐国这个当年与周人最密切的异姓诸侯国发动了讨伐战，但却以失败告终。

雪上加霜的是，此时周王室内部也发生了动乱，穆王之孙、共王之子懿王死后，继承王位的不是他的儿子，却是他的叔叔辟方（即周孝王）。关于这次宫廷政变的内幕我们现在依旧不得而知，但对于周王朝支柱之一的宗法制度无疑是一个毁灭性的破坏。由于孝王死后，懿王之子夷王是在诸侯的支持下才登上王位，所以他甚至不得不违背礼法下堂接见诸侯，天子的威严更加低落。

危机在夷王的儿子厉王在位时达到高潮。这一次对周王朝的挑战来自东南方向。鄂侯（今南阳盆地）在商朝时期就已经是和周文王平起平坐的"三公"之一，进入周代后依旧是南国最强大的诸侯，有着"驭方"这样尊贵的头衔。但这位南方诸侯的首领却联合山东地区的东夷、淮河流域的淮夷发动了对成周的全面入侵，不但东方的诸侯无力阻挡，派去抵抗的成周八师和西六师也纷纷落败，入侵者逼近与洛邑咫尺之遥的伊洛流域。最后由朝廷重臣武公派遣骁将禹率领自己的私家部队战车一百乘和一千步兵才出奇制胜，俘虏了鄂侯，解除了洛邑受到的威胁。这次军事行动挽救了成周的危局，因此武公得到了厉王赐予的大量田产，禹则得到了玉器和铜器作为奖赏。但与此同时，王师都无法击败的敌人却被一位贵族的私家武装所制服，肯定给厉王留下了深刻的印象。

自西周中叶之后，不但诸侯尾大不掉已经成为普遍现象，甚至齐国这样与周王朝关系极为密切的诸侯国也居然诛杀天子册立的国君，并举兵抵抗讨伐的王师。而且就是在王畿之内，王朝的高级官位也成为贵族们的私物而代代传承，如金文中所见的周氏、召氏、毕氏、南宫氏、史氏、虢氏、毛氏、微氏、井氏、荣氏等，他们或世代出任军事长官，或垄断祝、史、卜、乐官员，或连续几代出任卿士，乃至三公中父子兄弟相继出任者亦不少见。而为了获取他们的支持、奖励他们的功勋，一代代周王又不断地把田产、属民、财宝赏赐给他们，如克一次就得到了七处地方的多片田产。如南宫家族一次就得到了17个家族的属民，包括1709名男丁。随之而来的则是渭河流域周王直属的领地一点点落入贵族

王（帝）	年代（公元前）	在位年数
武王	1046—1043年	4年
成王	1042—1021年	22年
康王	1020—996年	25年
昭王	995—977年	19年
穆王	976—922年	55年（共王改元）
共王	922—900年	23年
懿王	899—892年	8年
孝王	891—886年	6年
夷王	885—878年	8年
厉王	877—841年	37年（共和改元）
共和	841—828年	14年
宣王	827—782年	46年
幽王	781—771年	11年

■ 西周王年表，夏、商、周断代史工程专家组编制，有争议。

们的手中，而厉王被群起而攻之的理由竟是他禁止贵族们继续侵蚀王室的土地与山林，他希望贵族们至少要向王室缴纳一定数量的税赋，当然也包括他曾如大簋盖和吴虎鼎所记载的那样，多次将贵族的领地赐予其他官员以提高自己的权威却不给予足够的补偿。

贵族和国人的怒火最后在一位大人物的领导下被点燃了，他就是国人暴动的真正主角——共伯和，在金文中则被称作"伯龢父"。从元年师兑簋上的记载中可以得知这位来自卫国的大贵族曾担任宗周禁卫部队的指挥官，而在国人暴动之后他则被贵族和国人们拥立摄行天子事，在师毁簋中我们可以看到这样的铭文："惟王元年正月初吉丁亥，伯龢父若曰"，而根据金文的习惯，只有天子发号施令时才用"若曰"，这正符合了古本竹书纪年中"厉王既亡，有共伯和者摄行天子事"。而正统的周天子厉王则被放逐到彘地（今山西霍州），并最终客死他乡。尽管共伯和的权力可能还受到周公和召公等大家族的制约，但周王朝自诞生之日起第一次出现天子被武力推翻的局面，无疑已经敲响了这个王朝的丧钟。

厉王二十九年（公元前828年），遭放逐14年的厉王结束了其悲剧的一生，共伯和再也没有了摄政的名义而退位返政，在周公和召公的支持下厉王之子静（即宣王）继位。宣王继位后表现出了非凡的政治智慧，他非但没有与这位将自己的父王推翻、流放的政敌发生冲突，而且与之始终保持了良好的关系。多年后，当这位叱咤风云的大贵族去世时，我们从师釐簋中得知器物的主人釐穿上隆重的丧服将共伯和去世的消息报告给周宣王，而不管此时的宣王是何等复杂的心情，都表示了足够的重视，并给予了釐厚重的赏赐。

新王的沉稳、宽厚和睿智，给了走在衰落历程中的西周王朝最后一分希望。

宣王四年（公元前824年），宣王派蹶父出使韩国（位于冀北平原），旨在恢复与东北诸侯的联系。这次外交努力是成功的，韩侯觐见周宣王，不但得到了丰厚的赏赐，而且娶了蹶父的女儿也就是厉王的外甥女为妻（出自《诗经·韩奕》）。

宣王六年（公元前822年），宣王御驾亲征，太师南仲和皇父追随，出动大军联合山东诸侯发动了对淮夷的大规模进攻。战线一直逼近到淮河流域南部，曾屡次进犯成周的徐戎被重创，不得不臣服。"四方既平，徐方来庭"（出自《诗经·常武》）

▌师毁簋铭文

"烽火戏诸侯"背后的暗战

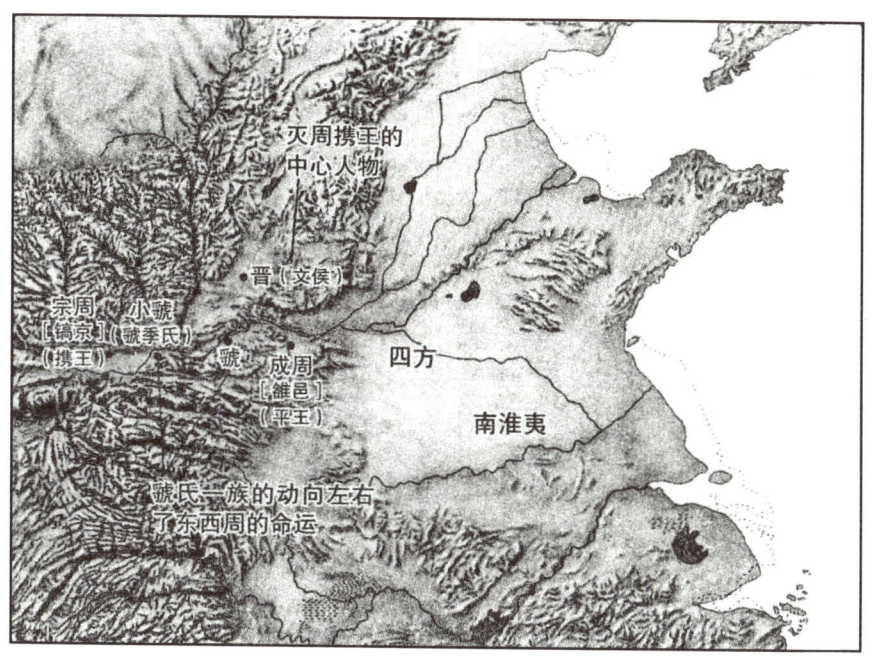

宗周近畿地图，选自《从城市国家到中华：殷周春秋战国》，作者平势隆郎。

胜利之后，曾对宣王有拥立之功的召公虎受命治理南国。"式辟四方，彻我疆土"（出自《诗经·江汉》）。

宣王五年，宣王亲征西戎，尹吉甫率军将已经打到泾阳的敌人赶回太原。"薄伐玁狁，至于太原"（出自《诗经·六月》）。

宣王六年，宣王派出七千军队支援秦人，秦仲的5个儿子奉命讨伐西戎，将其逐出犬丘，秦仲的长子因功被封为西垂大夫（即后世所称的庄公）。

宣王七年（公元前821年），宣王将自己的舅舅、即申侯之子分封于鄂国故地南阳盆地为申伯，"登是南邦，世执其功"（出自《诗经·崧高》）为了与原本的申侯相区别而被称作南申，此举明显是为了遏制楚国。同年，宣王命卿士仲山甫出使齐国，不但结束了自夷王时代以来与齐国的敌对关系，而且在齐地修筑城池，加强了东方的防御力量。

宣王八年（公元前820年），武公朝觐宣王，带来了儿子括和戏，宣王干涉鲁国的君位继承，将戏立为武公的世子。尽管宣王二十一年（公元前807年）括的儿子伯御杀死了懿公（即原来的世子戏），但宣王三十二年（公元前796年）王师讨伐鲁国，处死了伯御，再次维护了王室的权威。

宣王九年（公元前819年），宣王在成周召开了诸侯大会，自西周中叶以来逐渐尾大不掉的诸侯们纷纷赶来朝觐天子，中兴气象一时无两。

二　祸起萧墙

然而一种可怕的力量却在慢慢地滋生，不但让宣王中兴的努力化为乌有，而且最终颠覆了整个王朝，那就是在三代历史中扮演了重要角色的西戎[①]。这个分布在从河套平原到河湟流域的西北民族，并非如人们通常所认为的那样属于游牧民族，而和周人一样同样掌握着青铜冶铸技术和战车战术，并可能是兴盛于商末周初的鄂尔多斯青铜文化的继承者。至少在西周灭亡之前，他们还是和周人一样为农耕畜牧混合社会。

周人的先祖很早就与西戎接触，并且有过长期的政治同盟与婚姻关系，在西周王朝诸侯中具有重要地位的姜姓集团便来自西戎。然而由于灭商之后周人把大批贵族、国人派往东方封邦建国，大半兵力也集中于成周，周戎之间的关系发生了微妙的变化，成康之际许多西戎部落便已叛服无常，但总体来说是安定的。这种微妙的关系在穆王十二年被打破，穆王发动了对玁狁的扩张战争，虽然俘虏了5位戎王，戎人被迫迁往太原（今宁夏固原），但却导致了周戎间原本就很脆弱的臣属关系的破裂。直到几百年后，在《国语》中东周的史官还在批评穆王此举造成"自是荒服者不至"。

此后周戎之间便开始了百年的持久战。懿王二十一年，虢公率领周军北伐犬戎，战败逃还。

夷王七年，虢公率西六师征伐太原之戎，追击戎人直到俞泉，俘虏上千匹马。

厉王十一年，西戎攻克犬丘，秦人的母邦大骆之族被灭。

厉王某年十月，当周人困于国内的内斗与南国的叛乱时，西戎发动了对成周的入侵。戎人接连占领了京地和筍地，俘虏了两地的民众。厉王连忙命令武公派兵抵御，武公派出年轻的将领多友，周军和戎人在漆地相遇，经过激烈的战斗，杀死戎兵二百余人，俘获战车一百多辆，解救了筍地的周人。接着在龚和世周军连败戎人，最终在杨冢重创入侵者，并解救了京地被俘的周人。

周军通过艰苦的战斗获得了胜利，但仅是一场防御战的胜利，并且这次战斗对西戎的打击也是有限的，因为共伯和摄政的第二年，玁狁又一次发动了入侵，一度进入镐京的郊区。

宣公初年虽然接连取得对外战争的胜利，但是西北边境的局势依旧十分紧张。宣王五年的战斗中虽然周军最后取得胜利，但西戎军队已经推进到离镐京仅有40公里的地方。从金文资料中我们还知道在一次战斗中当周军追击西戎时，对方不但能集结援军反过来追杀周军，还能同时从另一个方向同时出兵入侵宗周。随着宣王后期

[①] 西戎自称"玁狁"，在东周时曾被称作"犬戎"。

"烽火戏诸侯"背后的暗战

■ 寺洼文化出土的鱼口罐，该文化被认为由西戎创造。

周天子力量的再度削弱（如宣王二十一年鲁国的叛乱，宣王二十九年不籍千亩），西戎给周人的压力再次加大。

宣王三十三年（公元前795年），周军再次征伐太原之戎，以失败告终。宣王二十八年（公元前790年），王师联合晋国讨伐条戎、奔戎，大败而回。宣王三十九年（公元前789年），王师讨伐姜戎，在千亩大败而回，连从南方调来的军队也全军覆没。宣王四十一年（公元前787年），王师被申国打败。

面对沉重的边境危机（甚至一度已经逼近镐京郊区），已经进入暮年的宣王已经不堪重负，尽管他有过料民于太原的努力，但终究无力回天，反而因错杀大夫杜伯而让朝廷更加离心离德。宣王四十六年（公元前782年），这位生不逢时的伟大君王结束了其46年的漫长执政期，带着对王朝命运的不安离开了人世。

幽王元年（公元前781年），宣王之子宫湦继位，即大名鼎鼎的周幽王。去除由东周史官编造而经司马迁加工的"烽火戏诸侯"和"千年龙唾"两个明显荒诞的故事，我们梳理《国语》《竹书纪年》《史记》等

宝鸡石鼓山西周墓地出土的青铜器——牺尊。

古籍可以归纳出有关西周灭亡的三个原因：其一，自然灾异频发。幽王二年（公元前780年），发生了大旱灾，泾河、渭河和洛河枯竭，《谷风》中描绘说"习习谷风，维山崔嵬。无草不死，无木不萎"，岐山崩（大地震）。《十月之交》对此进行了描绘："烨烨震电，不令不宁，百川沸腾，山冢崒崩。高山为谷，深谷为陵"。幽王三年（公元前779年），冬天有大雷电。幽王四年（公元前778年），夏天六月下霜，《正月》中描绘道"正月繁霜，我心忧伤"。幽王六年（公元前776年），冬天发生了日食。幽王十年（公元前775年），秋天九月桃杏结果。

《桑柔》中记载了一场大蝗灾："天降丧乱，灭我立王。降此蟊贼，稼穑卒痒。哀恫中国，具赘卒荒。靡有旅力，以念穹苍"。

在古人看来，灾异连连是因为君王无道，获罪于天，无疑是昏君祸国论、女色亡国论的铁证，幽王时的讽刺诗作者们就直接称为"天降丧乱"。但从今天来看，这只能表明幽王时期自然灾害频发，自然会带来经济的凋敝、人口的死亡和逃亡，给风雨飘摇中的周王朝带来更大的压力。但毕竟这些自然灾害不是幽王带来的，而且自然灾害也不足以直接毁灭一个王朝。可以作为反证的是宣王时期的灾害尤其是旱灾也十分严重："旱既大甚，涤涤山川。旱魃为虐，如惔如焚"（出自《云汉》），但却迎来了中兴之世。因此，自然灾害实际上只能作为西周灭亡的一个大背景。

而另两个和西周灭亡有关的事实就是——其二，幽王易储，申侯联合曾侯和西戎夹击；其三，当宗周遭到攻击时，诸侯大多袖手旁观。

在被否定了天谴说之后，传统学说要解释这两点其实只剩下一个命题：昏君论，尽管在史籍中还是尽可能出于为尊者讳的传统将责任推给褒姒，但还是只能用幽王喜好女色，结果为了宠爱褒姒而废长立幼，招致了亡国之祸。

那么问题是，事实的真相确实如此吗？

传统上都把幽王三年（前779年）褒姒入宫视作西周末日的开始。但实际上真正解开西周灭亡之谜的关键时间点却是幽王五年（前777年），因为在这一年有两个重要人物被迫离开镐京。这两个人物的离开证明了幽王并非传说中仅仅贪恋女色的昏庸无为之君，但也正因此加速了西周国祚的结束。

第一个大人物是一位白发苍苍的老者，他就是上文所提到宣王时代的重臣皇父尹吉甫，早在宣王二年（前826年）时他就被任命为太师，此后辅佐这位先王达42年之久，包括参与东征淮夷和西伐西戎的战争。幽王继位时，他又再次被任命为太师、卿士，这位重臣拥有如此大的权力和威望，也可以从金文中只有两例大臣被加以皇的尊号看出来（另一位是成王时的太保召公）。然而仅仅4年之后，这位三朝元老[①]就被迫离开他度过了大半生的镐京，迁移到向地（今河南济源）。很显然，能逼迫他离开镐京的只有一个人，就是幽王自己。这并

[①] 从他在宣王二年就被任命为太师来看，皇父肯定在厉王时代担任过高级官职。

非简单地新君清洗前朝旧臣的行动，而是疲弱不振的王权对日益增长的贵族势力的本能恐惧和自卫，因为这些贵族甚至曾推翻正统的厉王、拥立共伯和摄行天子事而居然没有受到宣王的任何惩罚。

然而，这次政治清洗却没有带来王朝的新生，反而成为取祸之道。在《十月之交》中作者列举了皇父的政治盟友们：司徒番、冢宰家伯、膳夫仲允、内史聚子、趣马蹶、师氏楀，而其中有好几位是宣王时的重臣或其后人（番、仲允、蹶）。很显然，随着皇父的失势和东迁，这些重臣即便不随其东迁也不可能再得到幽王的重用。取代他们的是两位出身显赫的新贵，一位是虢氏家族的首领虢石父，他代替皇父成为卿士，虢氏不但从懿王开始就成为西六师的指挥者，多次主持与西戎的战争，而且虢石父的长辈虢公长父、虢文公分别为厉王和宣王最信任的大臣之一，历来便与王室关系密切。另一位则是幽王的叔叔、宣王的弟弟郑伯多父（也就是郑桓公），作为大贵族中与宣王血缘最亲近的人之一，他被任命为司徒。然而较之经营几十年的皇父集团，这个新的权力架构未免显得太过于单薄了，而且大批朝廷重臣被清洗或被迫离开也在很大程度上削弱了镐京朝廷本就衰微的力量。

而皇父的出奔，则和另一个人的逃离息息相关。他就是幽王的太子宜臼，投奔的方向则是西申。这绝不仅仅是申后与褒姒两个女人之间的宫斗，因为宜臼的母族是申侯，西方最强大的诸侯。这个诸侯国早在成王时代便参加了成周的诸侯大会"西申以凤鸟，凤鸟者，戴仁抱义掖信"（出自《逸周书王会》），它和周人的关系也十分密切，是周文王的母亲大姜的母邦姜姓诸侯国之一，"齐、许、申、吕由大姜"（出自《国语周语》）。而且它与秦国也有婚姻关系。据《史记秦本纪》记载，周孝王宠爱大骆的儿子非子，想让他取代大骆的另一个儿

函皇父鼎，皇父所作青铜器群中的一件，现藏陕西历史博物馆。

"烽火戏诸侯"背后的暗战

曾侯乙墓出土的编钟，他的祖先曾参加灭西周之战。

子适成为大骆的继承人，但适的外祖父是申侯，他便提醒周孝王说："昔我先郦山之女，为戎胥轩妻，生中潏，以亲故归周，保西垂，西垂以其故和睦。今我复与大骆妻，生适子成。申骆重婚，西戎皆服，所以为王。王其图之。"为此孝王只得改变初衷，将非子封到秦地。

秦人的先祖戎胥轩和大骆两次与西戎通婚，是西周西北边境安全的保障。这不仅因为申国是西方最强大的诸侯，也因为申侯本身就与周王室关系密切（实际上厉王和幽王的王后都是出自申国），更因为申国本身就和西戎关系密切，这从周王室不止一次的将他们叫作"申戎"中便可看出。可以说申国自己就是最强大的戎。而在进入幽王时代后，周戎间的战争并未停息，幽王四年（公元前778年），秦庄公长子世父说西戎杀害了我的祖父，我不杀掉戎王，绝不回城，将职位让给襄公，率军攻打西戎。幽王六年，伯士帅奉命讨伐六济之戎，但再一次遭到失败。

在驱逐了皇父的势力后，信心大增的幽王认为再让一位有着戎人血统的王子继承王位显然是不合时宜的，更不能容忍强大的申侯在王室中势力贯穿于厉王、宣王、幽王、三代（厉王之妻族、宣王之母族、幽王之妻族、宜臼之母族）。于是他开始了政治清洗的第二步，此时出现的褒姒与其儿子伯服实际上成为一颗很有价值的棋子，至于褒姒是否有着一笑倾国的魅力则是次要的。

幽王八年（公元前774年），在确信已经将皇父和申侯的势力清洗完毕、完全掌控朝政之后，幽王做出了他一生中最重要也是最错误的决定：立褒姒之子伯服为太子。

59

三 黑白颠倒

外甥被废除太子之位，被迫逃亡来母邦，不但让申侯的个人感情难以接受，对其政治势力更是一个沉重的打击。但从幽王五年到幽王九年整整4年间，申侯却没有任何大的举动。因为他明白百足之虫死而不僵，贸然挑战天子的权威依旧有着巨大的风险，同时他也对幽王是否能回心转意有着几分期待，而即便想要推翻幽王，也必须有足够的理由，在大义名分上站得住脚。

也许正是这种按兵不动的态度，让幽王错误地估计了形势，才做了立伯服为太子的轻率举动。此举不但让周申之间的关系完全决裂，而且也让申侯等到了他期待已久的东西：大义名分。周朝极为重视宗法制度，而嫡庶长幼之分更是宗法的重中之重。幽王废长立幼，正好给了申侯推翻幽王、让自己的外甥登上王位的最好口实。于是在幽王九年（公元前773年），申侯向周王室的敌人缯国和西戎派出了使节，建立了军事同盟①。

第二年，也许是得知了三方结盟的情报，幽王在太室山召开了诸侯大会，寻求诸侯的支持。这次盟会的详情如何，各方诸侯的表态如何，我们不得而知。但这次盟会不但无异于对申国的宣战书，也暴露了周幽王自己的虚弱，因为他已经无法直接向诸侯发号施令，命令他们派军相助。

双方彻底决裂后，接下来便是这出大戏最高潮也是最扑朔迷离的部分，幽王十一年的那场大乱。对此，正统史书《周本纪》的记载为："申侯怒，与缯、西夷犬戎攻幽王。幽王举烽火征兵，兵莫至。遂杀幽王骊山下，虏褒姒，尽取周赂而去。于是诸侯乃即申侯而共立故幽王太子宜臼，是为平王，以奉周祀。平王立，东迁于雒邑，辟戎寇"。

然而除了最明显的"烽火戏诸侯"说纯属虚妄外，这段记载还有多处在隐藏事实的真相。

第一，战争过程被修改了。据《竹书纪年》记载，是幽王十年秋九月之后王师主动发动了对申国的征伐，原因是逼迫申国交出废太子宜臼而被拒绝。之后缯国联合西戎对周军进行了反扑。反周联军攻入宗周，幽王、郑桓公和太子伯服向东逃难，在镐京以东五十公里处的骊山被追兵杀害，美丽的褒姒则成为西戎的战利品，不知所踪。而《周本纪》中强调"申侯怒""（诸侯）兵莫至"，则掩盖了申侯精心策划的反周阴谋（从幽王五年到幽王十一年经历了6年之久，绝非一时的愤怒），回避了申侯和平王自己才是对抗王命者，而将平王和申侯塑造成讨伐无道昏君的复仇之师、正义之师。

第二，据古本竹书纪年记载，在幽王被杀之前，废太子宜臼已经在申国被拥立

---

① 幽王二年，王师曾联合晋国讨伐缯侯。

"烽火戏诸侯"背后的暗战

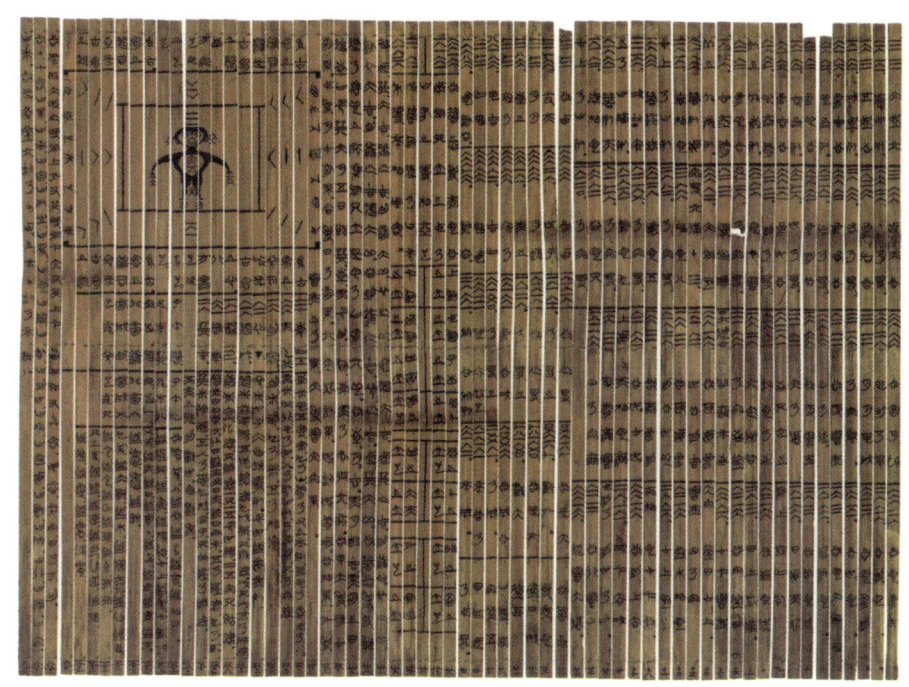

保存完好的清华简《筮法》。

为王"先是申侯、鲁侯（当为曾侯）、许文公立平王于申。以本太子，故称天王"，这是公然的叛逆行为。虽然由于学者大多认为古本竹书纪年可信性不如今本，因此这条记录的真实性存疑。但即便按照今本竹书纪年的记载，幽王十一年"申侯、鲁侯（当为缯侯）、许男、郑子立宜臼于申"，由于此时并未注明月份，所以依旧不排除在幽王死前宜臼已经被拥立为王的可能。即便是在幽王死后才被拥立，但是一则宜臼已经被幽王废除太子之位，尽管这也值得同情，但是他却在申侯的帮助下引狼入室，弑君杀父，完全丧失了道义上的优势；二则参加拥立的诸侯仅有4人，其中申侯和缯侯均为叛逆，许男（许文公）为申侯的同姓，郑子（应当为郑桓公之子郑武公）是否参加了拥立十分可疑，因为不仅古本竹书纪年不载，而且郑庄公的父亲刚被申侯为首的联军杀害，从情理上不太说得过去。即便他真的为了某种政治目的，参加了拥立，但是此时郑还不是名正言顺的诸侯（平王十年才正式成为诸侯），无权参加拥立。而齐、晋、鲁、宋、燕、卫等大国并未参与，晋、芮、魏、虞、鲁、卫、秦等国更一度拒绝承认平王政权的合法性。纵然几十年后，有些诸侯依旧对这些弑君者保持了不屑的态度。如平王死后，与周王室关系最亲密的鲁国拒不奔丧，当平王的继承者周桓王派遣使者（还是和鲁国关系较近的周公）请求鲁国资助丧葬费的时

61

候也被以不符合礼法为由拒绝。

第三，更重要的是，《周本纪》掩盖了一个十分重要的事实，那就是在幽王死后，平王并没有马上成为正统的周王，当时出现了另一个周王，而且他的正统性比平王还要强些。这就是《竹书纪年》中所说的"携王"。清华简让我们更为清楚地看到了这段"二王并立"的历史，幽王被杀之后："邦君、诸正乃立幽王之弟余臣于虢，是携惠王。立廿又一年，晋文侯仇乃杀惠王于虢"。较之为少数诸侯（为首的还是勾结外敌叛逆者）所拥立的有弑君杀父嫌疑的废太子宜臼，幽王的弟弟余臣不仅得到执政者虢石父的支持，而且是畿内诸侯（邦君）和朝廷群臣（诸正）集体拥立，又没有政治上的巨大污点，其实拥有更大的正统性。这种正统性甚至在晋文侯二十一年他被晋文侯杀害之后也没有消失，这可以从他得到王的谥号，并且是佳谥得到佐证。相比而言，初期的平王政权倒更像一个篡位者组成的伪政权。

内外敌人的夹击下，宗周士庶百姓本已饱受国破家亡的灾难，绝望中的士人甚至对上天发出哀叹："浩浩昊天，不骏其德。降丧饥馑，斩伐四国。旻天疾威，弗虑弗图"（出自《雨无正》）。

而二王并立的局面又让更多的贵族无所适从，但最终胜利者却是弑君篡位的申侯、平王一党，一度广受拥戴的携王则惨遭杀害。这一切的原因与《周本纪》所掩盖的第四个事实有关，也与前文提到的西周灭亡的第三个事实"当宗周遭到攻击时，诸侯大多袖手旁观"有关。

"平王立，东迁于雒邑，辟戎寇"。

这也许是这出大戏尾声中最富有争议的记载。因为众所周知，西戎原本就是平王与其幕后支持者申侯的盟友，是他弑君杀父屠弟篡位的帮凶。而且平王的后台申侯、缯侯、吕侯都是实力强大的诸侯，其实力并不在西戎之下。因此，许多学者对此进行了质疑，并提出了新的观点，如"避秦说""被秦、晋、郑威逼说""投戎说""自然灾害说""敌友易位说"等等。这些说法都有其道理和依据，探讨这些说法也并非本文的任务。但平王的东迁动机问题，如果和另两个问题联系起来分析，就更能读出历史记载背后的真相：一是，当宗周遭到攻击时，为什么诸侯大多袖手旁观？二是，为什么更为正统的携王却终遭杀害？

其实真相很简单也很残酷。西周晚期时诸侯的势力已经不再受天子的约束，即便宣王中兴的时代也必须派遣使节主动与诸侯国改善关系，而在宣王末年，由于对外战争的屡屡失败，天子的威信无疑更加微弱。幽王驱逐深孚众望的皇父、废除嫡长子宜臼的行为，虽然一时得以掌握朝廷大权，但这种破坏宗法制度的行为却让他丧失了最后一点在诸侯中的威望，授人于柄，让久已怀有不臣之心的诸侯们在道义上有了下克上的理由，同时驱逐皇父集团，也大大损害了朝廷的势力，这个几十年来威震诸侯的大人物的离去无疑是让诸侯们乐观其成的。由于很多诸侯都在王畿中有自己的眼线甚至其子弟就有很多任职于朝廷（如当年的共伯和一样），我们可以判断诸侯们对镐京的政治动态是明了的，但

"烽火戏诸侯"背后的暗战

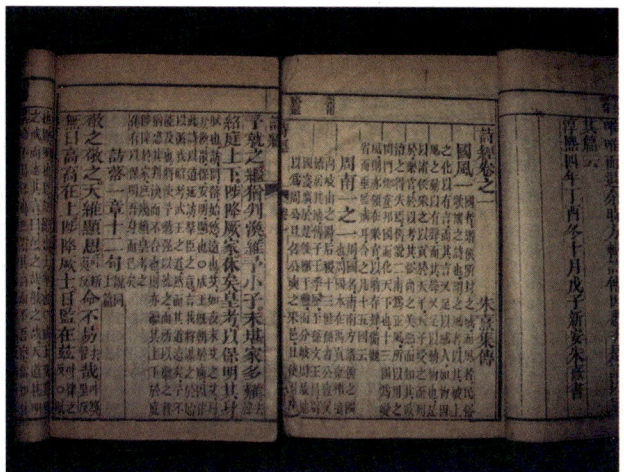

《诗经》不仅是一本诗歌总集，也是了解上古历史的钥匙。

幽王十年的太室盟会，虽然我们已经无法了解其详情。但从《左传》对此举的批评来看，这次盟会显然没有达到幽王获取诸侯支持的目的，反而暴露了朝廷的虚弱。尽管也许出于表面的礼节，诸侯们并没有公开对抗天子。但是在此后西周朝廷与申—缯—西戎联军对抗时，我们只发现了幽王的亲信虢石父和与西戎有世仇的秦襄公等少数诸侯站在天子一边，只有幽王的郑桓公为西周的灭亡牺牲。而即便幽王被杀后，从东方赶来的也只有许文公、郑武公、卫武公等人，但是许文公是站在弑君者申侯一边的，郑武公更多的是为了保护自己的父亲，其中也许只有卫武公真的是为了保卫王室而来。实际上诸侯们对西周大势已去的局面已经洞若观火，就连忠于幽王的郑氏和虢氏也在此前几年将大批族人、财货、奴隶东迁中原。

而幽王的失败即便不是诸侯们所期望的，也是可以接受的。即便齐鲁这种与王室关系密切的诸侯，想必也记得周王如何干预它们的君位继承甚至直接杀死不听从王命的诸侯。眼前这位在位的幽王如果继续发展下去，难免会成为另一个厉王。这些大贵族们久已埋藏犯上之心，只不过没有人愿意成为众矢之的而已，此时有申侯做了他们想做而不敢做、不方便做的事情，何不隔岸观火呢？实际上有些诸侯不止于隔岸观火：秦国在幽王死后，便以伐戎救周为旗号，经过苦战，秦文公将版图扩张到岐山，并接收了周人遗民，势力大振。晋文侯则趁机消灭周边小国，将疆域扩展到华山脚下和河东汾水流域。郑国和齐国也趁机，大大扩充了自己的疆土。

然而，诸侯们只是想削弱朝廷，但没有除之而后快之心。

第一，尚没有任何一个诸侯的实力足以取代周朝，建立新王朝；

第二，诸侯们还需要一个共同拥戴的

63

对象，尤其是在四夷趁机侵略中原的情况；

第三，诸侯权力的合法性来源于周王，失去了天子的授权，他们自身对国内的统治也失去了大义名分；

第四，诸侯们的礼乐、制度来自于周朝廷，此时的社会还不存在能全面取代周制的新的体制和文化，而天子的存在是周制存在的必要条件；

第五，对于大周诸侯中过半的姬姓诸侯来说，保持周王的存在非常重要，即便是已失去了对周王室的血缘亲情，但这样做至少有利于扩张自己的势力。

正是诸多现实的政治理由而非所谓的忠心，迫使诸侯们依旧要在戎人的入侵中保护周王朝廷的存在。但是此时的周朝廷自己又是二王并立的局面，该拥护哪位周王呢？对于大多数诸侯来说，这个选择并不难。携王不但没有政治把柄，而且还得到畿内诸侯与朝廷群臣的支持，如果携王朝廷长期存在下去，待戎人侵略浪潮逐渐平息后，或许会和他的哥哥一样再来一次中兴，至少难以控制，这是诸侯们所不愿意看到的。而平王不但因为有弑君杀父嫌疑而有洗不去的政治污点，而且没有得到畿内诸侯和朝廷群臣的支持，因而没有什么权威性。而这正是诸侯们所需要的，他们正是希望平王与其后代有着政治上的先天不足而无法有效地约束诸侯。

然而，携王毕竟有着正统名分，而且还得到强大的虢国与诸多邦君、大臣的支持，短时间内诸侯们并不愿意直接动手消灭它。平王政权如果继续留在西土，不是被戎人或携王所灭，就是会成为申国或秦国的傀儡，这些都是关东诸侯们所不愿意看到的。而平王迁移到任何一个东方强国境内不但与礼法不合更是其他诸侯不愿意接受的，因此最好的选择只有一个：让平王政权迁移到成周，这里既可以受诸侯保护，又便于关东诸侯控制，但又不会引起诸侯们为了争夺"挟天子以令诸侯"机会的激烈争斗。而此时的申侯由于弑君大罪已经是天下众矢之的，自然不敢违抗诸侯们的意志，至于秦国，平王的东迁也有利于其在关中平原的扩张（当然平王东迁也让秦国得到占领岐东的名分）。

由此，"平王立，东迁于雒邑，辟戎寇"所掩饰的真相也得以解开。所谓的"晋侯会卫侯、郑伯、秦伯，以师从王入于成周"，实际上不是什么诸侯护卫周王，而是一次武装押解！

而平王东迁洛邑之后安定了下来，至少有了起码的安全，即便那些对平王心怀不满的诸侯们也不得不接受既成事实（毕竟这对他们也是有利的）。而关中平原上孤零零的携王政权却日益衰微，终于在二十一年被晋国消灭。

从中我们可以看出一个事实，携王政权才是幽王朝廷的延续，东周政权其实并非西周王朝的合法继承者，而是一个弑君篡位者建立的政权，而它的建立其实也是建立在西周灭亡的基础之上，它的政权领袖和最初的支持者（平王、申侯、缯侯）大多是西周灭亡的刽子手。从某种意义上来说，我们甚至可以说，是东周政权灭亡了西周政权，灭亡西周者东周也！

然而，这段血腥而耻辱的历史：天子

和太子的被杀、镐京的沦陷、王后的被掳、大贵族的反叛、西戎的趁虚而入、诸侯的坐观成败、篡位者的胜利、正统继承人的被害对于东周和诸侯们来说都是极为不光彩的，甚至足以否定东周政权存在的合法性（虽然携王被杀后只有鲁国那种象征性的抗议）。

因此，这些罪行必须找到替罪羔羊，必须抹去平王与诸侯们手上的血腥。东周王朝与各诸侯国的史官们确实找到了：女人和戎人，褒姒母子已经死去，而戎人又根本不掌握中原世界的话语权，因此无辜被害者和趁火打劫者都成了主犯、帮凶们的替罪羊。编造的故事不断地加工、虚构、传播、记载，并最终掩盖了真实的历史流传至今。

如果褒姒真的在亡国时发出过笑声，那一定是凄凉到极点、悲苦到极点的笑声，这笑声穿越千年历史的重重迷雾，至今依旧让人难以平静。

四 虽死犹生

在这场大博弈中，幽王为了加强摇摇欲坠的王权，平王为了重新夺取王位，群臣贵族们为了派系和家族间的倾轧，诸侯们为了争夺地盘和势力，西戎觊觎宗周的财富和土地，就连那个不由自主被推上风口浪尖的携王毕竟也不曾拒绝王位的诱惑。无辜的是宗周的百万生灵（包括那些小贵族们），他们在大人物之间的争斗下妻离子散、家破人亡，不是死于非命，便是沦为西戎人掠夺、奴役的对象，除了少

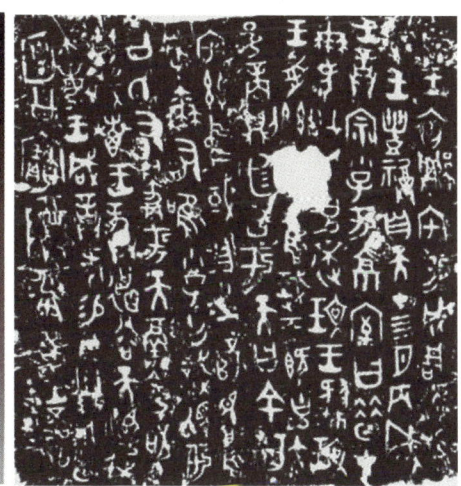

▎最早出现"中国"一词的何尊。

数得以逃亡东方的强大宗族（如早有先见之明的虢氏和郑氏，如追随平王东迁的七族），都只得在宗周的废墟上苦苦挣扎。正如《雨无正》中所描绘的惨状："周宗既灭，靡所止戾""戎成不退，饥成不遂"，和对上天的质问："舍彼有罪，既伏其辜。若此无罪，沦胥以铺。"几千年之后，当现代考古学家对宗周进行大规模发掘时，他们发现丰京和镐京遗址中大部分是汉代遗物地层直接叠压在西周地层之上，只有少数地方是战国地层叠压在西周地层之上，而在周原则几乎都是汉代以后的地层叠加在西周地层之上。这意味着，春秋时代这些宗周的中心城市已经成为废墟甚至荒野，到了战国时才有人类的活动。

但历史并不因人类的悲伤而告终结，而是按着自己的内在规律继续前行。西周王朝虽然覆灭，但是《尚书》《诗经》《易经》等伟大的文化财富却深深植入中华文明的根基之中；它所开创的"民本""礼法""德治"等思想影响了之后二千八百年的历史；西周关于分封制的实践和集权官僚制度的尝试给了后世王朝以宝贵的历史经验；正是在西周时代"华夏"和"中国"的观念开始萌生，华夏民族开始有了最初的民族意识；而周人从西垂一隅之地向广大东方的征服、分封和同化，则启动了中华文明成型的最初过程。从某种意义上讲，最早的"中国"史开始于西周。

幽王、平王、携王、申侯、虢石父、戎王、郑桓公、皇父、晋文侯、秦襄公……这些历史人物都随风而逝，而他们的邦国也在此后的几百年一一覆灭。但是西周王朝的遗产历尽了几千年的风雨沧桑，依旧流传至今。

聂政刺韩君的血色迷雾

作者：大意觉迷

"弑君三十六，亡国五十二，诸侯奔走不得保其社稷者不可胜数"的春秋时代，秘密战变得越发残酷，而之后战国时代的秘密战更是充满了血腥的味道。

一 壮士与凶案

在战国时期的韩国，发生了一起著名的凶杀案，被害人是韩国的国君和相国。韩君被惊慌的韩相扑倒后，一同被人用利器刺死，或许还有其他人遇害或受伤，因史料缺载无法详述。而杀人的凶手是一个强壮的青年男子，据说他在行凶之后便自挖双眼，毁坏脸皮，并剖腹出肠，当场死亡。

韩国政府为了查证凶手身份，曝尸于闹市多日，终于有一名自称叫"聂嫈"（一说"聂荣"）的女性，指认尸体实际上是他的弟弟轵深井里人聂政。女性在揭示凶手身份之后随即自杀身亡，但案件的真相逐渐显现出来。有迹象显示，一位名叫"严遂"的卫国人，原本是韩君的宠臣，与韩相发生矛盾，故而导致了这场凶案的发生。

《战国策》与《史记·刺客列传》中都详细描写了严遂为了刺杀韩相，探访隐姓埋名的聂政，并耐心等待他侍奉老母送终。聂政因感动于严遂的诚意，不惜一切代价，终于成功刺杀了韩相。因此聂政便成为与专诸、荆轲齐名的伟大刺客为后人传诵。民间产生以此为题材的杂曲《聂政刺韩王曲》，经三国名士嵇康改造而称《广陵散》。嵇康因得罪司马昭被判处死刑，在临刑前弹奏《广陵散》之后感慨道："昔袁孝尼尝从吾学《广陵散》，吾每靳固之，《广陵散》于今绝矣！"随即被杀。《广陵散》并未因嵇康的被杀而断绝，辗转流传到今天。

一位无名的壮汉，奋勇一搏，杀死一国君主和相国，震动列国，名传后世。先有司马迁为其做传，后有嵇康抚琴就戮，他的事迹凝固在文字和音乐中被中国人牢牢记住。然而当我们对事件的本源进行考察，重新翻开《史记》进行查阅，却发现这一事件依然处于迷雾之中。

《史记·韩世家》记载："（韩）列侯三年，聂政杀韩相侠累。"没有说韩烈侯

聂政刺韩王（武梁祠汉画像石）。

聂嫈认尸。

千古绝响广陵散。

二 韩烈侯？韩哀侯？

同时被杀,韩烈侯在位13年才去世。《战国策》与《韩非子》在记录这件事的时候,均说是韩相与韩哀侯同时被杀。如果按照《史记》的记载,韩哀侯是韩烈侯的孙子,《史记·韩世家》中记载他是被一个叫韩严的人刺杀而死,《古本竹书纪年》则记载刺杀者为韩山坚。从韩烈侯三年到韩哀侯遇刺身亡,如果按照《史记》年表,中间相隔26年。聂政显然只能刺杀一次,如果是在韩烈侯三年刺杀韩相侠累,就绝不可能穿越到26年后再去刺杀韩哀侯。这是一个基本的逻辑判断。

最早注意到这个矛盾的,是东汉的无神论者王充,他在其代表作《论衡》中写道:"传书言聂政为严翁仲刺杀韩王,此虚也。夫聂政之时,韩列侯也。列侯之三年,聂政刺韩相侠累。十二年,列侯卒。与聂政杀侠累,相去十七年。而言聂政刺杀韩王,短书小传,竟虚不可信也。"(出自《论衡·书虚第四》)其中所谓"相去十七年"可能是古书传抄错误,王充的意思是很明白了,也就是聂政杀韩王的说法不可信。

也可能基于这个矛盾,司马迁在《史记·刺客列传》中删掉了《战国策》中聂政"兼中哀侯"的说法,所以当我们阅读《史记·刺客列传》聂政部分的时候,发现其中仅写他刺杀了韩相侠累,而未提韩君。这样从表面上看来,就与《史记·韩世家》中的记载保持一致,也就是说,韩哀侯遇刺身亡是另有其事,与聂政无关。但是在《刺客列传》中却留了一句"濮阳严仲子事韩哀侯",又留下了尾巴。司马光在编纂《资治通鉴》的时候也考虑到这个因素,将聂政杀侠累与韩哀侯遇刺事件分开。然而在聂政杀侠累事件中提及了濮阳严仲子与侠累交恶,而韩哀侯遇刺事件中则提及严遂与韩廆交恶。但实际上严仲子就是严遂,侠累就是韩廆,如果说聂政杀侠累与韩哀侯遇刺无关,为什么两件事的背景却是一回事?显然,司马光无法解决这个矛盾。

三 蛛丝马迹

按照时间序列,最早提及聂政杀人事件的应该是《战国策》。《战国策·卷二十八·韩三·谓郑王》是向郑王阐述君臣关系和外交关系的论述,阐述者名字失载,根据内容提到(韩)昭釐侯可知,此篇的"郑王"即"韩王",应该是韩昭侯的继任者韩宣惠王,距离韩哀侯遇刺事件约四十多年,事件发生的大体经过应该可信,相关记录如下:"东孟之会,聂政、阳坚刺相兼君。许异蹴哀侯而殪之,立以为郑君。韩氏之众无不听令者,则许异为之先也。是故哀侯为君,而许异终身相焉。而韩氏之尊许异也,欲其尊哀侯也。今日郑君不可得而为也,虽重申相之焉,然而吾弗为云者,岂不为过谋哉!昔齐桓公九合诸侯,未尝不以周襄王之命。然则虽尊襄王,桓公亦定霸矣。九合之尊桓公也,犹其尊襄王也。今日天子不可得而为也,虽为桓公吾弗为云者,岂不为过辩而不知尊哉!韩氏之士数十万,皆戴哀侯以为君,而许异独取相焉者,无他;诸侯之君,无不任事于周室,而桓公独取霸者,亦无他也。今强国将有帝王之亹,而以国先者,此桓公、许异之类也。岂可不谓善谋哉?夫先与强国之利,强国能王,则我必为之霸;强国不能王,则利用辟其兵,使之无伐我。然则强国事成,则我立帝而霸;强国之事不成,犹之厚德我也。今与强国,强国之事成则有福,不成则无患,然则先与强国者,圣人之计也。"

这段明确提到聂政"刺相兼君",说明韩相与韩君一同被杀,但是后面说完"许异蹴哀侯而殪之"又翻回头去说"是故哀侯为君,而许异终身相焉"。赵翼在《陔余丛考》中给出的解释是,《战国策》中涉及"哀侯"的地方皆为误笔,应为"烈侯"。"许异蹴哀侯而殪之"一句是说"许异踢倒韩烈侯,让韩烈侯装死逃过一劫",事后韩烈侯重用许异,让他终身做了韩相,这就解释了为什么侠累被杀而韩烈侯未死。但是记录韩哀侯与韩相同时遇刺的不仅仅有《战国策》,还有《韩非子》,韩非是韩国人,距离韩哀侯遇刺事件大约一百四十多年,他的记录与《战国策》基本一样:"严遂、韩廆争而哀侯果遇贼。……韩廆相韩哀侯,严遂重于君,二人甚相害也。严遂乃令人刺韩廆于朝,韩廆走君而抱之,遂刺韩廆而兼哀侯。"难道说《韩非子》也错了?《史记·刺客列传》为什么会留下"濮阳严仲子事韩哀侯"的尾巴?赵翼的解释显然有问题。

四 许异是谁

那么我们首先来解决许异是谁的问题。"许异蹴哀侯而殪之"的描写与"韩廆走君而抱之,遂刺韩廆而兼哀侯"的描写很相似,那么我们很容易想到许异有没有可能就是韩廆(即侠累)?许在古文中写作鄦。鄦字在金文中的字形是"大"配两个相似的符号组成,如果这两个符号被讹写成"人",那就变成"夹",恰好是"侠"字的一部分。而"异"的繁体"異"与"鬼"字形似。侠累在《战国策》中写作"韩傀",《韩非子》中写作"韩傀"和"韩廆",《艺文类聚》三十三、《太平御览》四百七十三引作"韩傪",廆、傀、累、傪一声而转。侠累是韩君的季父,所以自然是韩氏,"侠"字代表他的封地,具体在哪儿已经不知道了。"许"与"侠"哪个是正字,哪个是讹写也无法确定,只能说两个字有关联。根据以上分析,可以认定许异就是侠累。

如果许异就是侠累,那么"许异蹴哀侯而殪之"这句话实际上是说许异(侠累)踢倒哀侯而死,"殪"的含义是杀死,没

有装死的含义。《谓郑王》的相关语句的断句似乎需要调整,笔者尝试订正为:"东孟之会,聂政、阳坚刺相兼君,许异蹴侯而殪之。(哀侯)立以为郑君,韩氏之众无不听令者,则许异为之先也。是故哀侯为君,而许异终身相焉。"前半段是在简介韩哀侯与许异被杀事件,后半段是在追述韩哀侯生前许异(侠累)在韩氏宗室中的地位,许异活着的时候,韩氏宗室没有敢违背许异意志的,可谓专断,他与韩哀侯同时遇刺,所以"终身相焉",这带有一种反讽的意味。

经过上面的分析可以明了,聂政刺杀侠累事件,与韩哀侯遇刺事件实际上是同一件事,发生在韩哀侯时期。清华简《系年》中恰好涵盖到了韩烈侯三年的时代,并没有提到有刺客刺杀韩相的事件,也使得我们怀疑韩烈侯三年"聂政杀韩相侠累"的记载是不是有什么错误。那么这一事件究竟发生在哪一年呢?按照《史记》年表,韩哀侯在位6年,其遇刺之年以此排比为公元前371年。然而《史记》之中战国时代的诸侯年表多有错乱,现代学者往往根据《古本竹书纪年》进行重新编排。根据历史学家杨宽重排后的战国年表,韩哀侯在位只有三年,其遇刺之年为公元前374年,比《史记》年表提早了3年。根据《史记·晋世家》索隐记载,及《竹书纪年》所载:"韩哀侯、赵敬侯并以(晋)桓公十五年卒。"再根据《史记》年表,赵敬侯在位12年,杨宽没

■ 金文。

有调整赵敬侯的年表，其去世之年排比为公元前375年，比杨宽调整后的韩哀侯年表遇刺之年相差一年，已经算比较接近。另一个标杆是晋桓公十五年，也是在公元前374年，那么韩哀侯遇刺的绝对年代应该是在公元前374年。如果杨宽编排的韩哀侯正确，仅在位三年，那么"聂政杀韩相侠累"的"韩列侯三年"的纪年应是"韩哀侯三年"。

五 真相再现

在明确了聂政杀人的真实年代和事件的大体过程之后，我们便可以根据历史资料重现这次事件的真实历史背景。

周威烈王二十二年（公元前404年），晋国赵魏韩三家大夫在平阴大破齐军，生擒齐康公，促成中原诸侯朝见天子的大会盟，从周天子那里讨得诸侯的名分。三家的首领赵籍、魏斯、韩虔在去世后分别尊为赵烈侯、魏文侯、韩景侯。自周敬王二十三年（公元前497年）赵鞅攻打范氏、中行氏开始，长达93年的晋国六大夫兼并战，到此算是宣告结束，范、中行、智三家灭亡，晋国公室被彻底架空，仅保留绛、曲沃等少量土地的控制权，赵、魏、韩三家走向独立建国的发展道路。

天下大势也已经发生巨变，按照后世的历史划分，中国的历史已经从春秋时代过渡到战国时代，越国是最后一个春秋霸主，在越王勾践去世后依然保持强势，并协助三晋击败楚国。齐康公虽然被俘，但很快就被三晋释放，不过对于齐国来说，齐康公不过是个傀儡，是否释放意义不大，真正控制齐国政局的是大夫陈和（田和）。齐国之所以被三晋击败，也是祸起萧墙，不过是陈氏家族内部因瓜分齐国利益分赃不均导致内乱，给了三晋可乘之机。然而三晋也知道齐国后劲十足，一旦处于僵持局面对己不利，只是通过攻打齐国谋求自身的政治独立而已。而楚国也是刚刚新君继位，上一任楚王楚简王意图干涉晋国内政，却被赵魏韩三家联军击败，新上台的楚声王只能暂且保持谨慎的态度，与秦简公建立友好关系，力图对三晋重新发起围攻。楚声王与宋国联合在榆关（今河南省中牟县南）修筑武阳城，秦人则在洛阴击

■ 三家分晋，选自《柏杨版通鉴纪事本末》。

败三晋，下一步就要秦楚会师，同伐三晋，就在这个关键时期，楚声王被人刺杀，凶手不明，于是秦楚联军的计划流产。夹在大国争霸中的郑国为求突破，主动袭击榆关武阳城，却由此引发楚国与三晋在榆关耗日持久的拉锯战。

郑国在混战中变得愈发狂躁，连连发生内乱，先是太宰欣撺掇郑繻公杀害了相国驷子阳，随后驷子阳的同党又攻杀了郑繻公。每况愈下的政局使郑国无法在战国的乱世中继续苟延残喘，吞灭郑国便成为三晋的战略重点。而郑国为了最后的生存，将希望寄托在魏国的庇护下，对韩国十分轻视。到了韩哀侯继位的第二年，也就是公元前375年，魏国又一次与楚国在榆关展开激战，而韩国则乘这个机会灭掉了郑国。

在灭郑的过程中，起到关键作用的，自然是韩国相国侠累，他是韩哀侯的叔父，在宗室中具有极强的号召力，在他的运作下，韩氏家族空前团结，没人敢违背他的命令，也就是在这样的局面下，侠累尊奉着韩哀侯，将韩国都城从阳翟迁都至郑，此后"韩国"也称为"郑国"。

另一方面，周天子于周考王元年（公元前440年）设立了西周国，开国君主是周考王之弟揭，死后称为"西周桓公"，领地位于东周直辖领地内的黄河南岸。本来东面与郑国毗邻，郑国灭亡之后，西周国作为王室的代理人不得不和韩国打交道。此时的西周君为西周威公，而韩国派去与西周打交道的使者则是韩哀侯的宠臣严遂。

《韩非子·说林上第二十二》：严遂不善周君，患之。冯沮曰："严遂相，而韩傀贵于君。不如行贼于韩傀，则君必以为严氏也。"从《韩非子》的记载可知，严遂是一个十分骄横的人，仗着自己是韩哀侯的宠臣，无论是侠累还是西周君都不放在眼里，这一点引起了西周君极大的不满，西周君的臣子冯沮便给主子出谋划策，建议他想办法暗杀侠累，这样韩国人会认为这件事是严遂所为，这样既可以打击韩国的势力，又可以让严遂陷入不利的境地。由此可见，严遂可能并不是刺杀侠累的幕后主使，真正幕后黑手则是西周威公与冯沮君臣。

六 千年追凶

《古本竹书纪年》记载了一个叫"韩山坚"的人刺杀了韩哀侯。"韩山坚"是谁？《史记·韩世家》记载："韩严弑其君哀侯。""严"、"岩"相通，"严"与"山坚"可能一为名，一为字。那么"韩严"又是谁？《战国策·谓郑王》中提到了一个叫"阳坚"的人，他与聂政一起参与了刺杀事件。显然，阳坚就是韩山坚，此人当是韩氏，也就是韩国公族。《史记·刺客列传》中未见"阳坚"或者"韩山坚"出场，刺杀行动是由聂政一人完成的，这个阳坚恐怕是刺杀事件的真正策划者。

聂政杀人事件中西周君臣到底介入得多深呢？《战国策·卷一·东周·严氏为贼》

此篇为我们透漏了更多的关键信息。

  严氏为贼，而阳竖与焉。道周，周君留之十四日，载以乘车驷马而遣之。韩使人让周，周君患之。客谓周君曰："正语之曰：'寡人知严氏之为贼，而阳竖与之，故留之十四日以待命也。小国不足亦以容贼，君之使又不至，是以遣之也。'"

  《严氏为贼》中的"阳竖"显然是"阳坚"的讹误，韩国人在确认了杀害侠累和韩哀侯的刺客身份之后，很快查到了阳坚与事件的关联，而这时候阳坚早已逃亡到了西周君的领地，西周威公收留了阳坚达14天之久，然后就给他提供了车马任其逃亡到别处。等到韩国人发现阳坚的去向找西周君算账的时候，西周君则在臣子的策划下，设计了一套冠冕堂皇的说辞把韩国使者给打发了。帮助西周威公编造说辞的人应该就是《韩非子》中提及的冯沮。

  阳坚之所以意图杀害侠累，无外乎侠累在宗室中过于专横，阳坚作为韩氏子弟多有不服，可能并不想杀害韩哀侯。冯沮必然是探知了阳坚对侠累不满，故而顺水推舟，协助其策划刺杀侠累的行动，否则西周君没必要收留逃亡中的阳坚。

  由此看来，聂政应该是阳坚招来的刺客，与严遂无关，如果说严遂为了找聂政杀害侠累，还要等待聂政给老母送终，几年都过去了，在局势瞬息万变的战国时代恐怕根本不现实。《史记》和《战国策》中严遂与聂政的交往描写几近小说家语。

  谁承想侠累在慌乱期间，居然拿韩哀侯当挡箭牌，结果导致君相俱亡，阳坚无奈，只好匆忙扶持韩哀侯之子韩若山上台，是为韩懿侯。严遂事发之时不知身在何处，若是在韩都，必然会被首先拘捕；若是在卫国，则是韩国的首要通缉对象，聂政的杀人事件在真相未明的情况下，自然要算在他的头上，所以《战国策》才会有"严氏为贼"的说法。

  韩懿侯在成为韩君之后不肯罢休，一定要查出父亲死亡的真实原因，阳坚大概是阴谋最终败露，才被迫逃亡西周，当然他成功逍遥法外，至于他能逃多久，没有史料记载的情况下，只有天知道了。只有《竹书纪年》上留下的"韩山坚贼其君哀侯，而立韩若山"告诉我们事件的部分真相。

  西周国作为聂政杀人事件中最大的幕后黑手，妄图用暗杀和权谋的伎俩扰乱韩国的政局，也必然引起韩懿侯的愤恨，韩懿侯上台7年后，也就是公元前368年，西周威公病逝。韩国与赵国分别扶持西周威公不同的儿子，围绕西周国的继承权展开激战，导致西周国又分裂出个东周国。而那位策划了聂政杀人事件的冯沮在《战国策》中依然还有表现，他的名字被写作"冯且"，在西周分裂后依然以西周君为正统，利用权谋诡计弄死了西周的叛徒昌他。估计他的后半生也依然是在无尽地挥霍他那用之不竭的计谋协助西周国苟延残喘吧？

  相传东汉蔡邕所著的《琴操》记录了"聂政刺韩王"的故事，这个故事基本上是"豫让刺赵襄子"与"高渐离刺秦始皇"故事的杂糅。历史的真相愈发遥不可及了。

"弑父阴谋说"
与亚历山大

作者：郭廷春

就在聂政挥出惊心动魄一击的几十年后,在遥远的西方,一个刺客所挥出的一击则成就了亚历山大大帝的宏基伟业。

"难道父亲没有留下一点儿的土地给我征服?"年轻的亚历山大曾如此哭诉。他的每次哭诉,都因为父亲又征服了一块土地。每当这个时候,少年亚历山大绝不会想起他对父亲曾经的嘲弄。相反,父亲一统天下的雄心壮志总会令他热血沸腾。

横扫千军的信念升腾日久,施展抱负的机会似乎遥遥无期。然而,令亚历山大始料未及的是,他实现愿望的日子很快来临了:在一个炎炎的夏日,他成为父亲的继任者。而这一切,都与一个刺客有关。

婚礼上的谋杀

公元前336年仲夏,古马其顿王国的旧都埃格异常热闹,国王腓力二世(公元前359年—公元前336年在位)女儿豪华而又盛大的婚礼正在举行。腓力二世的女儿叫"克丽欧佩特拉",她的丈夫是伊庇鲁斯[①]国王亚历山大一世(也就是克丽欧佩特拉的舅舅)。

腓力二世满面春风,他身披白袍,不时地向来宾点头致意。在人群的簇拥下,腓力二世走向礼堂,正要通过礼堂入口时,一名卫兵打扮的人突然冲出来,拔出短剑向其胸前猛刺,没有携带任何兵器的腓力二世躲闪不及,顷刻间倒在血泊中。见国王倒地,刺客跨上早已备好的马匹,试图逃跑。哪知慌不择路,马脚被野藤绊住,刺客从马上摔下来,当场被赶上的护卫们杀死。

刺客名叫"保萨尼亚斯",竟然是腓力二世的近身侍卫官。身为保镖,他为什么要行刺国王呢?

关于这个问题,历来说法不一。

一种是较为"离奇"的解释:这名侍卫曾经被一个名叫"阿塔拉斯"的贵族严重骚扰过(阿塔拉斯有断袖之癖,即男同性恋),最后实在忍无可忍,便向国王控诉了这件事。但因为阿塔拉斯是马其顿极有势力的贵族,腓力二世没有理会。保萨尼亚斯为此怀恨在心,盛怒之下刺杀国王。但这种说法很没有说服力,难以想象的是,既然有刺杀国王的勇气,何不把骚扰他的人直接杀了更解恨?还有一种意见认为,刺客也是马其顿贵族,因为腓力二世的中央集权政策损害了自己的利益。

而美国学者富勒(1878—1966年,英国军事理论家和军事史学家)在其著作《亚历山大新传》一书中认为:腓力二世的前妻奥林匹娅斯(亚历山大的母亲)有重大嫌疑,这名刺客便是她派到国王身边的间谍。

公元前337年,腓力二世与奥林匹娅斯离婚,随后娶了马其顿贵族阿塔拉斯的侄女克罗巴特拉。富勒认为,克罗巴特拉有"惊

[①] 古希腊地区名,它位于今希腊西北部和阿尔巴尼亚南部,临爱奥尼亚海。

"弑父阴谋说"与亚历山大

人的美色",所以腓力二世决心舍弃前妻而立她为王后。这让奥林匹娅斯感到自己的儿子亚历山大的继承权受到威胁。

而美国著名史学家杜兰·威尔在其著作《世界文明史》中也提供了旁证。他介绍说,奥林匹娅斯酷爱养蛇,使腓力二世感到愤怒和恐惧。更糟糕的是,奥林匹娅斯还说腓力不是亚历山大的亲生父亲。因此,"腓力吃醋了,而将爱情给予其他女人……数个月后,腓力就被一名军官保萨尼亚斯所杀。"威尔还特地解释说:"有人怀疑是奥林匹娅斯怂恿保萨尼亚斯杀腓力。"《大英百科全书》"亚历山大一世"词条也支持此类说法。

但是,古希腊史家普鲁塔克则怀疑刺杀阴谋与亚历山大直接有关。他在著作《希腊罗马名人传》中说:"当保萨尼亚斯受到侮辱后向亚历山大抱怨时,亚历山大曾朗读希腊悲剧家幼里庇底斯的《米狄亚》中的诗句来暗示、鼓励他。"

日本学者大牟田章在《亚历山大》一书中也持同样观点。他转引当代希腊历史学家布鲁塔斯的话说:"幕后的主使人,谁都心里明白。嫌疑最大的当然是奥林匹娅斯……当亚历山大就位后,奥林匹娅斯曾在保萨尼亚斯的尸体上放置一顶黄金的冠冕,予以厚葬。这个行为,显然十分惹人注目……她是为转移众人对亚历山大的怀疑,将人们的目光引到自己身上来。难道,亚历山大和这件谋杀案会完全无关吗?每个人心里都很明白。"他还指出,"亚历山大即位后,他马上宣布这件谋杀案完全是出自波斯的国际阴谋,是为了阻止马其顿的东征而使出的手段。不过,这种冠冕堂皇的解释却不为人们所接受。还有一个可能,阿塔拉斯的丑闻完全是亚历山大捏造出来的,目的是掩饰他的真正动机。①"此外,美国著名史学家赫·乔·韦尔斯在《世界史纲》中也有类似看法。

关于这场谋杀真相的争论见仁见智,难有定论。但是,如果将遇刺事件与腓力二世迎娶克罗巴特拉婚礼上的发生的一幕联系起

▌腓力二世遇刺时的情景。

---

① 史载亚历山大是同性恋,他一直深爱着贵族出身的赫费斯提翁(约公元前356年－公元前324年),在宫中还有一些男宠。

77

菲力二世的金棺和金王冠。

来，倒可看出一些端倪。

当时，阿塔鲁斯在酒会上说，马其顿王室将会有一个合法的继承人①。亚历山大听到后生气地质问他："那么我呢，你这卑鄙的人，你把我当成什么了……一个杂种吗？"说完便把酒杯向他扔去。醉酒的腓力二世对儿子的言行很生气，他扶着侍卫站在椅子上向亚历山大拔剑，但没有站稳，在椅子上摔倒了。亚历山大随即嘲弄父亲："你们瞧啊，一位准备从欧洲横扫小亚细亚的国王，却连一张椅子都跳不过去。"

就因为这样一句冲动的话，亚历山大被腓力二世驱逐。之后便随母亲先来到伊庇鲁斯的姥姥家，其后前往伊利里亚暂避风头。腓力二世的亲信和好友迪马拉图斯见此情景，急忙劝说腓力二世，称这样对待亚历山大对国家可能有风险。理智的腓力二世考虑再三，接受了迪马拉图斯的善意提醒，便派使者将亚历山大召回，父子达成和解。

其实，腓力二世此前很看重亚历山大，因为他早已觉察出这个孩子与众不同。腓力二世看人的眼光很犀利，因为他就是一个志向远大的君主。他的一生经历过很多磨难，也创造了伟大的业绩。

腓力二世少时正值马其顿阿吉德王朝时期（公元前700年—公元前311年）。历史上，马其顿王国（公元前5世纪—公元前2世纪）是奴隶占有制国家。位于巴尔干半岛北部，境内山区称上马其顿，濒临爱琴海地带称下马其顿。居民主要是希腊人（多利安人）、色雷斯人和伊利里亚人。

腓力二世。

马其顿虽不属于传统的希腊城邦，但与希腊城邦间有着千丝万缕的联系，腓力二世早年就曾作为人质被派往希腊的底比斯城邦。公元前359年，腓力二世回国后便夺取了年幼侄子的王位，经过20多年励精图治，统一了上、下马其顿。随着国势日盛，腓力二世开始向外扩张。

腓力二世在军事和外交方面都很有作为。他建立了常备军，训练了一种战斗力很强的"马其顿方阵"，并建立了强大的海军。他利用希腊城邦之间的矛盾，在公元前338年喀罗尼亚一役中大胜希腊联军，第二年在科林斯召开全希腊会议，成立了以马其顿为主导的科林斯同盟，确立了马其顿对希腊诸城邦的控制。他在遇刺时，已经着手进军波斯的计划。

腓力二世对亚历山大的好感源于一次成功的驯马。据普鲁塔克记载：公元前344年，一名色萨利马商牵着一匹战马前来马其

---

① 言外之意是，将来腓力二世与新王后生的孩子将代替亚历山大成为王国继承人。

顿兜售。他要价不菲，高达 13 塔伦特①。腓力二世想看这匹天价的战马与普通战马有何不同，便和手下在原野上试骑。但很快发现，这匹马性情刚烈得很，根本无法驾驭。这一切都被年仅 13 岁的小亚历山大看在眼里。他向父亲打赌，如果自己能驯服这匹马，就要将马送给他。腓力二世点点头。在父亲和大家狐疑的目光中，亚历山大先将马头牵往背向阳光的一边，因为他观察到这匹马看到自己影子的晃动会感到畏惧和惶恐，接着亚历山大引导它走了几步，见马有些急躁，他就轻轻抚摸它的背部，培养信任感，然后一跃跳上马背，开始向远方急奔。亚历山大端坐马上，稳稳当当。这匹马仿佛找到了真正的主人，再没有了先前的刚烈劲儿，所有动作都很平顺。起初腓力二世还担心儿子的安危，但当看见亚历山大骑马平安归来，心里的一块石头总算落地，在场的所有人也都为亚历山大喝彩。父亲花高价买下这匹良驹送给儿子，亚历山大如获至宝，给它取名"布西发拉斯"（意为"牛头"，或许马的头上烙有一块牛头印的标记）。布西发拉斯是有史记载的古代最知名的真实马匹之一，它跟随亚历山大东征西讨，立下赫赫战功。最后死于公元前 326 年，埋葬在今巴基斯坦的杰赫勒姆。

亚历山大驾驭良驹的风采打动了腓力二世，他兴奋得热泪盈眶，拍着亚历山大的肩膀深情地说："我的儿子，找一个适合你的王国吧，马其顿太小了。" 这也表明，腓力二世此时已经感觉到，这个儿子绝非等闲之辈，以后堪当大任。

公元前 340 年，腓力二世远征拜占庭。他觉得这正是锻炼亚历山大的好机会，于是留下 16 岁的儿子在马其顿主持国政。恰巧，腓力二世率军刚刚离开，马其顿北部边境便发生密底人的叛乱。亚历山大开始平叛，他初露锋芒便展示了强大的威慑力。他大败敌人，一直进军到对方的城市，驱散了当地人，重新组织移民，将被征占的城市重新命名为"亚历山大波利斯"。

公元前 339 年，亚历山大又参加了父亲发起的北方战役，洗劫了出尔反尔的西徐亚人的领地，亚历山大在战役中又进一步学习了指挥艺术与战略战术。

▎亚历山大与爱马布西发拉斯。

---

① 塔伦特是重量和货币单位。作为货币单位，马其顿王国时期的1塔伦特约折合25千克白银，而亚历山大即位时马其顿国库也只有70塔伦特。

"弑父阴谋说"与亚历山大

而公元前338年的一次战斗才真正展现了亚历山大的军事才华。这一年，腓力二世在拜占庭受挫，希腊城邦发生反马其顿的大叛乱，雅典和底比斯两大城邦结成同盟对抗马其顿。于是，决定希腊命运的大决战——喀罗尼亚战役打响。随父出征的亚历山大为联军左翼总指挥，他看准时机，果断突入联军缝隙，全歼了闻名希腊的最强战队——底比斯圣队。此外，亚历山大又从敌人背后突袭，打得敌人四散溃逃，马其顿大捷。这一年亚历山大才刚满18岁。

其后，因为父母离异和父亲再婚，亚历山大对父亲产生抱怨，而父亲也迁怒于他。虽然被驱逐后又被召回，但父母之间、父子之间的矛盾并没有完全缓和，恰恰在这个时候，腓力二世突然遇刺身亡，给人以很大的想象空间。

无论如何，随着腓力二世的死亡，亚历山大顺利继承王位，同时开启了马其顿帝国的辉煌时代。

二 东征西讨

亚历山大（意为"人类的守护者"）出生于公元前356年。自幼喜读荷马的《伊利亚特》，母亲亲信的启蒙教育，培养了他坚忍和节制的性格。为了让桀骜不驯的亚历山大获得更多学识，腓力二世聘请了希腊哲学家亚里士多德做他的导师。亚历山大在导师那里受到完整的口才和文学训练，并对科学、医学、哲学产生了浓厚的兴趣。不仅如此，童年的亚历山大还显示了在音乐和马术上的才华。

20岁的亚历山大继承王位的过程伴随着杀戮。他通过腓力二世的葬礼和减少税收的政策赢得马其顿百姓和军队的支持，其后，以参与暗杀腓力二世的罪名处死一些对自己王位有威胁的人。而他的母亲奥林匹娅斯则杀死了克罗巴特拉及其有继位权的儿子。自此，亚历山大的王位再无人能撼动。

然而，以前被迫与马其顿结盟的雅典、仇恨腓力二世的底比斯却对亚历山大这个毛头小子不以为然，他们认为自己重新赢得独立的机会来了，便公开叛乱或宣布独立，摆脱马其顿统治。为此，亚历山大先是进攻巴尔干半岛北部，征服了伊利里亚诸部落，把

亚里士多德。

81

色雷斯人击退至多瑙河滨。接下来，亚历山大的目标就是底比斯了。然而就在这时，亚历山大遭遇了对方的第一次间谍宣传战。

原来，趁着亚历山大出征的时机，底比斯向马其顿派出大量间谍。他们或明或暗地在马其顿大肆宣传，称亚历山大已经在多瑙河阵亡。谣言一出，马其顿人心惶惶，政局动荡。亚历山大得知消息后大吃一惊。因为他知道，底比斯是希腊诸城邦中有名的大城邦，如果不把他们的暴乱平息下去，后果将不堪设想。于是，亚历山大决定杀一儆百。他火速挥师南下，以闪电般的速度（仅仅14天时间）出现在底比斯城下。底比斯人还没有回过神来，亚历山大就把他们的城池变成废墟，除少数与马其顿友好的人士外，底比斯城中的其他居民都被变卖为奴。

底比斯的毁灭，确实起到了"杀一儆百"的作用。希腊诸城邦望风而降，雅典也随后表示臣服，承认了亚历山大的最高统帅地位。这时，亚历山大继位还不到两年。没有了后顾之忧的亚历山大随即开始实现父亲未竟的大业——东征波斯。

希腊与波斯的敌对始于公元前6世纪。公元前481年，波斯国王薛西斯一世在第二次波希战争时试图占领希腊，但没有成功，第二年又火烧了雅典卫城。

公元前334年，亚历山大以父亲被波斯人刺杀为由，打着"解放小亚细亚希腊城邦"的旗号，率领大军渡过赫勒斯滂海峡（即达达尼尔海峡），踏上长达10年的征程。

临行前，亚历山大把自己所有的地产收入、奴隶和畜群全部赠给他人。有位将领迷惑不解："陛下，您把所有的东西分光，把什么留给自己呢？""希望！"亚历山大大声应答："我把希望留给自己！它将给我带来无穷的财富！"

在亚历山大东征之前，苏格拉底的弟子、古希腊历史学家色诺芬曾组织雇佣军攻打波斯，这支队伍去的时候是13000人，而逃回来的不到5000人。不过，色诺芬在他的著作《远征记》中却把自己描写成大英雄，连亚历山大看了此书后都备受鼓舞，而且从中也学到了一些有关谍战的知识。

《远征记》中详细描述了希腊人的情报系统。战争前夕，希腊人先要找一些中立方的老百姓和商人，因为从这些人手中不但能得到军需物资，还可以得到情报。此外，他们还依靠装作叛逃的间谍搞军事情报，同时搞好自己控制区域内的反间谍工作。而作为军事统帅，更要善于利用间谍。此外，书中还有希腊军队反间谍的例子：有个将军怀疑

▎亚历山大雕像。

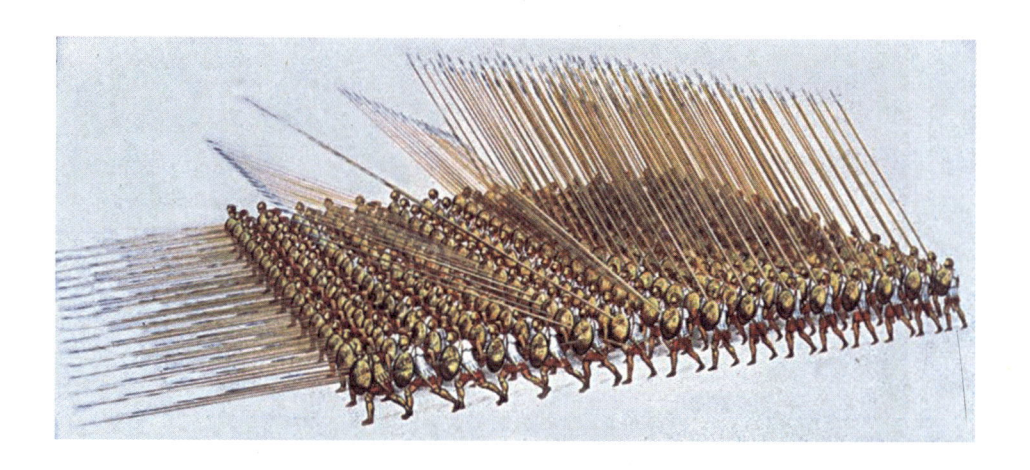

自己的队伍混入间谍,就集合部队,命令每个士兵反复盘问身边的人,这样一来二去,藏匿其中的间谍很快露出马脚。这种手段被亚历山大改进了一下,用以查出与己离心离德的士兵。

亚历山大出发的时候,带着约三四万名步兵和四五千名骑兵,还有 160 艘战舰,而补给很少,仅够维持 30 天。这是因为当时的马其顿国库空虚且负债累累。除了几只不怎么值钱的金杯银碗外,父亲腓力二世留给亚历山大的财产不到 60 塔仑特,债务却高达 500 塔仑特。后来,又因为平叛等问题,旧债未尝,反又添 800 塔仑特的新债。所以,亚历山大将还债的希望寄托在远征得来的庞大战利品上。

乍看起来,征讨波斯的战争好像对亚历山大很不利。波斯是位于西亚伊朗高原地区的君主制帝国,始于公元前 550 年居鲁士大帝开创的阿契美尼德王朝。历史上波斯人曾建立多个帝国,如阿契美尼德王朝、萨珊王朝、萨非王朝、巴列维王朝等。全盛时期领土东起印度河平原、帕米尔高原,南抵埃及、

▎马其顿方阵及士兵装备。

秘密战3000年

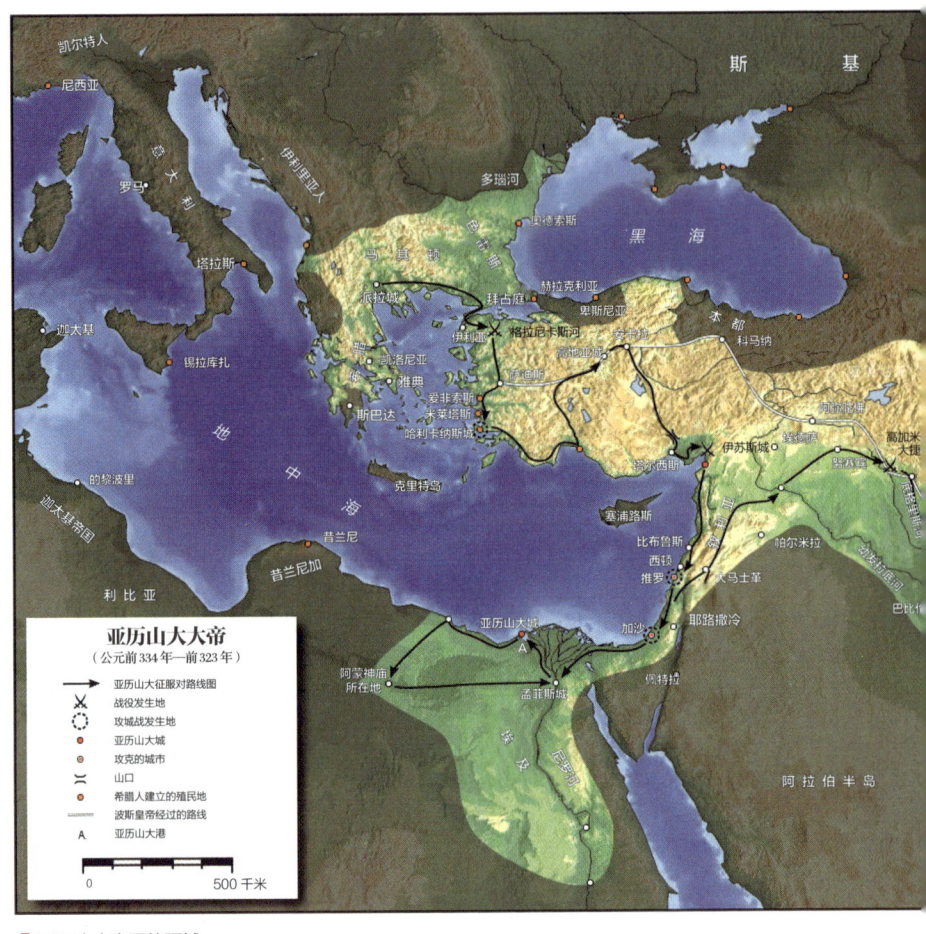

▎亚历山大帝国的疆域。

利比亚，西至小亚细亚、巴尔干半岛，北达高加索山脉、咸海。公元前600年开始，希腊人把这一地区叫作"波斯"。

从军事力量上说，当时的波斯帝国拥有数十万军队及400艘战舰；从国土面积上看，波斯比马其顿约大50倍，而富足的埃及、巴比伦、腓尼基诸国均已被并入波斯版图。

尽管两国相差悬殊，亚历山大还是对战胜波斯充满信心。因为亚历山大看到了本质上的问题。他认为，波斯虽然国土辽阔，军队庞大，威名犹在，但其势已衰，内部早已四分五裂。而波斯皇帝大流士三世是个平庸之辈。他毫无斗志，缺智乏谋。事实也印证了亚历山大的分析。战争初期，凭借高昂的士气，亚历山大的军队一鼓作气，以迅雷不及掩耳之势突破波斯防线，首战告捷。波斯很多城邦不战而降，甚至把亚历山大视为救星，因为他们已深受大流士统治之苦。

84

"弑父阴谋说"与亚历山大

半年之内，亚历山大即占领小亚细亚。公元前333年，大流士三世御驾亲征，率领10万波斯军队迎战亚历山大。双方在叙利亚的伊苏斯平原展开了激烈的战斗，亚历山大用著名的"马其顿方阵"大败波斯军。马其顿方阵是一种早期步兵作战术，荷马时代以前，步兵打起仗来像一窝蜂似地杂乱无章，而马其顿方阵具有严格阵法，能轻易打败数量上占优势但较混乱的敌人。亚历山大对方阵进行了战术创新，他将基本队形变为手持6米长枪的16人纵队、由骑兵和排成松散队形的轻步兵掩护配合。此战几乎全歼波斯军，亚历山大俘虏了大流士的母亲、妻子和两个女儿，大流士三世向东溃逃。为巩固侧翼，亚历山大没有穷追，而是回身继续向南征服地中海沿岸港口，经过7个月的艰难围攻，攻克了腓尼基的岛屿城邦推罗城（在今黎巴嫩）。

绘有亚历山大像的伊苏斯战役壁画。

在此期间，亚历山大第一次使用间谍手段对付内部的反对者。

由于亚历山大势如破竹，大流士三世担心长久征战会使自己死无葬身之地。于是，在亚历山大围攻推罗城期间，大流士三世写信给亚历山大，以波斯王国的半壁江山、波斯公主和波斯国库为代价，向马其顿求和。亚历山大手下的将军帕曼纽对波斯国王抛来的橄榄枝很感兴趣，于是就有了和亚历山大那两句蕴含丰富信息的经典对话。帕曼纽说："如果我是亚历山大，我就采纳这个建议"。亚历山大当即回答："如果我是帕曼纽，我也许会采纳这个建议。"也许是对长久的战争感到厌倦，帕曼纽幻想趁大流士三世议和之机结束战争，而亚历山大的想法正好相反，他想一鼓作气平定波斯。

帕曼纽的停战想法代表了很多马其顿士兵的愿望。征战日久，很多人思乡心切，一些人无法承受亚历山大无休止的战争欲望，都想早些带着战利品回国与家人团聚。军中开始出现不满征兆，谣言四起，甚至有人想谋反。为弄清内部制造混乱的主要组织者，亚历山大耍了一个小聪明。他向士兵宣讲，为了却相思之苦，从今以后废除进军初期颁布的禁令，士兵可以跟家属通信，而且他会派专人将信送回马其顿。士兵们信以为真，除了向家人报平安以外，还有一些战士向家人倾诉苦楚，表达对战争的不满。几天后，信使运走了大批士兵的家信。亚历山大命令信使中途留下来，挨个检查信件。这样，既查明了士兵不满的原因，又弄清了内部的反对者，并把所有在信中激烈反对他的人遣送回马其顿。这一间谍做法，便是世界军事史上最早的信件检查制度。

为了平复此次事件的影响，亚历山大发挥了自己的演讲才华。他声情并茂地向战士诉说自己的伟大理想，重申了此次东征的意义。士兵们的士气再次被鼓动起来，亚历山大再次出击，叙利亚、腓尼基各城市都向亚历山大请降。

亚历山大并没有就此罢休，他率领大军，挺进埃及。经过两个月的围攻，埃及一箭未发，开城投降。年仅24岁的亚历山大被埃及人誉为法老，成为"太阳神阿蒙之子"。

亚历山大在埃及休整军队，建立了今天埃及著名的港口城市亚历山大。据统计，亚历山大在征战期间共建立了二十多个城市。

公元前331年春，亚历山大离开埃及，继续东征，并与大流士三世在尼尼微附近的高加米拉展开了大规模决战。

当时，亚历山大有4万步兵和7000骑兵，而大流士三世率领的波斯军队占绝对优势。关于此战中波斯军队的数量及装备，说法不一。普鲁塔克在其著作《希腊罗马名人传》中说波斯军100万，而另一个历史学家阿里安则是说4万骑兵、100万步兵、200辆大镰刀战车、15头战象①。这些数字一定是被大大夸张了的。真正的波斯军队数量已不可考，但最保守的估计是20万步兵和45000名骑兵。

虽然在指挥作战方面大流士三世与亚历山大相比要逊色得多，但他的情报系统要比亚历山大的谍报网络完善一些。在与马其顿士兵开战之前，大流士三世不断派出谍刺探亚历山大军队的动向，但这些探子伪装得不够巧妙，结果不少人被警惕性很高的马其顿士兵抓获。亚历山大严加审讯这些波斯间谍，由于这些人缺乏训练，加上与大流士一样缺乏顽强的意志力，他们将波斯的军队构成、军事部署以及战场的地貌特征都和盘托出，亚历山大不费一兵一卒就精准地掌握了敌军的一切。

战斗打响了，精于智谋的亚历山大以勇猛的士气、高明的阵法赢得了战争主动权，大败数倍于己的波斯军。可笑的一幕是，因为之前的败绩，大流士三世总担心亚历山大发兵夜袭，便命令士兵全副武装、彻夜不眠、胆战心惊地整整站了一夜。次日，睡足吃饱的亚历山大士兵奋力杀敌，把哈欠连天、无精打采的波斯士兵打得一败涂地。亚历山大随即占领了当时东方最大的城市、文化中心巴比伦，并加封自己为"巴比伦及世界四方之王"。

此后，亚历山大又率军占领了波斯的三座城池。大流士三世逃至北方的大夏国②，被大夏总督比索斯杀死，弃尸路旁。最终还是亚历山大发现了他的尸体，将其送回波斯波利斯，厚葬于波斯皇陵墓。至此，古波斯帝国及阿契美尼德王朝灭亡。波斯全部领土归属马其顿，一个横跨欧、亚、非的亚历山大帝国建立起来。

公元前327年，亚历山大首先征服了阿富汗，又于公元前325年侵入印度波拉伐斯王国。

---

① 早于汉尼拔对罗马的战争，这是在印度以外使用战象的首次记载。
② 即巴克特里亚，公元前3世纪中期古希腊殖民者在中亚草原地区建立的奴隶制国家，又称"大夏—希腊王国"。

波拉伐斯王国国王波拉斯骁勇善战，他的军队除了有步兵3万人、骑兵4000人、战车300辆以外，还有一支独特的兵种——200头战象，军队数量与亚历山大不相上下。另外，阻挡亚历山大的还有一道天然屏障——真纳河，适逢夏季，大雨滂沱，波拉斯有信心阻击亚历山大的进攻。他沿河布下军队，并在每个渡河的地方布置哨兵，还派大象"把守"。

此刻，亚历山大的大军在河西岸准备渡河。亚历山大派人侦察，然后命士兵将准备渡河的船只拆开，小船拆为两段，大船拆为三段，运到真纳河西岸隐蔽起来。

谍报人员的情报反馈到亚历山大这里，亚历山大又亲自察看了河面和周围地形，便拟定了一个作战计划——那就是：明修栈道、暗度陈仓。

这个计划分三步。

第一步，白天佯渡，疲惫敌人。亚历山大的士兵乘船下水，顺水来回航行。岸上也有士兵随船来回运动，给敌人以准备抢渡的假象。波拉斯的士兵于是也随着来回奔波，这样一连数日，马其顿的军队就是不过河。

第二步，夜间佯渡，迷惑敌人。亚历山大的兵士白天折腾完了，夜间再将这一过程重演一遍，似乎要偷渡过河。波拉斯的军队也只好跟着在对岸来回跑。这样又是好几天，马其顿人还是没过河。而波拉斯的军队做出判断：亚历山大并不敢渡河，他的士兵只会来回瞎转悠。于是，不管马其顿人怎么折腾，印度士兵再也不跟着在对岸来回跑了，渐渐放松了警惕。

看到麻痹敌人的策略奏效，亚历山大真正的行动开始了。他表面仍虚张声势，故伎重演，暗地里把大队人马和船只偷偷调往河上游。此处是真纳河转弯的地方，草木葱茏。对面河中有一个小岛，也长满树木，人迹罕至。在这样一个天然屏障的掩护下，渡河准备悄悄进行。

公元前326年6月底的一天夜里，大雨如注，亚历山大士兵紧急渡河。得知消息的波拉斯由于搞不清亚历山大渡河的队伍是否主力，为防止敌人分兵渡河，只派儿子小波拉斯带领2000名步兵和120辆战车前来阻击。此时，亚历山大的大部分军队已渡过河来。小波拉斯由于人马太少，一击即溃，自己也丢掉性命。

波拉斯闻知亚历山大大军已渡河，儿子也死了，怀着满腔悲愤，只留少数部队看守当地河岸，亲率步兵、骑兵及战象迎击马其顿主力部队。

战争异常激烈，双方越战越勇，互有伤亡，而波拉斯的战象令亚历山大士兵很是头痛，因为他们以前从未与大象交战过。这也与亚历山大的间谍工作不到位有关。初到印度的亚历山大间谍很无知，他们竟然误以为猴子就是印度土人，而对印度人善于使用战象作战更是一无所知。如果不是侥幸和巧合，马其顿军险些在此役中惨败。好在亚历山大指挥得当，他命令士兵将很多战象砍成重伤，但战象也因为疼痛难忍狂怒。它们不分敌我，踩死撞伤很多人，亚历山大也差点在象蹄下丧生。

战争的胜负已见分晓。虽然波拉斯和他的士兵一样英勇善战，但面对强大的马其顿军队还是心有余而力不足。随着战士一个个倒下,波拉斯见胜利无望,便率队后撤。

亚历山大记住了波拉斯英勇的作战形象,心生爱才之意。他命令士兵不准伤害波拉斯,并在战后派人与其讲和。经过综合考虑,波拉斯决定向亚历山大投降。亚历山大于是会见了波拉斯,让他仍居君主之位,并给了他一块比原来国土还要大的土地。自此,西印度被亚历山大征服。

按照亚历山大的打算,下一步就是征服东印度。但他的士兵再次显露出厌战情绪,不愿再往前走了。连年征战,很多士兵伤残、生病,他们不断向亚历山大发泄牢骚,甚至公开拒绝打仗。士兵士气低落,甚至金钱诱惑都无济于事。恰恰这时,一直随同他征战的战马布西发拉斯暴死,亚历山大也心灰意冷,只好妥协。公元前325年7月,亚历山大从印度撤兵。归途中,除了击败了一些不服从他的部落以外,亚历山大还进行了一系列探险活动,包括:查明印度河入海口、寻找波斯湾,绘制海岸地形图、查清里海究竟是海还是湖等等。

公元前324年,亚历山大的陆军回到波斯利斯和苏萨,舰队在底格里斯河口靠岸,随后返抵巴比伦,东征宣告结束。

三 离奇死亡

返回首都巴比伦的亚历山大一直都在忙碌。他开始改编军队,因为他还有更加宏大的征服计划:入侵阿拉伯、征战波斯以北地区,再次入侵印度或征服罗马、迦太基和西地中海等地区。然而,这一切都因为他的早亡成了泡影。

公元前323年6月10日夜,亚历山大突然死亡,年仅33岁。据史料记载,此前他一直发高烧,吃喝不下,整夜难眠。尽管如此,他还勤于政事。当时的官廷记录上说,6月1日,亚历山大已经无法起床,只能躺着与将领们商讨军国大事;6月4日,亚历山大病情进一步恶化,只好用人抬着到户外进行献祭活动。6月5日,亚历山大被移到位于幼发拉底河对岸的王宫中,此刻亚历山大已不能言语,直到6月10日宾天。

关于他的死因,一直众说纷纭。史书大多数记载,亚历山大在一次痛饮后得了疟疾,此外还可能得了伤寒。而现代一些学者认为他死于西尼罗河病毒。

除了"疾病说",还有人认为他是被人在酒中下毒毒死的,而密谋者可能包括他的妻子罗克珊娜、部将安提帕特以及他的老师亚里士多德。有的史学家还补充说,谋害亚历山大是亚里士多德的主意,毒药也是他提

▎**古马其顿王室陵寝。**

供的。但这些说法都极缺乏佐证。

而关于为何下毒倒有一种解释：在远征时，因为从未吃过败仗，亚历山大渐生骄态，已由以前的仁主变成暴君。他开始变得喜怒无常，为所欲为。亚历山大在一次醉酒后，竟然将一名顶撞他的军官杀死。亚历山大的老师亚里士多德也曾说过："无人可自由地忍受（亚历山大）如此统治。"回国后，亚历山大整肃军纪，有的高级军官感到自己死期临近，畏惧之下起了杀心，便集体密谋在亚历山大喝的酒中下毒。

更令人难以置信的一种说法是：亚历山大死于激光照射！问题是，两千多年前有激光技术吗？持这种观点的学者解释说，亚历山大占领波斯的一座城市后，城中贵族向他献上一顶王冠，上面镶嵌着一颗发着紫色幽光的特大红宝石。亚历山大高兴地戴着它到处炫耀。而科学家发现，红宝石在太阳光照射下会发出一种特殊的自然激光。由于亚历山大长期戴着这顶金王冠，便成了这种自然激光的牺牲品。

直至今日，亚历山大的死因依然是谜。他死后，亚历山大帝国也随之崩塌。因亚历山大是猝死，只在临终前含糊地说"让最强者继承"王位，并没有指定继承人，于是他手下那些野心勃勃的将领们群起叛乱，亚历山大的母亲和妻儿也都被他们杀死，随即展开了长达四十余年的混战。最终，庞大的亚历山大帝国分裂为以马其顿—希腊为中心的卡山得王朝、塞琉西帝国（占据中亚）、托勒密王朝（占据埃及和叙利亚），古希腊的辉煌一去不返。

亚历山大用一生的征战去实现抱负，他战胜了无数的敌人，却无法战胜死神。弥留之际，他叮嘱部下，在其死后要将棺材两侧各留一个孔，将自己的两只手分别从孔洞里伸出来。他想用这个姿势告诉后人：他来到世间奋战一生，但离去时依然两手空空。

秦国崛起的幕后风云

作者：王春翔

秘密战 3000 年

在亚历山大大帝的帝国如流星般急速陨落的时候，在遥远的中国，另一个伟大的帝国正在急速崛起。这就是有铁血和虎狼之名的大秦帝国。

公元前221年，秦始皇嬴政横扫六国，一统天下，开创了中国历史上第一个大一统的集权制国家。其后，秦始皇更是自号为始皇帝，南屠百越，北逐匈奴，成为功盖千秋的千古一帝。而在秦始皇之前的秦国，在对外战争的同时，在国内也兴起了多次阴谋斗争。可以毫不夸张地说，这些国内斗争决定着秦国日后是否能统一天下，何时能统一天下，在夺取天下之后，又能否巩固统治不被推翻。而这些秦国内政阴谋斗争的秘密在史籍中却只有模棱两可的记载。现在，就让我们从这些书籍的蛛丝马迹中去探寻两千多年前被尘封的历史，揭开秦国内政阴谋斗争的秘密。

一 异国势力，盘根错杂

秦国的国姓是嬴，这一血统是古老的贵族血统，从殷商时代起便以驯马驾车、骁勇善战闻名。周孝王时代，嬴姓一支部落被允许在秦邑一带繁衍生息，与之交换的条件是，这支部落得为周天子牧马。

西周末年，犬戎崛起，直接威胁到了秦嬴部落的生存，其首领秦仲就在抗戎战役中战死沙场。西周被犬戎灭亡之后，秦嬴部落逐渐占据了西周故地——岐、丰一带，并且得到了周天子的册封，建立了正式的秦国，继续与彪悍的西戎诸族争夺生存空间。此后，秦戎之间大战不断，直到秦穆公时代，秦国在与西戎诸族的斗争中才取得了绝对优势，吞并了十二个戎族部落，扩张领土面积超过

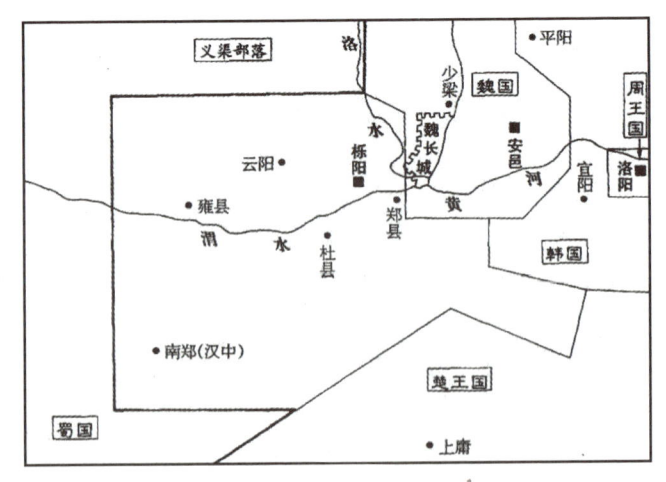

▌秦国与各邻国形势，选自《柏杨版通鉴纪事本末》。

千里。而归顺了的戎人从此便成了秦国境内的一支重要的政治力量。

为什么被征服的国家人民反过来会成为征服国家中重要的政治力量呢？因为在春秋战国时代，只要归顺了统治者的统治，都可以从被征服者转变为统治阶层"国人"。《左传·定公四年》记载：周初分封时分给了鲁国殷商旧民六族、卫国殷商旧民七族，晋国则分有怀姓九宗和职官五正。而鲁国的殷民最后都成了国人，怀姓九宗也成了晋国的大贵族。由此可见，为了使自己的国家实力强大，列国统治者都会吸纳大量的政治力量为己所用。而秦国作为一个新兴的国家，也势必要借助戎族的力量，给予戎族贵族以相当的政治地位。也正因为如此，中原的诸夏国家也就看不起秦国，认为秦国是戎狄之国。

秦国境内第二支主要的非本族政治力量是楚国势力。自秦孝公时代商鞅变法以来，曾经强大一时的楚国渐渐不敌变法之后的充满朝气的秦国，连年丧师辱国。随着大量的土地被秦国占据，一些楚国贵族和大臣们也归顺了秦国，并逐渐进入了楚国的决策高层。其中包括权倾朝野，曾长期作为秦国政权的实际最高领导人，同样也是出身楚国王室的宣太后芈八子①，以及宣太后的亲弟华阳君芈戎、同母异父弟弟穰侯魏冉、宣太后的儿子泾阳君嬴芾、高陵君嬴显、秦孝文王的夫人华阳夫人及其弟阳泉君芈辰、楚国背景浓厚的纵横家陈轸、楚国王室昌文君、昌平君等人。

在秦国崛起的第三支主要的非本族政治力量是三晋势力。当春秋时代第一个霸主齐桓公去世后，齐国陷入内乱，关西秦国、关东晋国、南方楚国是最有希望成为继齐桓公之后，成为问鼎中原的霸主的。而秦国若想将自己的势力扩张到中原一带就势必要和晋国相抗衡，而晋国要想对付南方咄咄逼人的楚国，就必须稳定住西方的秦国。于是双方之间爆发了多次战争，双方互有胜负，但总体来说是晋国占据着优势。而在交战的间歇，双方又通过彼此的联姻手段，将本国的政治势力渗透到对方的决策层中，从而为本国的利益服务，史称"秦晋之好"。在秦晋交战的过程中，秦穆公曾捉住晋国国君姬夷吾，却因以自己的夫人——即夷吾之姐为代表的晋国势力而妥协，释放了姬夷吾归国。穆公

▌商鞅画像。

---

① "八子"为后宫嫔妃等级之一。

秦穆公雕像。

郑国渠干渠行略图。

郑国渠首遗址。

统治后期，干脆放弃了和晋国在中原地区决一雌雄的打算，开始一心经营关西一带，这不能不说是跟在秦的晋国势力有着一定的联系的。三家分晋之后，晋国贵族在秦国的势力逐渐被赵魏韩三家势力所替代。在秦国内部潜伏的三晋势力往往会为本国的间谍活动提供支持。而这样的间谍行为最著名的则是在公元前246年，韩桓惠王在走投无路的情况下所使用的一招"疲秦"战略。韩国派出郑国为间谍，入秦进行游说，使秦国在泾水和洛水（北洛水，渭水支流）间，穿凿一条三百余华里的超巨型灌溉渠道。表面上说是可以发展秦国农业，真实目的是要耗竭秦国实力。大家可以想一下，在那个生产力并不发达的年代，要进行如此工程浩大的水利工程，必须得倾无数的财力人力，搞不好是要伤国之根本的，秦国的决策层怎么可能只因为一个随便耍一下嘴皮子的外国人就贸然下令开工？这当然是秦国内部的韩国势力运作的结果。甚至包括诸子百家中法家的代表人物韩非子，也是作为韩国的间谍进入秦国为保全韩国而进行活动的。而三晋势力中的另外一家——赵系政治集团，也先后两次参与到了秦国王位继承战的密谋之中。

二 武王枉死，楚系独霸

虽然秦国境内的外国势力错综复杂，但是长期以来一直被秦国本族强大的贵族阶层的政治力量所压制着，这一情况一直到秦孝公时代的商鞅变法才有所改变。商鞅所颁布的《垦草令》实际上大大削弱了秦国本族贵族的势力，激起了以甘龙、杜挚、秦国太子等为首的秦国大贵族的激烈抵制，不过都被商鞅凭借着秦孝公的信任而一一镇压下去。故而秦孝公在位期间，秦国国力迅速膨胀，秦国本土贵族的政治势力却在极度萎缩。这就给在秦国境内其他的国外势力提供了崛起的机会。不过等到秦孝公去世之后，曾经激烈反对商鞅的太子继位为秦惠文王，他是代表了秦国大贵族政治集团的政治诉求的，因此在即位后不久后便将商鞅处以极刑。在秦惠文王统治的时代，秦国开始大规模对东方诸国用兵，强极一时的楚国也是在这个时候被秦国的强大军队打得一蹶不振。秦惠文王去世后，秦武王继位，在秦国本土贵族集团的支持下，将和楚国势力有着血缘关系的异母弟弟嬴稷当作人质流放到了燕国，并且延续了其父的政策，重用秦国大贵族领袖甘茂，频繁用兵于诸侯，以至于"天下宾从"。秦武王甚至还萌生了"欲容车通三川，窥周室"这样取代周朝的念头，照这样发展下去，秦国必将会迅速地一统天下。这当然是隐藏于秦国境内的外国势力所不想看到的，这些外国势力势必会团结起来一致反对本土系势力集团，其中就包括以秦惠文王夫人芈八子为代表的楚国势力集团。他们的阴谋无非是想要暗杀秦武王，改立芈八子的儿子嬴稷。虽然《史记》中只是异常神秘的记载了武王和孟说举鼎时意外而死的故事，但是以勇力闻名的武王真的就是这么轻易地发生意外而死的吗？而且还偏偏死在23岁这样一个身体健硕、大有可为的年纪。很显然，这其中一定是发生了因不可明说而失于记载的秘密。而之后发生的一切更加可以证明武王之死绝对是蓄谋已久的阴谋。

由于武王年仅23岁就去世了，没有儿子。按照王位继承的惯例，可以让武王的弟弟继位，不过武王有众多的兄弟，按照血统也不一定会轮到嬴稷，更何况嬴稷此时还在燕国做人质。但是，令人不可思议的事情发生了，燕国在武王死后立马就送归了芈

▎青铜鼎。

八子的儿子嬴稷，回到秦国后继位成了昭襄王，而芈八子也被尊为太后。为何在武王刚刚去世没过多久，嬴稷就从远在千里之外的燕国准时地赶回秦国继位？而燕国为什么也不和秦国进行讨价还价，像早已经商量好似的便把未来的秦国国君拱手送出？为什么甚至连一直被秦国所欺凌的赵国也开了绿灯，派出国相赵固一路护送嬴稷回国

▌秦弩。

▌秦戈。

继位？而万一嬴稷没有及时赶回来，秦国的国君之位是不可能空虚太长时间的，继位的一定是别人，那么楚系势力和其他外国势力便会依旧默默无闻，屈服于秦国本土贵族的统治下。结合以上种种不合常理的现象，可以得出这样一个推断：秦武王死于以楚国系贵族集团为首的国外集团的阴谋之下，楚系集团一定和赵国势力、燕国势力早已商量好了交换的筹码，年轻好勇的武王实际上是成了秦国境内的国外系贵族和本土系贵族争夺权力的牺牲品。

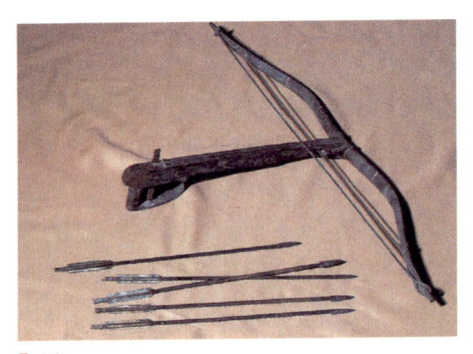

昭襄王继位后，宣太后临朝当政，秦国的楚系集团一时间鸡犬升天，与此同时，楚系集团开始大肆打压本土系的贵族政治集团。本土系政治集团领袖甘茂被迫逃到魏国，最后客死异乡。而被巨大的危机感所笼罩的其余本土系贵族决定与其被逐渐消灭，不如来一次大规模的反抗活动。于是，在昭襄王继位的第二年，秦国本土系政治集团拥立武王的另一个弟弟庶长[1]嬴壮，号为季君。不过这次大型的叛乱被宣太后、魏冉等人及时的镇压了，本土系集团的所有的大臣和贵族们几乎被一网打尽，全部被杀，其中包括秦惠文王的王后、秦武王的亲生母亲惠文后[2]以及秦惠文王的其他非宣太后所生的儿子们，秦国朝野为之一空。武王的遗孀也趁乱跑回娘家魏国避难了。

楚系集团掌握大权后，刚开始几年对自

---

[1] 庶长为官职，相当于关东诸国的卿。
[2] 此处存疑。据《史记·秦本纪》记载："及惠文后皆不得良死"，《史记·索隐》中也记载："季君即公子壮，僭立而号曰季君。穰侯力能立昭王，为将军，卫咸阳，诛季君及惠文后"，又指出"秦内乱，杀其太后及公子雍、公子壮"。不过，司马迁又在《穰侯列传》中写道："武王母号曰惠文后，先武王死"。

己的祖国还算是特别好，不但没有继续发动大规模战争，还向楚国归还了战略要地上庸城，并和楚国再次联姻。齐韩魏三国恼怒楚国背叛合纵联盟，起兵讨伐楚国，在秦国掌握大权的楚系集团于是下令派大军救援楚国，解救了处于危险当中的楚国。而楚国国君楚怀王也自以为得计，认为终于依靠着在秦国的楚系势力掌控了秦国的局势。可是令楚怀王万万没想到的是，随着时间的推移，楚系集团逐渐地在秦国统治阶层站稳了脚跟，成了秦国国家机器所带来的丰厚回报的实际受益者，秦国如果再次发动战争，他们将获得更多的土地回报、经济回报。于是在巨大的利益面前，楚系集团背叛了自己的祖国，再次发动了大规模的战争，开始侵略楚国等国家。而经历了多次战败后的楚国国君楚怀王自以为秦国当政的楚系集团不会为难自己，于是不顾以屈原、昭雎为代表的大臣们的反对，执意前往秦国境内的武关与秦王会盟，因为他根本就不相信自己暗中一手培植起来的楚系势力会真的背叛祖国。不过已经被利益熏昏了头脑的秦国楚系集团早已将祖国大义抛在了脑后，囚禁了楚怀王，并借此威胁楚国，以期获得更多的利益。除了不顾血缘情面对付楚国以外，楚系集团掌控下的秦国又大肆对其他国家用兵，惹得天怒人怨。可以说，楚系集团在这个时期既被国内本土系势力所痛恨，又得不到国外势力的支援，只是凭借着大权在握，在整整40年间，睥睨天下，藐视一切，疯狂的为自己积累财富，楚系集团所积敛的私人财富甚至比秦国王室还要多很多。

三 赵系阴谋，奇货可居

很多年过去了，楚系集团的两大领袖宣太后和魏冉都已年迈，对政事力不从心，秦国本土系政治集团又开始蠢蠢欲动起来。而秦昭襄王也对楚系集团的飞扬跋扈感到不满，认为他们侵夺了自己作为一国之君的权威。当时的朝政主要由宣太后和相国魏冉把持，天下人只知有魏冉而不知有秦王，华阳君、泾阳君、高陵君也手握军权，贪得无厌。这一切都使得有楚系血统的秦昭襄王下定决心要打击楚系政治集团。经过五年的准备，在秦昭襄王四十一年时，秦昭襄王采用谋士范雎的计谋，剥夺了宣太后的大权，将楚系政治集团中最跋扈的四个人——穰侯魏冉、华阳君芈戎、泾阳君嬴芾、高陵君嬴显，驱逐到国境之外。宣太后和魏冉由于年事已高，在经历了痛失大权的打击后，很快就郁郁而终。不过由于秦昭襄王本身就具有楚系集团的血统，而自己也是依靠着楚系力量登上的王位，所以并没有对其他楚系贵族和楚系集团的亲信进行处罚和贬谪，秦昭襄王想借此平衡秦国本土系贵族和国外系贵族之间的力量，使得自己的统治更加稳固。故而在秦昭襄王统治的最后十几年里，楚系贵族和大臣们依然能得到秦国的宠信和重用，例如秦国太子安国君嬴柱最宠爱的华阳夫人一族。而这一表面看似平衡和谐的局面背后，依然潜

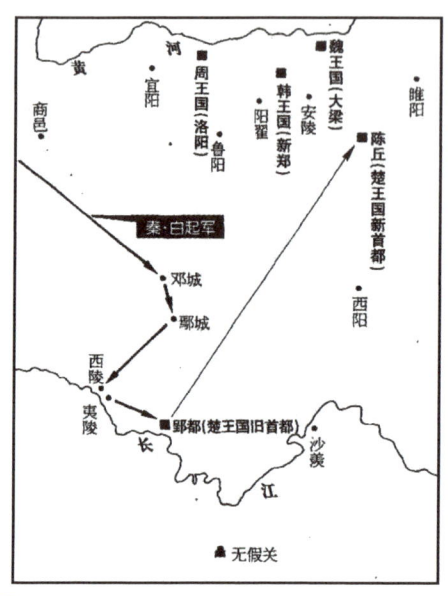

白起克郢都。

伏着每个集团内部的强烈野心。楚系集团一直渴望着能够重新掌控绝对的权力，而本土系集团也在防备着楚系集团的卷土重来。不过，双方一直因为有秦昭襄王的存在，而默默忍耐着，不敢爆发。可是，一旦秦昭襄王去世，两大集团一定会因为争夺最高统治权而拼得个鱼死网破。可就在秦昭襄王去世前夕，却有第三方势力渐渐渗透进来。这就是以赵国为首的三晋势力。

赵国王室和秦国王室系属同祖同宗，都是嬴姓赵氏，故而在三晋势力里，赵国势力其实是要相对更容易些进入秦国的。不过，在战国末期时，秦国大权主要由本土系势力和楚系势力所把持，赵国除了在赵武灵王时参与了迎立昭襄王的计划，一直都是默默无闻。不过幸运的是，一个名叫吕不韦的商人在经过赵都邯郸时，抛出了一个自认为很完

美的计划，而这个计划让赵国当局重视起来，决定可以对吕不韦进行一番利用。

在春秋战国乃至秦汉时代，商业极其发达，商人通过追逐高额的经济利润而获取社会地位成为常事，所谓"以财养士，与雄桀交"。如陶朱公、使天下国君与之分而抗礼的子贡、白圭、大盐商猗顿、铁商邯郸郭纵等人。不仅如此，一些拥有巨大财力的巨贾甚至会将大量的资金转作为政治资本参与到政治集团的斗争中去，好像当今社会支持美国总统竞选的幕后大财阀一样，其中最典型的例子当属吕不韦了。吕不韦是卫国阳翟一带的大商人，通过往来列国各地，倒卖货物积累了千金的经济资本。不过心高气傲的吕不韦不满足于一生只做一个安分守己的富家翁，他开始将投资的目标转向了政治。

吕不韦身处的时代已经是战国末期了，战国七雄在经历了几百年的博弈之后，统一之势已经渐露端倪。秦国虽然地处西隅，却是七国之中最为强大的国家，如果能够跻身于秦国的统治集团，那么吕不韦的政治利益便可以达到最大化。而若想占据秦国统治集团的最高峰，就必须从秦国王位的继承人上下手。

就在吕不韦经过邯郸时，正巧遇见了在邯郸做人质的没落王孙嬴异人。嬴异人是秦国太子安国君嬴柱的庶子，既不嫡出，也不年长，其母亲夏姬也不受安国君的宠爱，他自己还远在秦国千里之外的赵国，饱受风霜。而古代君王选择继承人的时候无非是立嫡、立长、立爱，这三点都和嬴异人毫无关系。可以说眼下的嬴异人是丝毫没有出头之

秦国崛起的幕后风云

吕不韦。

目的,不过吕不韦却认为他是"奇货可居",主动和他交好,对他游说道:"我能光大你的门庭。"嬴异人笑着说:"你姑且先光大自己的门庭,然后再来光大我的门庭吧!"吕不韦说:"你不懂啊,我的门庭要等待你的门庭光大了之后才能光大。"嬴异人心知吕不韦所言之意,就拉他坐在一起深谈。吕不韦说:"秦王已经老了,安国君被立为太子。我私下听说安国君非常宠爱华阳夫人,华阳夫人没有儿子,能够选立太子的只有华阳夫人一个。现在你的兄弟有二十多人,你又排行中间,不受秦王宠幸,长期被留在赵国当人质,即使是秦王死去,安国君继位为王,你也不要指望同你长兄和早晚都在秦王身边的其他兄弟们争太子之位啦。"嬴异人说:"是这样啊,但该怎么办呢?"吕不韦说:"你很贫窘,又是客居在此,也拿不出什么来献给亲长,结交宾客。我吕不韦虽然不富有,但愿意拿出千金来为你西去秦国游说,侍奉安国君和华阳夫人,让他们立你为太子。"嬴异人顿时对吕不韦感恩戴德,便也对吕不韦发誓说如有登基之时,必然会和吕不韦共享江山。

在被嬴异人完全信任了之后,吕不韦开始实施自己的计划。他将家中千金的资本一分为二,留五百金给嬴异人,让他在邯郸广结宾客,博取贤名,自己则带着另外五百金买得的珍奇珠宝西入秦国,去拜见秦国太子安国君的正夫人华阳夫人。华阳夫人是楚系集团的核心人物之一,整个楚系集团都在指望安国君继承王位后,能够立华阳夫人为后,这样楚系集团就会在政治斗争中获得更大的优势。不过,华阳夫人却一直没能生育,所谓"母凭子贵",如果没有能够继承秦国国君的后代,楚系

战国时代的货币。

集团是无法长期保持优势地位的，因此没有子嗣，这不但是华阳夫人的心头之病，更是整个楚系集团所深切担忧的。

不过吕不韦此番前来却是来为楚系集团解决这个难题的，再来到秦国之前，吕不韦为了表示嬴异人对华阳夫人的尊敬之意和一心想投靠楚系集团的心意，将嬴异人改名为嬴楚（一说为嬴子楚）。而后吕不韦将自己所带的宝物尽数献给了华阳夫人，并对华阳夫人说嬴楚"以夫人为天，日夜泣思太子及夫人"，成功说服华阳夫人收嬴楚为子，这样嬴楚就成了秦昭襄王的嫡长孙。

很多人在读了《史记》之后，都在感叹有钱能使鬼推磨，吕不韦凭借着雄厚的财力方使得嬴异人从一个人质王孙变成秦国的王位继承人，实则不然，以楚系集团的权势和地位怎么可能就被区区的五百金加上一些奉承的好话就轻而易举地打动？华阳夫人及楚系集团真正在乎的是嬴楚和吕不韦的态度，在乎的是嬴楚和吕不韦是否真的死心塌地的加入楚系集团的阵营当中。难道华阳夫人和楚系集团一大批的政治家会等到吕不韦来提醒才注意到没有子嗣会影响恩宠的事情吗？安国君有二十多个儿子，在其中找到一个公子来认华阳夫人为母不是一件难事，只不过，楚系集团很难确证这些长期生活在秦国本土的公子们会真心拥护楚系集团的政治利益，一旦有一天华阳夫人的养子登基为王，而对楚系集团反戈一击，那么楚系集团数十年的苦心经营将会功亏一篑！而嬴异人多年以来远在赵地做人质，没有机会接触秦国的本土系政治集团，因此嬴异人是众多秦王孙中，极少的没有丝毫本土系势力背景的，再加上

他本人一直在异国过着凄惨困顿的人质生活，一旦他依靠楚系集团登上王位，他反过来一定会对楚系集团感恩戴德的。因此，一方面是吕不韦通过游说手段向华阳夫人及其背后的楚系集团推荐嬴楚，另一方面也可以说是楚系集团一眼就相中了这个向楚系集团表明忠心的嬴楚。

在楚系集团挑选了嬴楚作为华阳夫人的养子后，又决心说服安国君嬴柱将嬴楚立为继承人。华阳夫人就趁安国君方便的时候，委婉地谈到在赵国做人质的子楚非常有才能，来往的人都称赞他。接着就哭着说："我有幸能填充后宫，但非常遗憾的是没有儿子，我希望能立子楚为继承人，以便我日后有个依靠。"安国君答应了，就和夫人刻下玉符，决定立子楚为继承人，安国君和华阳夫人都送好多礼物给子楚，而请吕不韦当他的老师，因此子楚的名声在诸侯中越来越大。

而此时的赵国当局看到吕不韦的计划已经成功了一半时，决定开始正式插手这件窃国阴谋。于是赵国选择了一个贵族女子，后世称为"赵姬"的作为赵国势力的代表送到吕不韦的身边。我们现在已经不得而知，到底吕不韦此时是甘心为赵国集团服务还是被赵国当局使用了强制手段进行逼迫，总之，吕不韦依靠着嬴楚对自己的绝对信任，让美貌的赵姬成了嬴楚的姬妾，并且得到了嬴楚的宠爱，不久，赵姬有了身孕，等到10个月之后，生下了嬴政，旋被嬴楚立为正室夫人。《史记·吕不韦列传》里记载了赵姬是怀了吕不韦的孩子之后才嫁给的嬴楚，只不过嬴政是等到过

秦国崛起的幕后风云

了十一二个月后才出生的，换句话说，秦始皇实际上是吕不韦的孩子。不少野史和民间传说都承认这一观点。其实，这显然是不可能的。首先，假设这场阴谋真是吕不韦故意让秦国改为自己的血统，那么这场天大的阴谋一定是策划得天衣无缝，不能走漏半点风声，当时的人们和我们后来人又怎么可能知晓的这么详细呢？明显是编造的故事。其次，从科学的角度上来说，怀胎十月这种事情怎么可以随随便便地耽搁下来，孩子到了预产期不能顺利出生，是要出危险的，等到怀胎十一二个月还可以生下健康的婴儿是不现实的。而在司马迁在《秦始皇本纪》的第一句话就是"秦始皇帝者，秦庄襄王子也。庄襄王为秦质子於赵，见吕不韦姬，悦而取之，生始皇。以秦昭王四十八年正月生於邯郸。及生，名为政，姓赵氏。"司马迁在《秦始皇本纪》里没有采用民间的说法，而说嬴政是庄襄王之子，可见司马迁也不认同野史上的说法。那么为什么这个根本就不靠谱的传说

《史记》书影。

会流传那么广呢？一个原因是秦始皇横扫六国，且大肆奴役百姓，被灭亡的国家的广大遗民都十分怨恨秦始皇，这才从血统上去诋毁秦始皇是杂种。另一个原因是，在汉初，吕氏家族一手遮天，为了取代刘氏的正统地位，吕氏集团很有可能利用这个传说为自己的夺权造声势，以说明刘项二人灭亡的秦朝实际上是吕氏的天下，因此吕氏再把天下夺回来也是理所应当的。

四 楚赵争雄，暗藏杀机

秦昭王五十年，秦国大举进攻赵国，秦军大将王龁包围了邯郸城。赵国当局愈来愈害怕自己的国家将要被秦国灭亡，于是加紧了自己计划的进程。于是赵国当局和吕不韦密谋，宣称要斩杀人质嬴楚，以泄被秦凌辱之愤，却又故意在城防露出一线松懈的地方，让吕不韦有机会带着嬴楚冲出城去，到秦国大营去汇合，这样嬴楚和吕不韦就

能名正言顺地返回秦国，而不被秦国本土系势力和楚系势力所怀疑。而留在邯郸的赵姬母子当然被赵国保护了起来，就等到嬴楚正式成为太子时，便可以把赵姬母子接到秦国。一旦赵姬日后成为王后，便可以在秦国境内大肆扶持赵系政治集团的势力，从而给赵国带来福利。

一切似乎都那么顺利，嬴楚、吕不韦

101

二人抵达秦国的6年后,年迈的秦昭襄王撒手人寰,已经是老年人的安国君嬴柱继承王位,这就是秦孝文王。秦孝文王继位以后,干的第一件事就是"赦罪人,修先王功臣,褒厚亲戚",这一做法是秦孝文王加强自己统治的重要措施,在这里大封的群臣贵族应该是本土系和楚系兼而有之。与此同时,嬴柱又封华阳夫人为王后,世子嬴楚为太子。而这时,赵国势力也趁此机会将赵姬母子送还秦国。而秦国强大的楚系势力并不满足和本土系势力平起平坐的地位,渴望让表面上忠心于楚系集团的嬴楚继承王位。于是,秦孝文王在继位刚刚三天之后,便匆匆去世了,死因不明。

嬴楚继位,史称"秦庄襄王"。秦庄襄王即位时,也下令"大赦罪人,修先王功臣,施德厚骨肉而布惠于民"。不过嬴楚的这道谕令恐怕和嬴柱的谕令就有所区别了,嬴楚大封的功臣贵族应当以楚系势力为主,包括尊华阳夫人为太后,封楚系的两大贵族首领为昌文君、昌平君,又把在嬴楚和楚系集团之间牵线搭桥的首功者吕不韦封为丞相,加封文信侯,食邑河南洛阳十万户。此时的吕不韦虽然在之前和赵系势力有过秘密的合作,但毕竟从一开始就投靠了楚系集团,此时又依靠楚系集团势力一步登天,所以吕不韦从此一生就注定了要打上了楚系集团的烙印。

在秦庄襄王统治的时期,秦国向接壤的东方诸国大举兴兵,灭东周,屠三晋,却唯独没有主动进攻楚国。这不能不说是和复兴之后的楚系势力的有所醒悟、害怕重蹈覆辙有关。可是,好景不长,年轻的秦庄襄王在继位三年后也不明不白的去世了。赵姬成为太后,13岁的嬴政被立为新任秦王。刚开始,赵太后以及其背后的赵系势力并不能有所作为,赵太后也只能通过与旧相好吕不韦私通,并让嬴政尊吕不韦为"仲父",以获取楚系集团的信任。而吕不韦有了赵太后的支持,实力日益强大,有家僮万人,门客三千。当时流行"出书热",荀子等诸子百家都纷纷著书立说,吕不韦就命他的食客各自将所见所闻记下,综合在一起成为八览、六论、十二

▎《吕氏春秋》书影。

纪，共二十多万字。自己认为其中包括了天地万物古往今来的事理，所以号称《吕氏春秋》。他还把书的内容写在布匹上，并将之刊布在咸阳的城门，上面悬挂着一千金的赏金，遍请诸侯各国的游士宾客，若有人能增删一字，就给予一千金的奖励。但是最后也没有一个人能够做到。这就是成语"一字千金"的来历。

秦雍城遗址。

眼见楚系集团势力一步步坐大，本土系集团便一直筹划着反戈一击。不过，这次针对楚系集团的阴谋行动和数十年前在秦昭襄王统治初年时针对楚系集团的行动一样，均宣告失败。针对楚系集团的行动可以说是密谋已久的，但是由于楚系集团手握军权，本土系势力一直苦于找不到机会。而在秦王嬴政继位后的第八个年头，嬴政的异母弟弟长安君成蟜奉命率军攻打赵国。而这个机遇，正是本土系势力所一直苦心等待的。于是长安君成蟜在率军攻打赵国的时候，被本土系集团说服，在屯留一带起兵对抗秦王嬴政及其背后的楚系集团。不过，在战斗过程中，成蟜及本土系势力不敌前来平叛的秦国大军。成蟜只得跑到赵国境内，被赵悼襄王封于饶地。而追随成蟜的起兵造反的本土系势力则被一网打尽，皆被斩杀，就连屯留的百姓也被牵连流放到临洮。

随着时间的流逝，嬴政也渐渐长大，吕不韦害怕自己和赵太后的奸情泄露，于是就找了一个名叫"嫪毐"的赵国邯郸人拔掉须眉，装成太监，入宫代替自己去陪太后。而赵太后也一心要将嫪毐提拔为自己的亲信，来作为赵系集团的骨干力量去和楚系集团相抗衡。后来，赵太后怀上了嫪毐的孩子。为了掩人耳目，便搬到雍城的寝宫去居住。这样一来，赵太后也脱离了楚系集团在王宫中安插的耳目监视。由于赵姬贵为大秦太后，背后又有赵系势力的支持。在搬到雍城之后，赵姬迅速攫取权力，密谋掌控国家的绝对权力。嫪毐作为赵太后的亲信和朝廷之上的代言人，被封为长信侯，食邑山阳郡，后又加封河西太原郡，所属家僮数千人。想要通过嫪毐的关系封官，而自愿投入其门下当舍人的亦有千余人。一时间，秦国的大小政事全由嫪毐一人决断，其权势大大盖过了以吕不韦为首的楚系集团。

此时，以赵太后、嫪毐为首的赵系集团非常忌惮楚系集团实力的雄厚，常思侵夺。而另一方面，以吕不韦、昌平君、昌文君为首的楚系集团也对突然崛起并对自己产生威胁的赵系利益集团心怀怨恨。很快，局势又有了新的变化。赵系集团拉拢了一向不受重视的戎族势力，实力大增，自信能以与楚系集团决一雌雄。

这一新一旧两大政治集团的决战已不可避免。

■ 秦始皇帝陵葬坑的兵马俑。

五 阴谋泄露，决战咸阳

秦王嬴政继位的第9年，22岁的嬴政在雍城举行加冠礼，朝野重臣都跟随秦王参加典礼。嫪毐等人趁机在秦都咸阳密谋兴兵，铲除楚系集团。可在这时，叛乱走漏了风声，嫪毐等人当即决断，立刻起兵，依靠太后的关系，用秦王印玺和太后印玺，命令县卒、王室卫戍部队起兵助己，又有戎族秦系集团和赵系集团一同相助，于是嫪毐便下令攻打秦王寝宫蕲年宫。

此时22岁的嬴政在秦国阴谋斗争的耳濡目染之下已经变成了一代雄才之主，他虽然深知楚系集团权势熏天，不可一世，但是眼下他却要利用楚系集团的军队击垮赵系集团，因为毕竟自己是依靠楚系集团才登上的王位，楚系集团短期内不会废掉自己。可是万一赵系集团击溃了楚系集团，赵系集团就可能找一个年纪更小，没有政治背景的公子代替自己，自己的王位就岌岌可危了。于是嬴政非常冷静地命令相国吕不韦、昌平君、昌文君起兵平乱。有些人会好奇，吕不韦当初不是和赵系势力有所纠葛，而且还是赵太后的旧相好，为什么此时吕不韦却要起兵诛灭嫪毐的。其实，吕不韦最开始带着五百金之礼物入秦为嬴楚游说时，就已经被划入了楚系阵营了。况且吕不韦的相国之位也是依靠楚系集团的力量才获得的，因此，楚系集团有难，吕不韦不能不起兵相助。

双方在咸阳一带大战，赵系集团渐渐不敌楚系集团，战败之后，嫪毐以及赵系集团的核心官员卫尉竭、内史肆、佐弋竭、中大夫令齐等人全部被五马分尸，夷灭三族，其余的赵系势力被剥夺官爵，流放蜀中的有四千余家，而赵太后因为是秦王的生母仅获幸免，却再也不能干预朝政，赵系集团的势力遂被彻底消灭。

楚系集团终于暗暗地松了一口气，以为终于可以过上高枕无忧的日子了，谁知，心怀大志的嬴政的目标不仅仅是消灭赵系集团那么简单。嬴政所期望的是在秦国乃至全天下建立完全服从于自己一人的专制统治。仅仅在嫪毐之乱发生不到一年后，嬴政又借吕不韦曾助嫪毐入宫为理由，罢免了楚系集团的核心重臣吕不韦相国的职务。后又把吕不韦遣出京城，前往河南的封地。又

《谏逐客书》。

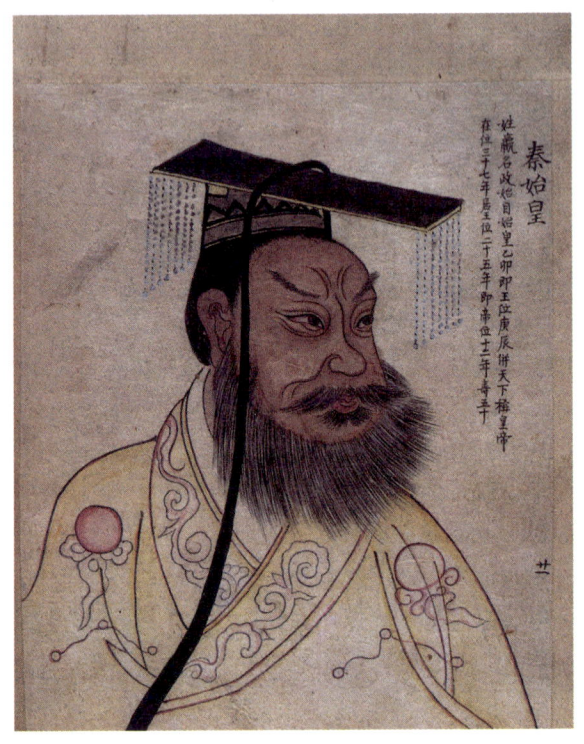

秦始皇。

过了一年多,各诸侯国的宾客使者络绎不绝,前来问候吕不韦。秦王恐怕他发动叛乱,就写信给吕不韦说:"你对秦国有何功劳?秦国封你在河南,食邑十万户。你与秦王有什么血缘关系?而号称仲父。你与家属都一概迁到蜀地去居住!"吕不韦一想到自己已经逐渐被逼迫,畏惧日后被杀,就喝下毒酒自杀而死。而楚系集团其他两位领袖昌文君和昌平君也没有受到重用,离开了秦国政治舞台的核心。

于是,秦王嬴政一举翦灭了掌控秦国多年的楚系、赵系两大政治集团后,亲揽朝政。为了防止日后外国系的政治集团再威胁到秦王的统治,嬴政下令驱逐秦国境内的所有外国人。其中有一个名叫李斯的人上书嬴政,一语道破秦国几百年来的政治秘密,秦国正是依靠本国境内各个势力的服务才逐渐强大起来,如果把所有外国势力都驱逐出境,那么秦国自身的势力也会大大削弱。嬴政看罢,有所醒悟,于是便取消了逐客令。

但楚国的政治势力肯就此认输吗?答案是否定的。

末代楚王的
潜伏与暗战

作者：王春翔

秦楚情仇，恩怨难明

一直以来，楚国都被中原诸国称之为"南蛮"，而楚国也自认为自己是有别于中国诸侯的"蛮夷"。早在西周中叶，楚君熊渠便宣称自己是蛮夷之君，不需采用中原的谥号称谓，僭封三个儿子为王。后因畏惧宗周实力，复去王号。

春秋之时，王室衰微，中原混战，楚国趁机崛起于南方，复称王号，并吞并了江汉一带的小国（包括姬姓诸南），成了当时华南的第一强国。在这之后，又经过了十几代楚王的努力，楚国西并庸国、汉中，南服百越，东屠强越、占领吴国故地，向北吞并了鲁国。楚国极盛之时，战车万乘，拥兵百万，领土面积方圆五千里，为当时诸侯之冠。

楚国虽强，但是北方齐、晋两大国在几

■ 出土于楚国申县墓地的文物。

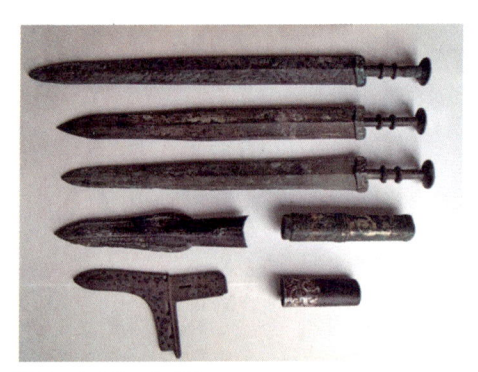

■ 楚国士兵使用的兵器。

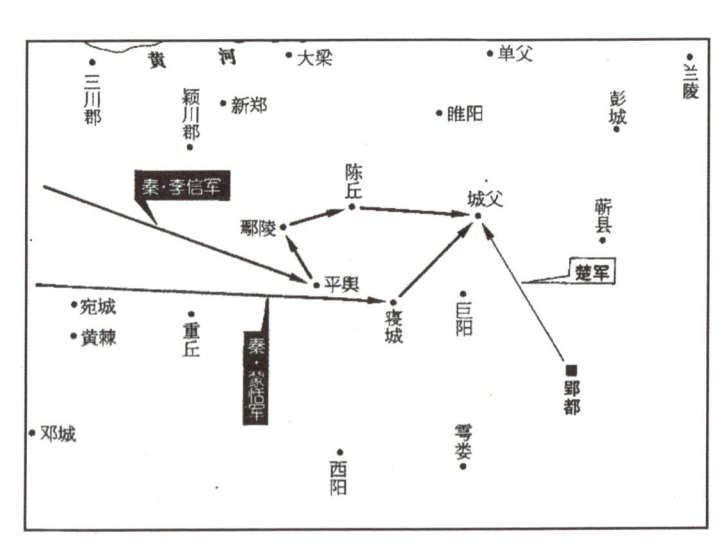

■ 秦攻楚，兵败城父，选自《柏杨版通鉴纪事本末》。

末代楚王的潜伏与暗战

《诅楚文》局部。

百年间一直是楚国强劲的竞争对手。为了与北方的华夏诸国相抗衡，楚国便与同属夷狄国家的秦国长期保持着联姻关系（按石刻《诅楚文》所载，应为十八代以上）。

故而秦楚两国在春秋中后期乃至战国时代早期都是拥有很多共同的政治利益，一荣俱荣，一损俱损。历史上著名的"申包胥泣秦庭"的故事从侧面反映了当时秦、楚关系的非同一般。据《淮南子》卷二十《泰族训》中记载"阖闾（吴王）伐楚，五战入郢，烧高府之粟，破九龙之钟，鞭荆平王之墓，舍昭王之宫。"楚国此时面临着灭国的危险。这时楚国大臣申包胥来到秦国请求帮助，一开始不被答应，申包胥便在秦城墙外哭了七天七夜，滴水不进，终于感动了秦国君臣。秦哀公亲赋《无衣》，发战车五百乘，遣大夫子满、子虎救楚。吴国因受秦楚夹击，加之国内内乱和越国的攻击而退兵。抛开历史书上的夸张描写，秦国君臣援救楚国的最主要原因不会是申包胥的诚心，而是更深层次的政治利益，即两国的联姻同盟关系。若楚国灭亡，秦国必然会失去一个强大的盟友，这对于秦国来说显然是不利的，这才促使秦国出兵。

然而到了战国后期，秦国在商鞅变法之后变得实力大增，开始觊觎关东诸国的领土，包括昔日的亲密盟友楚国。在楚怀王之时，秦、楚二国关系最为紧张，秦国不但通过间谍行动和外交欺诈将楚国玩弄于股掌之中，还在与楚怀王会盟之际强行将其扣留，以至于楚怀王在秦国郁郁而终。这些背信弃义的行为使得楚地的人民对秦国恨之入骨。怀揣着秦楚之间血海深仇的楚国人昌平君，就是在这样的背景下为楚国进行着间谍活动。

后来，在秦王嬴政的决策下，秦国展开了翦灭六国的统一战争。精锐的秦军在攻打

楚国墓地文物。

109

秘密战 3000 年

楚怀王遭囚图。

上便一直流传着一句谶语："楚虽三户，亡秦必楚！"而在昌平君为国牺牲的十几年后，在他战斗过的楚国大地上，爆发了陈胜起义，第一个揭起了灭亡秦国的大旗。而最后灭亡秦国的项羽和刘邦也都是楚国军队的首领。谁也没有想到，这句谶语真的灵验了。

其余五国时可谓是所向披靡，只有在对楚国的战争中受到了极大的挫败，共有7名都尉阵亡。虽然后来秦王加派了雄厚的六十万兵力，暂且击退了楚军主力。可是北至徐淮，南至江南，反抗秦军的战斗此起彼伏。而秦军的挫败和楚国境内的反抗都和昌平君的间谍行为的功劳是分割不开的。

直到昌平君战死沙场之后，楚国的反秦斗争才正式被熄灭。不过从此以后楚国大地

刘邦像。

二 间谍丞相，身世之谜

历史学家们对于昌平君的身世可以说是众说纷纭。唐朝史学家司马贞和近代学者李开元认为，昌平君是楚考烈王之子。司马贞《史记索隐》："楚捍有母弟犹，犹有庶兄负刍及昌平君。"李开元据此进一步推测：楚考烈王为楚国太子时曾在秦国为质，娶秦宗室女生昌平君；而北京大学著名教授田余庆在《说张楚——关于"亡秦必楚"问题的探讨》中，则只是小心翼翼地推测了一下昌平君或是楚怀王留于秦国的后裔，或以他故留秦的楚公子；学者骆科强则在《昌平君和昌文君事迹辨析及其身份推测》一文中写道，昌平君和昌文君二人均为楚考烈王的庶弟；甚至还有极少数人认为昌平君只是一个比较常见的封号，秦国的昌平君和楚国的昌平君可能根本就是两个人。但无论这些推测是否有道理，昌平君就是具有楚国王室血统的贵族公子这一观点，还是

被国内绝大多数研究秦汉史的专家所接受的，昌平君姓氏是楚国王室的芈姓熊氏也应该是没有什么太多争议的。

昌平君到底叫什么名字？在史学刊物《文物》1986年第3期刊登的《新发现的"十七年丞相启状"戈》一文中，作者田凤岭、陈雍根据一件出土的秦戈铭文推测，昌平君的名字就是"熊启"。

而昌平君熊启作为楚国的贵族，甚至有可能是楚考烈王的庶子，他从出生起就和秦国扯上了难解难分的关系。若按照学者李开元的观点，昌平君熊启本身就是一个兼有秦国王室血统的"混血儿"。楚倾襄王二十七年，秦国和楚国和好，楚国派遣太子熊元（即后来的楚考烈王）到秦国作人质，被留在秦国10年之久。熊启出生于秦国，他的母亲应当是秦昭王的女儿。实际上，如果按照秦楚两国王室通婚至少十八代的传统来看，李开元先生的推测也不是没有可能的。

昌平君熊启的父亲回国当上楚王后，熊启和母亲一道留在秦国，亲近舅母华阳太后。而华阳太后正是当时在秦国拥有庞大政治势力的楚系集团的核心人物。应该说，从那时起，作为一个远在异乡生活的楚国贵族，熊启就被灌输了大量的效忠故国的思想。随着熊启一点一点长大，他作为一个生长在秦国的楚王室的男丁，被楚系集团寄予了厚望。楚系集团的成员都期望着熊启能够步入秦国政界的核心，完成壮大楚系势力的任务。实际上，熊启也将这份任务完成得相当出色。在熊启步入秦国政界的时候，楚系集团依靠和嬴楚、吕不韦的合作，已经成功夺取了秦国的大权。而熊启也依靠着自己的努力和姻亲关系在这个时候受封为昌平君。可以说，这个时候的昌平君熊启虽然是楚系集团的代表人物，但是他还没有完全成为在秦楚两国之间进行重要间谍活动的国际间谍。他只是对在秦国境内发展的楚系集团直接负责，而且由于楚系势力在嬴楚继位以后一直掌握着大权，所以熊启在那些日子里也算是高枕无忧了。

可是，随着秦庄襄王嬴楚去世之后，秦国的政局渐渐发生了变化。以赵太后及其面首嫪毐为首的赵系势力迅速崛起，威胁到了原本一家独大的楚系政治集团。昌平君作为楚系集团的核心人物，一直在暗中为除掉赵系势力而准备着。到了秦王政九年的时候，嬴政在雍城举行冠礼，在赵太后的支持下，长信侯嫪毐在咸阳悍然发动了武装政变，其目标当然不是赵太后的亲生儿子嬴政，而是拥有庞大势力的楚系集团。

为了防止楚系集团的覆灭，昌平君选择了和秦王嬴政来进行合作。因为嫪毐平时说话极其不检点，甚至在酒后对别人说出自己与赵太后的私情，更以嬴政的继父自

秦代用于密封的丞相印封泥。

111

居。在昌平君看来，这无疑会使得好面子的嬴政对嫪毐欲杀之而后快，因此嬴政一定会站在楚系集团这一边。可是，昌平君低估了嬴政，嬴政固然对嫪毐的做法感到厌恶，但是城府极深的嬴政更希望楚系、赵系两大集团能够拼个两败俱伤，自己好渔翁得利，收回大权。

在楚系集团的核心人物吕不韦、昌平君、昌文君消灭了嫪毐集团后，嬴政便主持朝政，罢黜了吕不韦，乃至将其逼死。虽然昌平君立了大功，甚至可能因此功劳被升任丞相（学者李开元认为，在嫪毐之乱前，昌平君熊启的官职是御史大夫，在吕不韦罢相后，由他接替吕不韦为丞相），但是实际上昌平君、昌文君等楚系集团的元老却一直不受重用，在接下来的十几年内一直没有什么事迹写入史书，如同在人间蒸发了一样。

权力的失去以及秦楚两国长期以来的仇怨使得昌平君渐渐对秦国失去了信心，他开始慢慢怀念起那个远在南方的祖国，而此时的楚国却一直被秦国强大的军事力量所欺压着，这使得昌平君更加怨恨秦王嬴政领导下的秦国，从这时起，昌平君熊启的身份开始向间谍转变。

三 策划阴谋，前往郢陈

秦王嬴政将国内赵系、楚系两大势力压制之后，开始着手实现自己一统天下的雄心抱负。而关东六国，韩国国土面积最小，实力最弱，而且韩王早已畏服于大秦的军威，因此秦王嬴政雄并天下之战决定由韩国开始。秦王政十四年，韩国末代君王韩安上书秦王，表示自己愿意纳地效玺，永为大秦藩臣。两年之后，韩国又主动献出南阳之地。韩安本以为自己如此卑躬屈膝，厚赂秦国，应当能被秦王给予丝毫的怜悯之情，让他能够保全宗庙社稷。可是秦王嬴政的志向是整个天下，一个区区的南阳又怎么能满足得了他的胃口呢？况且韩国也不是那么安分守己的，在秦国背后搞了许多小动作，其中最著名的就是郑国和韩非的间谍活动，在这些间谍活动都宣告失败后，韩国才不得已采取了献土称臣这最后一个办法。而秦王嬴政自然不会轻易信任韩国，解决韩国之患的最好办法就是灭掉韩国。

于是在韩国献出南阳之地的当年九月，秦国以要保障顺利地接管南阳为借口，派大军前往南阳。第二年，嬴政又派内史腾暂时代理南阳郡守的职务，同时密令内史腾灭掉韩国。内史腾到任之后，便如同秋风扫落叶一般，轻而易举地就攻灭韩国，俘虏了韩王安，秦以韩地设立为颍川郡。

韩国被灭，远在咸阳的昌平君兔死狐悲，当然会担心楚国的安危，而灭韩之后的秦王志得意满，已经开始着手策划灭楚的计划了。此时的昌平君虽然有心阻挡秦国的大军，可是他已经不受秦王的重用了，又远在咸阳，如何能拯救万里之外的楚国呢？

末代楚王的潜伏与暗战

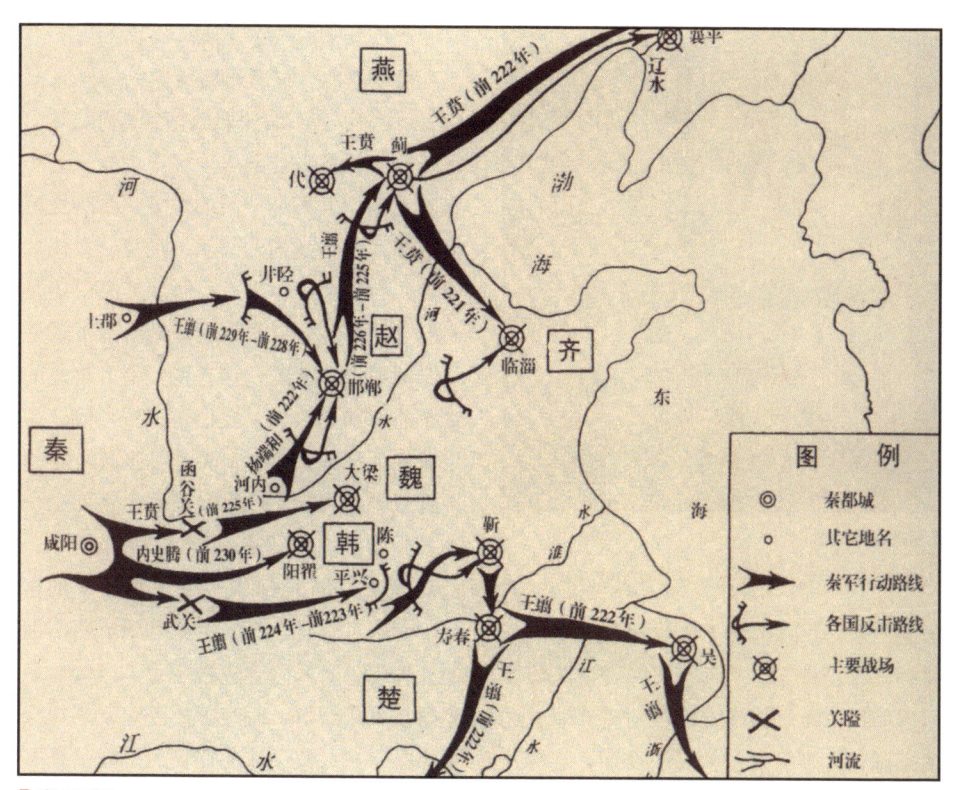

秦灭六国。

正在这时，韩国故都新郑爆发了反秦叛乱，原因是韩王安被流放到了郢陈之地。至于韩王安如何被流放到了郢陈，则是一个值得思索的问题。按照常理来说，一个国家被灭亡，那么这个国家的君王或君王的直系亲属理应被迁徙到战胜国的国都，以防止亡国之君在旧地谋划复国，例如西晋司马炎迁东吴孙皓于洛阳，北宋赵匡胤迁南唐李煜于汴梁等等。如果不迁到国都，也应迁到远离故土的偏远之地，例如金迁宋徽宗赵佶、宋钦宗赵桓于五国城（今黑龙江依兰县城北旧古城）。而如果战胜国要实行安抚的政策，便应该让其君留在故地，以安民心，同时派人监视，如周武王封商纣之子盘庚于殷故地，盘庚叛后，周公旦又封纣王之长兄微子启于殷故地，国

韩国货币。

113

楚国凤凰图腾。

号为"宋"。可是秦王嬴政却既没有下令将韩安押至咸阳，又没有将韩安留至韩地以慰韩民，而是将韩安流放到离韩地不远的郢陈，直接引发了韩民的暴动。以秦王嬴政的雄才大略，在正常情况下绝对不会做出这种有悖常理的决策，一定是听信了某些游说者的误导，而到底是谁在误导秦王呢？从以下史料的记载来看，极有可能就是昌平君熊启搞的鬼。

《睡虎地秦简·编年记》记载："韩王居□山。"（秦王政二十年）

《史记·秦始皇本纪》记载："新郑反。昌平君徙于郢。"（秦王政二十一年）

《睡虎地秦简·编年记》记载："韩王死。昌平君居其处。有死□属。"（秦王政二十一年）

可以看出，在韩王被流放到郢陈某某山之后的第二年，昌平君就来到郢陈之地。韩王一死，昌平君就居于韩王之处。这个郢陈之地，也不是一般的地方，而是楚国的旧都，曾是楚国的政治、经济、文化的中心，后来被秦军攻占，但是其民众还是心向楚国。另外，郢陈还是秦军南下攻楚的交通要道，郢陈一旦有变，南下攻楚的秦军将会腹背受敌。我们可以推测到，昌平君使用了间谍手段，买通了嬴政身边的说客或者是谋士，说服秦王嬴政将韩王安流放到楚国旧都郢陈，在新郑叛乱之后，他又自告奋勇前往郢陈去处理韩王安的事情。而到了郢陈之后，韩王安就不明不白地死去了，新郑之乱也被平息。一年后昌平君反秦于郢陈，而韩国故民则立刻起兵呼应昌平君，假设韩王安真的是被昌平君所杀，韩国人又怎么会如此策应昌平君呢？因此，昌平君很有可能像荆轲借樊於期之头一样，和韩王安及韩国臣民达成了生死协议，韩王安是自愿而死。昌平君则借王安之头来换取秦王的信任，以便将来策划更大规模的反秦行动，一方面保全楚国，另一方面帮助韩国复国。就这样，昌平君得以在楚旧都郢陈扎稳脚跟，表面上是在为秦国管理楚民，实际上却在背地里大搞间谍活动，一心想将此地经营成反秦救楚的大本营。

四 间谍行动，扭转乾坤

就在昌平君策划如何使韩反秦，并费尽心思的前往郢陈的同时，秦国也在积极地为灭楚之战做准备。秦王政十九年时，嬴政便下令与楚国毗邻的南郡全境戒严。二十年，复被任命为南郡郡守的内史腾又按照指示发布《语书》，告诫全郡吏民守法律，去淫僻、除恶俗等等。二十一年，嬴政命名将王翦之子王贲率领大军攻楚，初步试探一下楚军的实力，结果王贲轻而易举地就攻取了十几座城池。这次战役导致秦国上至秦王下至诸将均盲目乐观，认为灭掉楚国十分容易。尤其是秦军少壮派代表李信，居然豪言二十万之军足可以灭楚。可是刚刚灭掉赵国、平定燕蓟的宿将王翦却认为不能低估楚国的实力，若想灭楚非六十万大军不可。嬴政不信任王翦，认为其过于保守，罢归家居。嬴政遂于二十二年命令少壮派将领李信、蒙武（《史记·白起王翦列传》中误记为"蒙恬"）率领大军南下正式展开灭楚之战。

李信、蒙武大军经过郢陈，昌平君必然是做足了戏，通过出色的表演骗过了李信、蒙武，使得他们放心去攻打楚国。李信和蒙武的计划是，李信率军攻平舆，蒙武同时攻寝，最后合力攻楚都寿春。由于秦军已经进行了为期3年的准备，所以在战争伊始，楚军连连退却，平舆、寝二地均告沦陷。

就当秦军势如破竹，正欲一鼓作气灭掉楚国时，深入前线的李信突然接到了大军后方的郢陈一带发生了大规模叛乱的消息。年轻气盛的李信没有料想到自己的后方能够出现动摇，他甚至都想象不出究竟是谁发动的叛乱。而他自己当初轻易允诺的二十万军力根本无法做到两线作战，如果不紧急将军队撤回，那么自己的这点兵力将会面临着遭到围歼的危险。所幸前线的楚军已经被压制住了，一时半刻还不敢出兵同秦军正面纠缠。于是李信集中兵力开始急速后撤，撤至郢陈时，方知道反叛者居然是事秦已久、建功无数的昌平君。吃惊之余，李信组织精锐部队反击昌平君的叛军。但是昌平君的军队却不与秦军做过多的纠缠，而是且战且退，甚至连大本营郢陈都拱手让出。就当李信稍稍松了口气，进入郢陈之后，大后方又传来让他更加惊慌失措的战报——去年刚刚平息的韩地又爆发了反秦叛乱。李信自知如果颍川郡全面失守，那么就算他占领了郢陈之地，还会依然面临着两线作战的困境。于是李信立刻放弃了刚刚占领的郢陈，与蒙武相约在颍

▎楚国货币——蚁鼻钱。

115

川的父城①会师。如果秦军能够迅速平定颍川之乱，那么秦军就会避免两线作战，李信的这场战争就还会有转机。

不过，谋划已久的昌平君早已摸清了李信的想法，他之前轻易让出郢陈就是为了保存实力，静静等待颍川韩军的呼应。昌平君知道李信必然会匆忙的赶往颍川郡，而他则率领大军迅速击其后侧，配合秦军前方的韩军，打秦军一个措手不及。

这场战役是昌平君一生当中最为辉煌的时刻，他多年来的忍辱负重、苦心策划终于有了回报。曾经虎视天下，不可一世的秦军一心想快速奔往颍川，而昌平君则率领大军穷追不舍，三天三夜，毫不停歇，终于追上了秦军。双方展开激战，战斗结果是秦军损失惨重，二壁遭破，七个都尉被斩杀，全军溃散，数十年以来，这可是秦军所遭到的最重大的失败。而击溃了秦军主力的昌平君则组织军队朝秦国本土进逼，大有威胁秦国命脉之势。

五 棋逢对手，势败难回

就在西线战局每况愈下之时，心急如焚的秦王嬴政在咸阳待不下去了。一方面是对李信等人丧师辱国以及昌平君反叛的震怒，另一方面嬴政深知如果再不遏制步步紧逼的昌平君，将会牵一发而动全身，那些耗费了大量精力才平定的国家会趁着秦军战败之际再次起兵，到那时候不但统一大业遥遥无望，就连秦国故地也会不保。可是现在最有经验和能力的王翦却早已告老还乡，嬴政此时也不再信任那些急躁的少壮派将领了。于是秦王嬴政快马加鞭，亲自到王翦归老之地频阳致歉。嬴政对王翦说："寡人由于没能采纳您的计策，却轻信李信的话，最后果然丧师辱国。寡人现在每天都能收到楚军向西逼近的军报，寡人和社稷越来越危险了。将军虽然自称染病在身，但是您能够忍心抛弃寡人和江山社稷于不顾吗？"听了嬴政的话，王翦还是有些犹豫，毕竟嬴政在前不久还在不信任自己，导致自己罢归田居。于是王翦推

▌秦大将军王翦。

---

① 《史记》原文为"城父"。张守节《正义》认为"城父"当作"父城"，父城在唐汝州郏城县东，于秦属颍川郡。城父于郢陈为东，但父城于郢陈为西。"父城""城父"二名，旧籍多有误写。

辞道："微臣体弱多病，年老昏聩，希望大王能够另觅将才。"嬴政此时却不耐烦了，毕竟自己是一国雄主，于是冷冷地说："好了，请老将军不要再推辞了！"王翦联想到当初白起也是一代盖世名将，却因为推辞了秦昭王的任命而免职，最后被赐死，而嬴政行事比乃祖秦昭王更加专横无忌，王翦也就不好再驳秦王的面子了。王翦便说："大王如果一定要我率军抵抗楚国也行，不过还是得听我当初的建议，非有六十万大军不可。"嬴政立刻应允，随即便倾全国之力，为王翦集结了六十万雄师。

秦王嬴政亲自在灞上为王翦送行，而王翦知道嬴政生性多疑，如今秦国几乎所有的军队都掌握在自己手中，此时只有向秦王多求些物质奖励，才可以表明自己胸无大志，只想着金钱宅地，借此打消嬴政害怕他拥兵叛乱的疑虑。于是王翦便借机多次向嬴政提出请求赐予田宅的要求，嬴政听后欣然大笑，便不再那么怀疑王翦了。

而此时的昌平君听闻王翦举六十万大军气势汹汹而来，便同楚国大将项燕会师。在昌平君和项燕经过讨论之后，制定了如下战略：项燕集结楚国全国的兵力主动出击，与王翦的主力部队作正面交锋。而在郢陈一带经营日久的昌平君则率领本部兵马（甚至还有可能包括韩兵）严守郢陈，与正面战场的项燕成掎角之势，牵制王翦的侧翼部队，伺机而动。

此时双方的军事力量对比固然是秦军更胜于楚军，可是楚军不久前才重挫秦军，士气正盛，而秦军新逢大败，士气低落，而且后方颍川一带根基不稳。故而若项燕拼死一

▎楚汉妇女襦裙（依据汉墓实物绘制）。

▎楚汉着衣歌俑（马王堆一号墓出土）。

▎河南淅川楚墓出土的云纹铜禁，现藏于河南博物院。

战,秦军未必有胜算。可是老谋深算的王翦在率军赶到前线后并不急于交战,而是坚壁高垒,组织了严密的防守。不过在郢陈的侧面战场,王翦却下令偏师部队不停地组织进攻,把昌平君的部队打压在郢陈一线,防止其对正面战场造成威胁。

项燕也是一代名将,他深知"一鼓作气,再而衰,三而竭"的道理,如果不能尽快与秦军交战,那么楚军无论是从士气还是补给方面都将处于劣势。于是项燕多次派人到秦军阵前挑战,可王翦就是按兵不动。王翦大军每日休养生息,磨砺斗志,士气一天比一天高涨。而正面战场的项燕却越发的焦躁起来,终于决定引兵而东。至于为什么项燕会突然下令东撤,史书上没有任何记载,我们只能推测,王翦坐拥六十万大军,不可能将全部兵力都投入在正面相持和郢陈战场上,很有可能有另外一支偏师避开了楚军的防守,插入到了项燕的大后方,致使项燕不得不引兵而退;还有另外一种可能就是,当时的楚王负刍极有可能也是一个雄猜之主,项燕倾全国之兵在战场上却毫无建树,这使得楚王十分猜疑。甚至王翦还有可能像他当年灭赵之时使用反间计,让赵王罢免大将李牧那样,派出间谍在楚王面前进谗,迫使项燕撤军。不管是出于哪种原因,项燕匆忙撤军东还,没有来得及做出周密的部署是事实。而王翦则派精锐部队突袭项燕,楚军大败。王翦则继续追击。在蕲南这个地方,项燕孤注一掷,与秦军大战,结果项燕战败被杀,以身殉国。随后不久,楚国都城寿春陷落,楚王负刍也被秦军俘虏。

六 临危称王,遗计殉国

再回头说郢陈战场上的昌平君。从云梦睡虎地四号秦墓出土的两条木牍上的家书中,我们可以了解到当日昌平君的战事进程。

这两封家书是属于一个名叫黑夫和一个名叫惊的秦兵的。前一封上有"黑夫等直佐淮阳,攻反城日久,伤未可智(知)也",该信写于二月辛巳,学者黄盛璋据汪曰桢《历代长术辑要》和日本国新城新藏《战国秦汉长历图》,定二月辛巳为秦王政二十四年二月十九日。信中所提到的淮阳反城即当为郢陈,由此可断定昌平君的防守是极其顽强的,在项燕败死蕲南的第二年春天,昌平君还在坚守郢陈。《史记·秦始皇本纪》中记载:"二十三年,秦王复召王翦,强起之,使将击荆。取陈以南至平舆,虏荆王[①]。秦王游至郢陈。"从这条史料我们可以得知,王翦在大破项燕之后,夺取了郢陈以南的大片土地,郢陈已经成了一座孤城。另外,木牍家书中还有"闻新地城多空不实者"的话,由此可知当时战况是异常激烈的,导致户口

---

① 对比《史记》其他篇目,楚王负刍实为第二年被俘虏,此处应为行文方便。

末代楚王的潜伏与暗战

流散十分严重。昌平君在大将项燕战死，第二年楚王又被俘虏的情况下，固守孤城，没有丝毫动摇，甚至与围攻的秦军保持着长期激烈的胶着战，以至于让秦王嬴政都得亲自前往郢陈前线督战。

第二封家书上写有"以惊居反城中故"的话，而黄盛璋推测此信当写于秦王政二十四年三月之后。也就是说在秦王嬴政的亲自督战下，郢陈终于在第二年的三月份之后，落入秦军之手。

不过昌平君的郢陈兵力似乎没有遭受特别大的损失，应当是从秦军包围圈中的薄弱地带突围而出。离开郢陈之后，昌平君率领大军渡过淮河，转战淮南各地。不过《史记》却对此时的历史记载出现了自相矛盾的地方。《史记·秦始皇本纪》中记载："荆将项燕立昌平君为荆王，反秦於淮南。楚淮北之地尽入於秦。二十四年，王翦、蒙武攻荆，破荆军，昌平君死，项燕遂自杀。"《史记·楚世家》中记载："（楚王负刍）四年，秦将王翦破我军於蕲，而杀将军项燕。五年，秦将王翦、蒙武遂破楚国，虏楚王负刍，灭楚名为郡云。"《史记·白起王翦列传》中记载："翦因举兵追之，令壮士击，大破荆军。至蕲南，杀其将军项燕，荆兵遂败走。秦因乘胜略定荆地城邑。岁余，虏荆王负刍，竟平荆地为郡县。"《史记·蒙恬列传》中记载："二十三年，蒙武为秦裨将军，与王翦攻楚，

■ 云梦睡虎地秦简。　　　　　■ 信阳长台关楚墓编钟。

119

荆州楚墓中出土的战国时期楚国的重要乐器——虎座鸟鼓架。

大破之，杀项燕。二十四年，蒙武攻楚，虏楚王。"从这些史料中我们似乎感到很疑惑，在秦王政二十三年即被杀的楚将项燕何以能在第二年在楚王负刍被俘虏后，又在淮南拥立昌平君为楚王呢？

其实，还有一个细节我们没有注意到，那就是在《楚世家》里，司马迁根本就没有记载昌平君成为末代楚王的事情。作为一个国家的最后一个君王，司马迁为何会不将昌平君写入《楚世家》？最有可能的原因就是，昌平君的这个"楚王"是不合法的，是得不到官方承认的。再结合《秦始皇本纪》和其他篇目记载的"矛盾"，我们可以推断，真正的项燕已经在秦王政二十三年战死于蕲南，而在二十四年拥立昌平君为楚王的"项燕"只是被找来的替身。所谓的"拥立"实际上只是自立，故而不算是正统，昌平君的名字也因此不会出现在《楚世家》中。

这样一切就都能解释得通了。背负着秦楚情仇的昌平君在国家风雨飘摇之际，毅然决然的挺身而出，自立为楚王，继续打着楚国的旗号抗击秦国的侵略。可是楚国的正规军已经被王翦击破了，昌平君虽有大志，却也是回天乏术。在步步进逼的秦军压力下，昌平君复退兵渡过长江，在江南继续抗秦。

不久，王翦、蒙武率领秦军精锐渡江。北宋陈舜俞《庐山记》中记载庐山有康王谷、康王观，相传楚康王为秦将王翦所迫，匿于谷中，后世有碑刻记此事。《太平御览·卷五四引·寻阳记》《太平寰宇记·卷一一一》《舆地纪胜·卷二五》《读史方舆纪要·卷八三》《古今图书集成·第一二九册》，以及明正德《南康府志》、清同治《星子县志》等几种地方志，都有康王谷（或称"楚王谷"）之事。

■ 陈胜吴广起义。

这里在江南反秦的"楚康王"就应当指的是昌平君。后来，昌平君熊启不敌秦军，战死沙场。在昌平君临死前，又叮嘱自己的余部要继续抗秦。因此，昌平君的余部一直在与王翦、蒙武所率领的秦军精锐作战，直到秦王政二十五年，江南才被彻底平定。至此，楚国正式宣告灭亡，成了大秦帝国的郡县。

昌平君虽死，但是像"东南有天子气""楚虽三户，亡秦必楚"这类的谶语却流传起来，以至于让一统天下的秦始皇嬴政时常不安，需要靠东巡来镇抚楚地。这些亡秦复楚的口号似乎是有人刻意煽动的。另外，之后参与反秦的很多人也似乎在冥冥之中是相互联系的。例如曾狙击秦始皇于博浪沙未果的张良，就出生在当年策应昌平君反秦的颍川郡父城，张良早年更是曾在淮阳（即郢陈一带）学礼。颍川之乱时，张良作为二十多岁的韩国贵族极有可能曾经追随过昌平君。秦朝之时，张良又救助了杀人的项伯，项伯正是项燕的儿子，项梁的兄弟，项羽的季父。而项氏和韩国遗老的交集却正是既同项燕又同韩军携手作战过的昌平君。而辅佐陈胜首倡灭秦的吴广，则是郢陈附近的阳夏人，陈胜吴广起义时所率领的戍卒，至少有一部分人是郢陈一带的楚民。而陈胜起义初步胜利时，直接选择进入郢陈，建号张楚。何以这些反秦之人都和昌平君有着微妙的关系呢？我们可以做出一个大胆的假设，那就是这些反秦之人都曾接受了昌平君的遗计，昌平君在临死前，一面命人散播反秦谶语，一面安排日后反秦的火种。大秦帝国的灭亡，也许正是出于这位"间谍丞相"之手！

"秘密战天才"汉高祖刘邦

作者：陈峰韬

"秦失其鹿，群雄共逐之。"公元前2世纪末的中华帝国，伴随着秦朝的灭亡和各股势力的合并，战争局势区块化趋势的加剧，围绕天下归属权展开的秘密战也愈发激烈。这种斗争用潜流形容更为合适，水面上看不见，而水流却被它所左右。引领时代潮流的人不自知，然而却无时无刻不被这潜流裹挟着。

一 牛刀小试

公元前205年，刘邦率领的诸侯联军56万侵入楚国的领地，并成功占领楚国首都彭城。随后，楚王项羽率精兵奇袭汉军，造成后者十多万人的伤亡。这次刻骨铭心的惨败让刘邦梦魂皆惊。痛定思痛后，刘邦意识到短期内靠进攻战略无法取得胜利，于是决定从隐蔽战线扳回劣势。

相比项羽略带傲娇的贵族气息，出身平民的刘邦在斗争方式的选择上有一种天然的优势，他既没有道德的约束，也没有礼法的羁绊，为达目的可以无所不用其极。

乱世是秘密战的天堂，它既为穿梭于各国的间谍们提供了宽松的空间，也为各方势力提供了撬动利益的杠杆。刘邦从彭城撤退到虞城后，立刻着手开展了秘密斗争。遍观彭城战后诸侯的向背和势力格局，他把触角第一个伸向了九江王英布。

在彭城之战前，英布已与项羽产生裂隙。刘邦派遣辩士随何秘密进入六安，企图进一步离间九江国和楚国的关系。英布惧怕与汉国来往会招致楚国的打击，不敢与随何见面。随何拿准了英布犹豫不决的心态，声言如果他见英布说的话如有不对，英布可以立即杀了他，这样也可进一步证明英布绝汉忠楚的政治态度。英布不再拒绝，于是与随何见面。

在刘邦的秘密战人才队伍中，随何是一个出类拔萃的好手，他既有出众的辩术，又有过人的胆识。双方会晤后，随何为英布详细分析了九江国与楚国的关系，一针见血地指出了九江国和英布本人的潜在危险。英布对楚国的态度进一步动摇，然而还是未下决

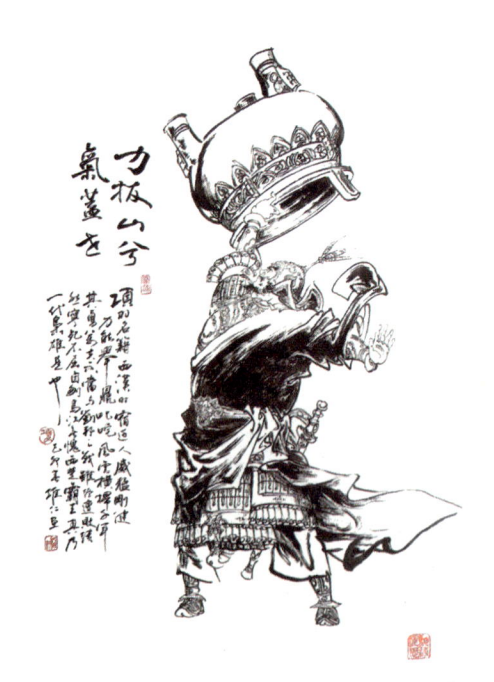

▌项羽举鼎。

"秘密战天才"汉高祖刘邦

彭城之战。

定。关键时刻，随何再次展示出不要命的胆量。当时楚国的使者也在六安，正在催促英布发兵与楚国一同攻击齐国。随何开门直入，一剑杀死楚国使者。这一剑，斩断了九江国与楚国的联系，同时也把自己推入死地。

以命为间，谓之死间。随何以一己之性命与英布博弈，英布的决策就是那颗骰子，赌桌的另一头却是九江国的政治结盟。英布无奈，再三衡量后，决定叛楚归汉。

策反英布行动的意外成功，极大地刺激了刘邦组织秘密战的兴趣，紧接着，他又悄悄伸出秘密之手，摸进另一个阵营——魏国。

魏国国王魏豹跟随项羽入关，本来想分得故魏国的地盘，然而大梁附近距离楚都彭城太近，魏豹被撵到山西，可怜巴巴地做了个西魏王，其对楚国的敌意可想而知。虽然

彭城战后魏豹声明不再与汉国结盟，刘邦仍抱着一线希望，企图与魏国重结欢好。

公元前205年8月，汉国的使团到达魏国，郦食其向魏豹陈说利害，希望魏国能够与汉国团结起来一同讨伐楚国，魏豹断然拒绝了这位白发苍苍的老使者递来的橄榄枝。稍后，郦食其带着使团失望归国。这是一场看似再也平常不过的外交行动，即使魏豹本人也没有觉察出丝毫异样。

事实上，郦食其这个老滑头打着外交的幌子，把魏国的底数摸了个透亮。魏国与九江国不同，其地域与汉国近在咫尺，即使一时达成结盟，不彻底解决其军事存在，仍然构成对汉国大本营关中的极大威胁。郦食其使团此行的目的一方面是希望暂时缓和两国关系，争取结盟的可能，另一方面则是借机

125

郦食其。

进入魏国境内，打探其军事情报。

郦食其归国后，带回丰厚的情报，包括魏军的兵力情况以及统军大将、骑兵部队负责人、步兵部队负责人等人事安排，刘邦据此制定了进攻魏国的军事方略。这次刺探行动毫无疑问为汉国方面带来了极大的战略主动。在成皋一线楚军的强大压力下，汉军不可能倾其全力进攻魏国，只能找出魏军兵力部署的弱点，因利乘便批亢捣虚，郦食其获取的情报的价值正在于此。

魏军弃用周叔而用柏直，这让汉军主将韩信很是高兴。秦汉之际的战争因为通信条件限制，战役层级的战斗，主将指挥能力对胜败的影响极大。柏直此人诸史俱无传，但据刘邦和韩信的言论推断，此人的阅历和资历必然不如周叔。韩信于是故布疑阵，一面在魏军屯驻主力的蒲坂方向佯动，制造渡黄河强攻的假象，一面以主力从夏阳偷渡，直攻安邑，魏军上下大惊，匆匆撤兵回救安邑，这一来一回，使得主客之势逆转，韩信以逸待劳，一举击败魏军，平定整个河东地区。

客观说，刘邦组织的这两次隐蔽战线斗争，并不是很高明。随何策反英布事件，更多层面上是一次政治外交，但其运作理念和具体手段已初现秘密战的雏形，具有划时代的意义，使得各方都开始注意到秘密战这一方法。郦食其使魏，把刺探敌方军事情报作为隐蔽斗争的主要目标，具备了现代秘密战的一些特征，而其巨大效果，也使得各方不得不把秘密战提升到一定高度来对待。尽管这两次活动还有这样那样的不足，例如随何的手段过于暴烈，郦食其的双重任务只达到一层，但这仍然预示着，彭城战后的列国形势，已不可避免地引入了秘密战的潜流。

二 隐蔽斗争

公元前203年的春天，在取得河东之战的胜利后，汉军在成皋一线再一次遭遇失利。尝过秘密战甜头的刘邦再次祭起这个法宝。

有过一次成功经验的郦食其建议在更大范围内拉开隐蔽战线，具体方案是找出六国王室后人，让他们各自在故国发动起义，以分散楚国的注意力。在郦食其的筹划中，这些急欲复国的六国后人，必将像一个个火星，在楚国广阔的后方燃起煌煌大火，把项

"秘密战天才"汉高祖刘邦

羽烧得焦头烂额。但这次筹划未免过于宏大，大到超出了郦食其的秘密战范围。张良及时发现了这一方案的不可控性，向刘邦建议说，如果把这场大火撩拨起来，六国复立各行其是，必将把汉王自己也烧得毛都不剩。刘邦恍然大悟，气得大骂郦食其，立刻废止了该方案。

扶立六国之后的计划流产后，刘邦迅速又有了另一套计划。建议者是陈平，实施对象是楚军中的智囊——范增。相比郦食其式目标明确、方法简单粗暴的秘密战，陈平的方案更加阴狠，让人防不胜防，不知其意之所指。

具体过程是这样的。陈平先是大量派间谍深入楚军后方，宣言楚军诸大将有大功而不赏，意图弃楚归汉。这种廉价的谣言杀伤力极大，使得项羽与诸将开始离心，虽然谣言的焦点是钟离眜等将领，但稍有一点政治警觉，都会对军中的二号人物产生一些联想，特别是项羽这种头脑简单的人。稍见成效后，陈平逐步缩小打击范围，将无形的套索慢慢套到范增脖子上。楚国使者到汉国，陈平先以最高接待规格太牢迎接，然后佯装谈话中发现使者并非范增派出，随即拉下脸换成次一等级的宴席，并说，我们还以为您是亚父

大人的使者。项羽随后知晓此事，面子上的挂不住，随即酝酿发酵为政治上的不信任。再加上陈平不断散播的谣言，项羽怀疑范增也有二心，君臣关系终于出现难以弥合的裂痕。在急攻荥阳的建议遭到拒绝后，愤怒的范增拂袖离去，不久病死。

这是楚汉战争期间刘邦在隐蔽战线一次重大的战果，也是楚汉之际秘密战的一起经典案例。深入分析陈平离间项羽和范增的成功经验，第一在于准确把握对方阵营中的客观矛盾。项羽是个政治上的吝啬鬼，不舍得对手下将领封官给地，钟离眜等人虽然嘴上不说，但是心里总是有一些怨气，只不过在大好军事形势下，这个矛盾并未凸显出来，而是弱化为一个还未破皮流脓的火疖子。陈平抓住这个疖子，轻轻挠下去，挠得项羽和手下人欲火爆发，最终演化为不可调和的流血矛盾。第二在于综合运用政治策反和谣言蛊惑等手段，将明确的斗争目标化入无形的斗争手段之中，成功隐蔽了己方的企图，并把对手一步一步推到绝地，可谓高明之极。当然陈平也作了深远的筹划，对范增这样一位本身具备超凡智慧的智囊人物，陈平几乎花光了刘邦下拨的四万斤黄金经费。第三在于着力点的选择。离间计划的目标是范增，关键人物却是项羽。范增足智多谋，如果直接对其下手，引起范增的高度警觉，则很有可能变成两大智囊集团的公开对抗，那样秘密战背地里打闷棍、看着对方底牌出牌的不对等优势将无法体现。陈平巧妙利用项羽无脑的特点，把范增脖子上的套索送到项羽手中，让他一步步把范增勒死。回过头再看看郦食其和随何，真让人不得不叹息，行家一

▎刘邦祭孔图。

127

出手，就知有没有。

汉国方面的秘密战以离间范增事件为分水岭，进入较为成熟的阶段，其重要原因是陈平这样的智者的加入。之前的随何、郦食其，和以后的陆贾，从秘密战分工的角度，更像是执行层面的人员，陈平则是一入手就是秘密战领导层的人。这与陈平的岗位分工有极大关系，他本身就是汉国决策圈的重要分子，他筹划秘密战，往往能够出离秘密战本身，站在汉国军事政治的大局来衡量，这使得汉国秘密战迅速站到了同时代敌我阵营的制高点。

范增是楚军中唯一一个具有政治远见的人，在项羽这位战斗型领导人手下显得弥足珍贵。陈平的离间计消除了这个巨大威胁，颇使汉国上下高兴了一番。不过这个战果并没有立刻改善汉军在成皋荥阳一线的困境，范增出走后不久，楚军加紧了攻势，荥阳汉军无法获取敖仓的粮食，眼看城池就要被楚军拿下，汉王刘邦惶急不知计将安出，这时，关键先生陈平再次站了出来。

陈平拿准了楚军要活捉刘邦的心理，派将军纪信乘坐刘邦的黄屋王车，辅以两千女子出荥阳东门，伪装成汉军要突围而出的样子，楚军立刻四面围攻这群女子军，纪信在黄屋王车上大呼愿意投降，苦战多年的楚军终于见到汉王投降，纷纷大呼万岁。在其他方向围城的楚军也纷纷赶到东门外，要一睹汉王被俘的盛况。刘邦因此得以从守备松懈的西门逃出。陈平这一手声东击西，玩得让人眼花缭乱，使得刘邦再次从绝境中脱逃。

陈平的这次筹划，虽然达到了丢车保帅的目的，然而从人道的角度来看，白白牺牲将军纪信的性命，还把两千女子送入虎口，是有伤基本道义的。所以后来陈平晚年时，对自己频频使用阴谋很有些自悔之意。然而身为一个政治人物，乱世之中为了生存行使诡道，也是不得已而为之。至于方法手段如何，有时全凭不得自己做主。

从随何到郦食其，再到陈平，虽然开展秘密战的方法各自不同，谋划水平也有高下之分，但是显然刘邦对各种秘密战手段都已能熟练驾驭。

公元前203年6月，汉军在成皋被楚军击败，刘邦本人与滕公狼狈出逃，一路向北狂奔，到了修武。修武是韩信部的驻地。此时韩信已灭掉赵国，军力大增，隐然具有一方诸侯的实力，刘邦不能不想起当年陈胜派武臣到赵地略地时的事情。现在汉军的一大部分实力都在韩信这里，自己孤身来此，

▎范增画像。

"秘密战天才"汉高祖刘邦

漂母饭信。

韩信。

韩信完全有条件把自己扣下，或杀或威胁，让自己变成一个楚怀王那样的提线木偶。当然，刘邦并不是完全不相信韩信的品格，但是他还是做了最坏的打算，略一思忖，使出了一把小伎俩。

韩信和张耳应该尚未知晓成皋沦陷的事，更不知道汉王已经到了修武。刘邦于是趁着天刚亮，诈称自己是汉王派来的使者，闯入韩信营中。韩信和张耳尚未起床，刘邦正中下怀，于是直接闯入韩信帐中，偷走韩信的兵符，随即召集诸将议事，并现场更改了军中人事安排。等到韩信和张耳惊觉，刘邦已经完全掌控了局面，韩信、张耳只有乖乖听从安排。

事实上，夺韩信兵权事件已经与刺杀相近。韩信对刘邦的根本威胁在于他掌握的平赵部队，在特定条件下，韩信实际上拥有对刘邦的绝对力量优势，或者可以说，此时韩信是王，刘邦是将。刘邦突入其营帐，虽然只是拿走他的兵符，但是既形成了近距离杀死韩信本人的条件，又通过夺占兵权彻底掌握了韩信的命运。这种权变和机谋，实在是一般人所不具备的。故而后来韩信被降为淮阴侯后说，刘邦不善将兵，而善将将。这样的说辞，不能说与这次事件没有关系。

这次夺兵行动使得刘邦和韩信的君臣关系开始有了裂痕，一则刘邦的不择手段让人感到害怕，二则这充分暴露了刘邦对臣下的不信任。从中也可以看出秘密战的双刃剑属性，既可以通过它获得正常渠道无法取得的利益，同时也对使用者本人产生一些影响，这种影响，既有专诸刺王僚后自己也被杀的生命威胁，也有像刘邦这样丧失一部分政治号召力的长远损害。

然而这是作为一个卓越的阴谋家刘邦无法全部顾及的东西，他还有更重要的事要做，消灭项羽。

三 决一雌雄

得到韩信的生力军后，刘邦率军南下与楚军对峙，战事再次陷入胶着，刘邦一面尽力避免与楚军决战，一面派兵到楚军后方四处骚扰。与此同时，韩信率残余兵力出赵逼齐，但由于新征发的士卒还不具备较强的战斗力，因此与齐国也进入对峙状态。郦食其建议汉王不要耗费极大力量硬吃齐国。汉王心领神会，派郦食其秘密出使齐国，企图与之结盟，共同对付楚国。

楚国对齐国一直穷追猛打，共同的敌人使得汉、齐二国具备了走到一起的可能性。郦食其秘密会晤齐王田广，果然说动了田广，田广当即命令屯驻在齐赵边境的军队放松戒备，自己则天天大摆宴席与汉使郦食其曲尽欢情。

如果事情一直这样发展下去，郦食其成功说齐将不啻是汉国隐蔽战线最辉煌的一个战果。然而天公不作美，郦食其毕竟不是刘邦，也不是陈平，他没有站到国家层面考虑问题，在一时的胜利面前，他显然高估了秘密战的作用，而忽视了齐国作为一个拥有武装力量的政治实体的自主性。这个错误认识，最终造成了这位优秀的隐蔽战线工作者的悲惨命运。

韩信率兵屯驻在齐国边境，日夜准备进攻。听说齐王田广同意结盟而放松戒备，这位惯常以军事思维考虑问题的天才将军热血上涌，他立刻意识到，这是一个彻底解决齐国问题的大好机会。但是汉王已命令郦食其入齐说降，进攻一个已经同意结盟的国家，会不会破坏汉王的总体计划。韩信又有些犹豫不决。谋士蒯彻极力劝说韩信，汉王虽然派遣郦食其入齐，但是并没有同步给韩信下达停止进军的命令，既然是这样，韩信就没有不进攻齐国的道理。况且，郦食其只凭三寸不烂之舌就立下平定全齐的功劳，这让舍生忘死、四处征战的将军们情何以堪。这几句话很是厉害，韩信坚定了立场，当即率军从平度入齐，一路高歌猛进，将毫无戒备的齐军打的一溃千里。至于这次突袭行动带来的附带效果，却不在韩信的通盘筹划之中了。

很快，临淄接到了来自边境的军报，齐王田广怒不可遏，认为郦食其来说降是替韩信打麻醉药，郦食其百口难辩，因为说什么都晚了，汉军的怒吼声已经在临淄城外响起。临行前汉王的谆谆告诫言犹在耳，他这次的使命主要是与齐国结成军事同盟，共同对付楚国。他明明已经达到了这目的，为何汉军还会尾随而来？恍惑中，郦食其被愤怒的齐王田广送进了油锅里，带着无尽的遗憾，这位秘密战高手变成了一坨炸焦了的烂肉。正所谓，君以此始，必以此终。

那么郦食其究竟为何莫名其妙地成了伐齐之战的牺牲品？为何汉王刘邦一面派郦食其入齐又一面派韩信驻兵齐境？表面上看，是韩信为了争功，以军事行动代替秘密结盟，将齐国从一个潜在的军事盟友打成了殖民地。但事实并非如此。这背后应当有汉国决策层的刻意安排。从军事形势上来说，齐国如果同意结盟，那么没必要再在齐赵边境保持一个重兵集团,此时最需要韩信的是楚汉对峙前线,而事实上,从郦食其入齐到齐国同意结盟,韩信没有接收到任何撤兵的命令。从秘密战角度来说,汉国方面或许对这次阴谋结盟行动并未抱太大希望,而是采取了军事威慑与外交欺骗相结合的手段,确保齐国必须与己结成军事同盟,否则就击灭之,这是韩信兵团的真正意义所在。

分析到这里,郦食其被烹事件毋宁说是一场跳出单纯秘密战范畴的高维度秘密战,郦食其本人实际上是被汉国抛出的一个死间,这个死间发挥了巨大的麻痹功能,而身为死间的郦食其本人却不自知,直到他死时,也未明白自己的死早已在知人善任爱才如命的汉王刘邦的计划之中。

这是刘邦撒向自己人的第一个套索。

齐国被韩信灭掉后,已渐渐形成三足鼎立的态势,即汉、楚和韩信。但韩信本人尚未形成鼎足而立的政治诉求,有远见的政治家们都看到了韩信一方潜藏的战略价值,一场秘密战迅速围绕韩信打响。

毫无疑问,作为韩信的宗主,汉国具有很大的政治优势,但汉王刘邦并不能做到高枕无忧。早在韩信刚刚平定齐地时,他要求暂时代理齐王一职,以便更好安定齐国的政治军事局面,刘邦和张良、陈平两位智囊都察觉到韩信的野心。在楚汉对峙的情况下,如果不迅速限制韩信的野心,那么这支异化出去的军事力量,很有可能将变成埋葬汉国的掘墓人。也就在此时,刘邦的秘密战大幕已然悄然拉开,而这场战斗,居然一直持续到目标人物的生命终点。

同样地,在楚国,以争取韩信为主要目的的阴谋也开始形成,因为楚王项羽同样感受到这位战争天才的威胁,要知道,韩信可不是徒有政治号召力而军事才能一般的田横,他刚刚击杀了统领二十万大军援救齐国的楚军大将龙且,而后者是连打英布都不在话下的楚军头号猛将。

在这样的压力之下,楚国的阴谋第一时间展开。然而接下来的举措却像极了项羽浅尝辄止虎头蛇尾的性格。首先是研判,韩信占据齐地之后,接下来的变化到底有几种可能?从后世的角度看当然很清晰,一是韩信继续支持汉王,与其合力灭楚;二是对汉王阳奉阴违,坐观楚汉争霸,然后收渔翁之利;三是公然叛汉,与楚汉鼎足而三,共同参与逐鹿之战;四是叛汉归楚。然而没有任何证据表明楚王项羽认真分析过韩信到底容易走向哪条路,他派人暗中策反韩信,仅仅是出于对韩信军事力量的恐惧。其次是侦察,韩信军中有蒯彻这样一位奇人,此人政治远见不在范增之下,这种情形之下去策反韩信,无异于拿着一盏煤油灯去引诱一个手握强光手电的人,但显然项羽事先没有作详细调查,冒冒失失便展开了策反活动,这注定了策反活动要失败。

果然,楚国使者武涉在齐国进行了一场堪称蹩脚的秘密战。他牢牢站在楚国的利益立场上,劝说韩信背叛汉国,与楚联合灭掉汉国,最后利益点仍旧归结在项羽方面。韩信摆出了当年在项羽手下当官不过侍卫的情形,又拿汉王刘邦拜自己为大将的荣耀,两下对比,哪里有弃汉归楚的必要。武涉甚至没有迈过韩信的亲疏观,便灰溜溜地结束了策反活动,为楚国第一次像样的秘密战划上

秘密战3000年

"西楚霸王"项羽兵败刘邦,与爱妻虞姬生离死别。

一个丑陋的句号。

目睹了武涉的失败,蒯彻随即展开了自己的图谋。蒯彻是一个单打独斗的政客,虽然没有郦食其或陈平那样专业的秘密战班子队伍,但其超乎寻常的眼光和近水楼台先得月的优势,却让他具备了更多胜算。蒯彻先是以相术开场,以贵不可言诱惑韩信心动;而后为韩信分析天下形势,讲清韩信具备争夺天下的条件;最后亮出核心观点,劝说韩信独立于楚汉,南向夺取天下,自为天子。这些策反的说辞,既有客观分析,又有一定鼓惑力,实在是隐蔽战线哄人上贼船的经典范例。

叛汉自立,争夺天下。韩信对这些事情似乎还没有太多的想法,他在蒯彻面前表现出了犹豫。蒯通见一次不行,又第二次进行策反。对韩信这样的聪明人,道理不需要讲第二次,蒯彻第二次从时机的角度进行了劝说工作。然而经历了一番思考后,韩信的政治天平再次向忠于汉王倾斜,他明确表示,他愿意相信,汉王刘邦将会感念他收赵灭齐的功劳,他也将作一个忠实守信的本分臣子。

蒯彻对韩信彻底绝望。秘密战的一大特点是见不得光,既然他的图谋已经曝光,而且图谋又是对叛汉而作,在忠于汉王的韩信军中,他时刻面临杀身之祸,无奈之下,蒯彻佯装疯掉,从此从韩信眼中消失。

视线再度回到阴谋天才汉王刘邦这里。韩信占领全齐、打败龙且后,先前还曾对韩信主动要权的行为耿耿于怀的刘邦,此时却出奇的平静。原因无他,他已从秘密渠道掌握了韩信的政治立场。

韩信相继被武涉、蒯彻实施策反行动期

▌项羽。

间,刘邦采取了什么行动史无明载,但他却知晓蒯彻策反韩信的事,若干年后,吕后杀掉韩信,刘邦随即拘捕蒯彻,并询问他当年教唆韩信谋反的事,此即明证。可见,相比武涉和蒯彻急不可耐的秘密活动,汉国方面无孔不入的渗透和刺探行动一直在不显山不露水的发挥功能。

公元前202年,汉军在垓下打败楚军,随后在东城获得项羽的首级,天下归于汉朝一统。作为辅佐刘邦平定天下的三杰,都立刻感受到了汉高帝刘邦的猜忌之意。萧何之谨慎小心乃至自污,张良之托言修道,都是为了躲避刘邦的迫害。作为掌握军事力量的韩信,更是受到特殊关照。项羽的首级刚刚送到汉王面前,刘邦便重施修武夺兵权的故伎,突然冲到韩信军中,剥夺韩信的兵权,并将其徙封为楚王。

掌握了天下后,刘邦也没有丝毫放松对

臣子们的控制和监视。韩信徙封后，项羽故将钟离昧，因为都是楚人，与韩信有旧，便投靠到他门下。虽然已是帝国一统时代，韩信仍然有列国时代的思想残留，他没有及时将此信息上报至高无上的皇帝陛下。同时，他还保持着楚汉时代的行为习惯，经常带着军队在县邑出入。这些消息，都无一例外通过帝国的情报网络汇总到刘邦那里。

毫无疑问，这些事情让本来就对韩信十分顾忌的汉高帝陛下十分惊恐。公元前201年，更是有人莫明其妙地上书状告楚王韩信要谋反。

这件事迅速在长安城中掀起轩然大波，汉高帝询问臣子们该怎么办，一大批功臣老将勃然大怒，谴责这种破坏和平的罪恶行为，纷纷表示要带兵讨伐韩信。在这一系列表象之下，有没有一种可能，刘邦发动隐蔽战线的力量，策反韩信麾下的某些心怀怨望的人，故意栽赃，而后赢得杀韩信的舆论主动权。历史真相当然已无从考量，也无须对刘邦下诛心之论，然而事实是，

群臣密集表态后，刘邦再次抬出了关键先生——陈平。

这位帝国隐蔽战线的杰出人才，对刘邦欲杀韩信而又惧怕其军事才能的心思洞若观火，他马上为刘邦筹划了一条妙计：伪游云梦。刘邦采纳其计，随即带兵假装到楚国边上的云梦泽巡游，韩信也一定程度上揣摩到刘邦的用意，但他仍旧存有一些侥幸心理，他先是逼死钟离昧，然后带着钟离昧的首级到楚国界首去迎接尊敬的皇帝陛下。

韩信的这些心理都堕入陈平的计算之中。君臣相见后，刘邦二话不说，立马让武士绑起韩信，并把他带到长安，稍后，降楚王韩信为淮阴侯。面对韩信"狡兔死、走狗烹"的诘问，刘邦只是冷冷地抛下一句话："有人告你谋反"。数年后，失去武装的淮阴侯最终被吕后杀死于长乐宫中。

后人评价，韩信此生"成败一萧何，生死两妇人"。其意在感叹命运无常，却不知这背后，却一直缠绕着阴魂不散的秘密战，即使天纵奇才如韩信，也躲不开、避不过。

"战略之父"的谍战兴亡录

作者：郭廷春

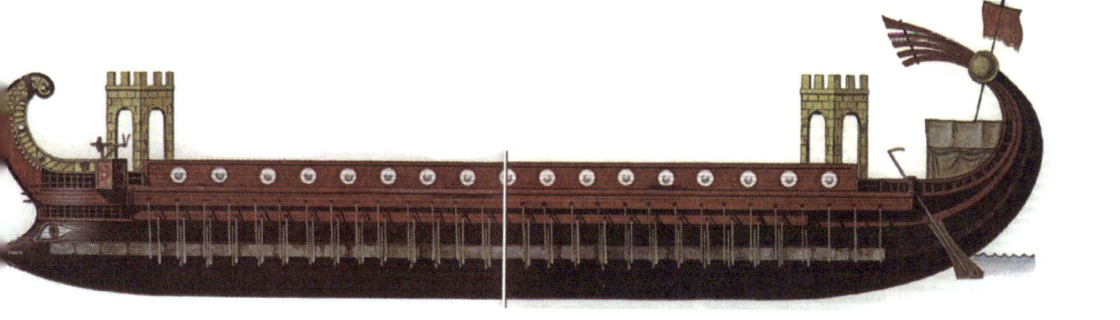

▎古迦太基城复原图。

公元前3世纪是个英雄辈出的时代。在中国，西楚霸王项羽正与刘邦争夺天下；在北非，传奇人物汉尼拔也正和罗马劲敌西庇阿一决雌雄。然而，历史把这四个人的命运定格在公元前202年：项羽在垓下被刘邦击败，自刎乌江；汉尼拔在扎马输给西庇阿，惜别沙场。

与亚历山大大帝、恺撒、拿破仑比肩的名将汉尼拔·巴卡（公元前247年—公元前183年）是位百战百胜的"战神"，有"西方战略之父"的美誉。这位善打情报战的宿将，竟然因为误用了一个"双面间谍"，而被终结"常胜神话"！也正是从那时起，汉尼拔的军事生涯开始从巅峰逐渐跌至深谷。

二十五岁，执掌帅印

公元前247年，北非古国迦太基硝烟弥漫，与古罗马进行的第一次布匿战争激战犹酣。在迦太基名将哈米尔卡·巴卡家里，诞生了一个男婴，他就是后来令罗马人闻风丧胆且险些失国的传奇悲情英雄汉尼拔。

迦太基位于北非，今天的突尼斯就在其境内。迦太基的建城时间在史书中虽不明确，但比罗马城的建城时间要早得多。这里还流传着一段美妙的传说：公元前9世纪末，腓尼基（古代腓尼基大约相当于今黎巴嫩地域）提尔城的公主（一说是一群腓尼基人，无公主）为躲避宫廷暴政（一说为政治迫害），带领一些人乘船来到北非海岸。当时的土著居民阿非利加人想把她们赶走，公主请求说，只要求一张牛皮围起来的一小块地方立足。阿非利加人感其诚意，也好奇一张牛皮何以

秘密战 **3000** 年

迦太基城遗址。

栖身，便爽快地答应了，并要求她们立誓履行这一承诺。孰料，提尔公主把牛皮沿着边切成一根很细很长的长条，围起一块很大的地盘。阿非利加人见此情形有些后悔，但因有言在先，只能暗自叹服公主的聪慧，也任凭她们在此定居下来，就这样，提尔公主在这块用牛皮围起来的土地上建立了迦太基内城（意为"新的城市"），将其称为"柏萨"（意为"一张牛皮"）。

迦太基钱币。

虽然故事的传说性质很浓，却也显示了依靠商业立国的腓尼基人是何等精明。据古罗马史学家阿庇安（约95—165年）的《罗马史》所述，他们以柏萨为据点，从事海上贸易，势力日趋增强，并逐渐扩张，征服了阿非利加沿地中海的大部分地区，还侵入西西里、撒丁尼亚及地中海其他岛屿，后又侵入西班牙。军事力量上可与希腊匹敌，财富上仅逊于波斯，成为罗马的劲敌。公元前3世纪早期，迦太基的人口是罗马的三倍。公元前3世纪，当罗马的势力到达意大利南端，与迦太基人在西西里岛的领土接壤时，这两大强国开始有了接触。为避免冲突，起初两国签订了友好条约，倒也相安无事。但其后罗马以保护西西里同盟国为由，毁约攻击迦太基在西西里岛的据点。就这样，两个均想对外扩张的强国，开始出现了尖锐的矛盾，

138

从而导致第一次布匿战争①的爆发。

自公元前264开始的第一次布匿战争打了24年,直到公元前241年以迦太基的失败告终。虽然对罗马提出的苛刻条件难以接受,但迦太基还是被迫签下了丧权辱国的合约。合约规定:迦太基向罗马割让西西里及其与意大利之间的其他岛屿,10年内向罗马赔款3200塔兰特白银。但祸不单行,深受战争重创的迦太基喘息未定,两万名迦太基雇佣兵因没有拿到被拖欠的军饷而公开叛乱。经过三年零四个月的血战后,成千的叛乱者被汉尼拔的父亲哈米尔卡钉死在十字架上。

哈米尔卡在公元前247年便在西西里担任统帅,直至第一次布匿战争结束,最终获取终身统帅权。公元前236年春,为弥补战争损失,同时也为未来战争准备进攻基地,哈米尔卡率领两万军队前往西班牙,征服伊比利亚半岛。随行者中有他的女婿,也就是汉尼拔的姐夫——哈兹德鲁巴,以及少年汉尼拔。据史学家蒂托·李维(公元前59年—公元17年)记载,当时汉尼拔刚刚9岁,便央求与父亲同去战场杀敌。在哈米尔卡的命令下,汉尼拔跪在神坛前宣誓:"长大成人后,与罗马势不两立、不共戴天!"就这样,一颗仇恨的种子在汉尼拔心中开始萌芽。

在西班牙征战9年后,哈米尔卡大大扩充了迦太基的疆域。公元前228年,哈米尔卡在一次战斗失利后,为掩护他的孩子们逃生,淹死在一条小河里。哈兹德鲁巴接过岳父的重担,继续率军征战。他在西班牙南岸良港建立了新迦太基城(今西班牙卡塔赫纳),成为迦太基在西班牙的主要据点,附近巨大的银矿又为迦太基提供了丰富的财政来源,迦太基的势力当时已扩张到埃布罗河。此时,汉尼拔已经在姐夫的骑兵部队中担任了指挥官。

公元前221年,哈兹德鲁巴被凯尔特人刺杀身亡(一说是其打猎时被手下的奴隶杀死),年仅25岁的汉尼拔临危受命,执掌迦太基帅印。而这一年,在东方,嬴政建立起中国历史上第一个封建帝国——秦朝。也正是从那一刻起,汉尼拔的名字注定令古罗马人丧胆,令史学家对其大书特书。

大兵未动,谍战先行

金戈铁马,刀光剑影,历经十余年的沙场征战,汉尼拔早已褪掉孩子的稚气。在其父亲和姐夫培育下,经过专门的军事和外交训练,汉尼拔已成长为真正的军人。长年累月的军旅生涯,锤炼出汉尼拔的坚韧与刚毅,同时造就了他的果敢与机谋。平时,他一粥一饭,与士兵共甘苦;战时,他一马当先,与敌人勇拼杀。史书这样描述汉尼拔:"没有一种劳苦可以使他的身体疲乏或精神颓丧。酷暑也好,严寒也好,他一样受得了。

---

① 罗马人称腓尼基人为"布匿",故名。

秘密战 3000 年

▋卢浮宫的汉尼拔雕像。

无论在骑兵还是步兵里，他总是把其他人远远地抛在后面，第一个投入战斗，交战之后，最后一个退出战场。"

经过近17年的苦心经营，此时的迦太基早已今非昔比：国力日益强盛，可用之兵接近十万，粮饷充足，军容鼎盛。

"武力打败罗马，征服意大利，雪洗迦太基战败之耻"。带着这个时刻铭记于心的誓言，扫视着盔明甲亮、威风凛凛的士兵，年轻的统帅汉尼拔开始踏上攻打罗马的征程。汉尼拔一边拟定周密而详尽的作战计划，一边悄无声息地打起了秘密战。

攻城为下，攻心为上。汉尼拔深谙此道。汉尼拔精通各种语言，尤其是希腊语、拉丁语和高卢语。这样不仅能得心应手地指挥手下不同民族不同风俗的雇佣军，还可以直接与罗马周边国家、民族结盟，从外交上孤立罗马。汉尼拔先是暗中派遣无数秘密使者联系周边国家，去争取那些对罗马心怀怨怼的希腊城邦等向自己靠拢。进攻罗马前，汉尼拔还和山南高卢的一些部落结盟，并与当时的希腊、爱琴海诸城邦达成了一起进军罗马的盟约（尽管后来希腊人没有进军，但在边境拖住了大量的罗马军队）。与此同时，汉尼拔向罗马派出了大量间谍，在刺探军情的同时，还要离间罗马人及其同盟之间的关系。

万事俱备。在完成一系列外交和作战准备后，汉尼拔先扫平了几个因为哈兹德鲁巴的死而蠢蠢欲动的西班牙部落，而后决定迫使罗马人首先向迦太基宣战。公元前219年春，汉尼拔首先进攻罗马的西班牙同盟者——埃布罗河南岸富庶的滨海城市萨贡图姆。经过8个月围攻，萨贡图姆城终于易主汉尼拔。

萨贡图姆城的失陷使罗马深感震惊。罗马元老院向汉尼拔发出警告，汉尼拔反而责备罗马干涉萨贡图姆内政。公元前218年春，罗马派遣以费边（约公元前280年—公元前203年）为首的使团去迦太基交涉，要求迦太基把汉尼拔当作和约破坏者引渡给他们，否则承担一切后果。罗马历史学家李维描述了当时的情景：迦太基人拒绝了罗马人的要求后，费边撩起长袍前襟，作了个袋子状，说道："这里我给你们带来了战争与和平，喜欢什么，你们自己挑选吧！"迦太基人没有被费边的气焰吓倒，他们同样高傲地回答："你喜欢什么，随便给。"费边生气地放下长袍，断然说道："战争！"就这样，罗马正式对迦太基宣战，第二次布匿战争[1]开始。

掌控情报，出奇制胜

罗马主动宣战，说明他们当时对打赢迦太基充满自信。罗马计划兵分两路：一路由执政官塞姆普罗尼乌斯·隆古斯率领，从西西里进攻迦太基本土；一路由执政官斯奇比

---

[1] 公元前218年—公元前201年，有史书又称为"汉尼拔战争"。

奥率领，从西班牙登陆，以便牵制汉尼拔的军队，使其不能援助非洲本土。但是，汉尼拔的进军路线令罗马人始料未及。他的选择是，翻越天堑——欧洲最高峰阿尔卑斯山，绕道罗马身后，在敌人境内作战，给予致命一击。

汉尼拔的选择不是心血来潮，而是经过深思熟虑和精心盘算的。在他看来，从海上进入意大利太冒险，因为自从第一次布匿战争以后，迦太基失去制海权，缺乏护卫能力。再者，汉尼拔的军队人数众多，特别是其中的6000名骑兵，如果从海上运输，目标明显，困难太大。此外，如果从意大利南部进军，可能会遭到当地人的抵抗。

另一方面，汉尼拔派出的谍报人员为他带来了这样的信息：意大利北部的高卢人刚刚被罗马人征服，他们希望能有复仇的机会；罗马的盟邦与罗马也并非铁板一块，只要在意大利北部迅速取得胜利，这些盟邦很有可能倒戈转而投靠汉尼拔。况且，罗马人做梦也不会想到这条进攻路线。罗马海军当时守在沿海，陆军集结在南意大利，准备进攻非洲。在这些情报的支持下，汉尼拔做出了他军事生涯中最正确、也是最大胆的决定——挺进阿尔卑斯山。

公元前218年4月，汉尼拔亲自率领由九万名步兵、一万两千名骑兵和几十头战象组成的大部队，浩浩荡荡，从新迦太基城出发，越过埃布罗河。为躲避罗马军队，汉尼拔采用迂回曲折的行军路线，直至9月初才抵达阿尔卑斯山北麓。当时已近寒冷季节，山隘上已有积雪，山高坡陡，道路崎岖，行军艰难超乎想象。翻山途中，有时候因为山路狭窄，大象无法穿过，必须凿开岩石拓宽道路。不断有士兵、战马或大象失足掉进万丈深渊。不仅如此，山里的土著部落还不时袭扰大军。就在这样恶劣的情况下，汉尼拔始终身先士卒，以惊人的毅力克服了重重困难。公元前218年9月末，饥寒交迫、疲惫不堪的大军终于走出深山，到达意大利北部波河上游地带。屈指算来，这次远征行程近九百公里，共走了大约五个月，而翻越阿尔卑斯山却仅用了33天。此时，汉尼拔只剩下两万名步兵、六千名丢掉战马的骑兵和一头战象。

汉尼拔的突然出现，使罗马人惊惶失措，他们进军非洲和西班牙的作战计划被彻底打乱，于是赶紧集中兵力，想迅速击败汉尼拔的疲惫之师。而汉尼拔也想趁敌人未到之前占领波河流域。在汉尼拔的指挥下，勇猛的迦太基士兵一举击溃罗马部队。这次战役，罗马损失惨重，四万军队只有一万人生还，而迦太基军队只伤亡四百人。另外，由于此前汉尼拔和希腊地区的城邦达成联盟，相约一起进攻罗马，并且派遣了大量的间谍和信使与刚被罗马征服的高卢人达成了盟约，这时一些高卢部落纷纷前来投奔，汉尼拔得到了充足的士兵及战马，军力扩展到五万人。

首战惨败，罗马人如梦初醒，他们才感觉到遇到了强大的对手。公元前217年春，罗马任命了新的执政官弗拉米尼乌斯，试图阻止汉尼拔的大军南下。而汉尼拔再次选择了别人意想不到的行军路线。他还是先派出谍报人员刺探地形和敌军动向，绕过了罗马军队的重重防线。根据波利比奥斯[①]的描述,汉尼拔的军队在睡眠不足的疲惫情况下,在水中行军了四天三夜,穿过了水深齐腰的沼泽地。就在这时,沼泽地里释放的毒气使汉尼拔的右眼因结膜炎发作而失明,并且损失了许多士兵以及仅存的一头战象。当弗拉米尼乌斯发觉时,汉尼拔的军队正行进在通往罗马的大道上。弗拉米尼乌斯率军连夜追赶,而等待他的,是汉尼拔设下的一个深深陷阱。

公元前217年6月21日,罗马军队来到了伊达拉里亚中部的特拉西美诺湖北岸一个三面环山的谷地。此刻天近拂晓,浓雾弥漫。罗马四个军团近三万人鱼贯进入谷口。正在这时,汉尼拔的大军突然杀出,向罗马军队的两翼和后卫发起猛攻。罗马军猝不及防,根本来不及进行任何有组织的抵抗。不到三个小时,战斗结束。罗马军一万五千人阵亡,几千人被俘,弗拉米尼乌斯战死,只有六千人跑出谷地,最后全部缴械投降。这时,汉尼拔的明智之处再次显现:他区别对待俘虏,他命令将罗马士兵全部带上枷锁,而对无罗马公民权的其他意大利人不取赎金,立即释放。汉尼拔之所以这样做,就是想利用这些人去扩大影响,以分化瓦解罗马与同盟者、甚至罗马人之间的关系,使得罗马人一度不相信自己的附庸军团或同盟军团,最终倒向汉尼拔。

在指挥军队上,汉尼拔无疑是一位天才的主帅,他刚到意大利本土的几次出手就令罗马人闻风丧胆;而作为谍报系统的创始人之一,汉尼拔正是发挥了情报的作用,才使得特拉西美诺湖战役取得完胜。与此相类,汉尼拔很多离奇的进军路线罗马人都觉得不可思议,那是因为他们不知道,汉尼拔的情报网早已遍布他们的家园。

史载,汉尼拔不但招募了大量对罗马统治不满的各族间谍做离间和信息搜集工作,他本人也经常戴上假发和假胡须混入罗马军营刺探情报(古希腊罗马的历史学家波利比和李维都对此有过描述)。这对于主帅而言,或许有些冒失,何况此时汉尼拔的右眼已经失明。但对于汉尼拔这样一位经常出奇制胜的军事家来说,这些都不为过。试想,一个敢于跨越天堑阿尔卑斯山的人,又有什么不敢做呢?

其实,特拉西美诺湖大捷已经为汉尼拔攻占罗马城创造了条件。汉尼拔的面前已经呈现出一条毫无设防的通往罗马城的大道,他甚至可以轻而易举地挥师入城。

此时,罗马紧张起来,立即采取紧急措施:一面加强城防,一面任命费边为独裁官,统一指挥军事行动。

可汉尼拔并没有攻城。这其中究竟是何原因,史书中没有明确说明。有的史学家分析,也许汉尼拔认为在敌人的领土上孤军奋战,四周都是敌人,即使顺利拿下罗马城,但是否能长久坚持仍未可知。再者,汉尼拔还缺乏必要的攻城设备。劳师远征,汉尼拔不想在没有把握的前提下与敌人打拼消耗的攻坚战。汉尼拔每次都是以运动战取得胜利,那就是以最小的代价令敌人大败,这也是汉尼拔能够在罗马本土作战十余年的主要

---

① 公元前200年—公元前118年,古希腊政治家和历史学家,著有《历史》。

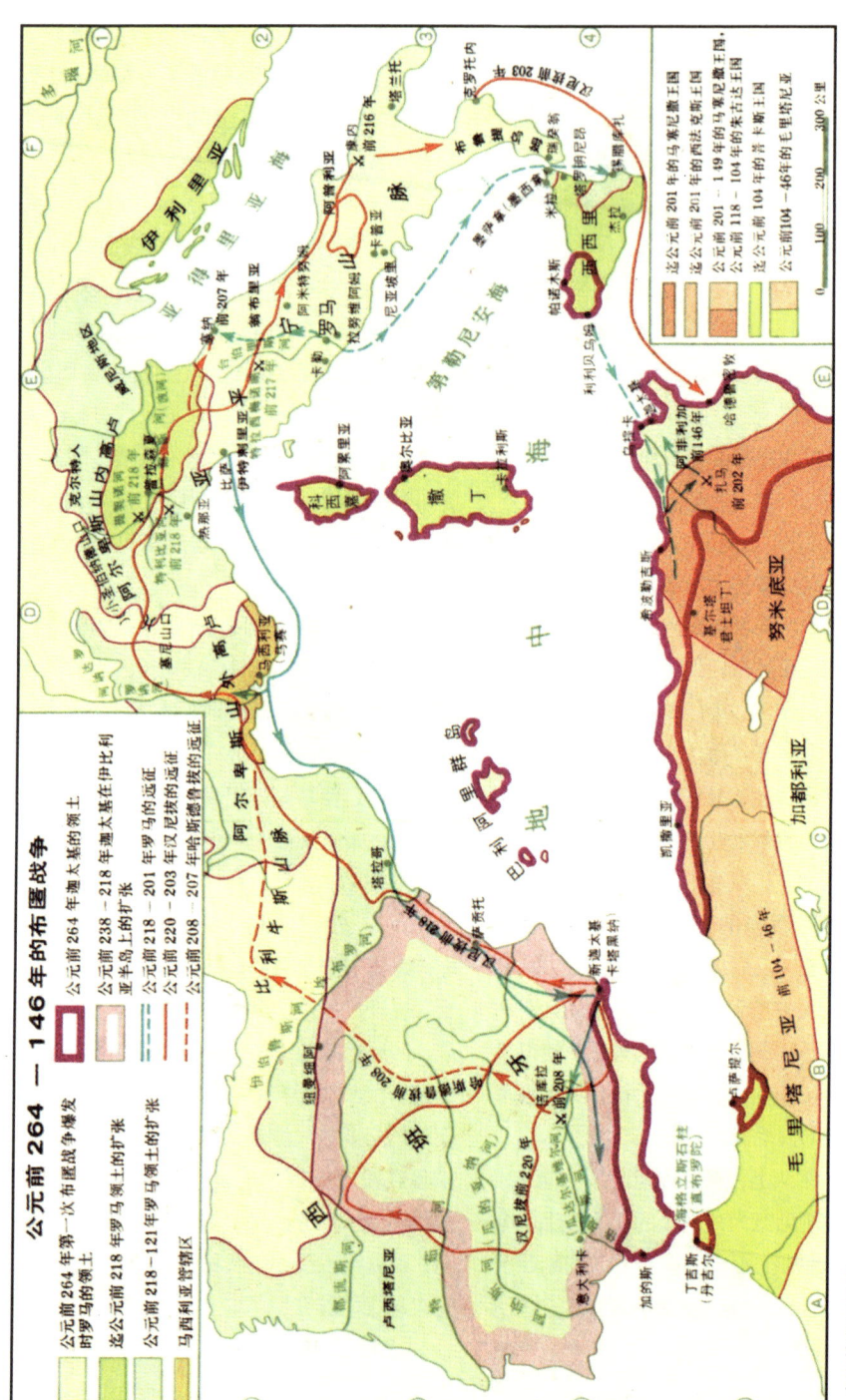

布匿战争形势图。

原因。由此可见，汉尼拔当时没有进攻罗马城或许是最好的选择。

于是，汉尼拔按照自己的设想，准备打击罗马的有生力量，同时采用区别对待的手法以图瓦解意大利同盟，孤立罗马。汉尼拔绕过罗马城，率军来到卡帕尼亚的亚得里亚海岸，想通过这里的港口与迦太基本土取得联系，获得这里的粮食和骑兵的马匹，再就是休整军队和操练刚刚投降的高卢兵。就这样，汉尼拔补足给养后向南进入阿普里亚。

此时，当年在向迦太基宣战的罗马独裁官费边率军赶上了汉尼拔，但却不与汉尼拔决战，而是使用拖延战术，消耗汉尼拔部队的给养和兵力。罗马史学家阿庇安曾对费边的拖延战略这样描述："……费边把军队靠近汉尼拔，使汉尼拔不能围攻任何市镇。当这个地区资源已经耗尽的时候，汉尼拔开始缺少粮食。所以他又穿过这个地区，每天把他的军队列成阵势进行挑战，但是费边不来应战……只截断他的散兵，因为他很清楚地知道汉尼拔不久就会缺乏粮食的。"

费边的这种策略是有效的，他抓住了汉尼拔的致命弱点：孤军深入、异域作战、缺少后援。而罗马军队在本土作战，各种补给充足。按照费边的策略，罗马只要注意保存实力，援助同盟城市，帮助他们自卫，使他们不倒向汉尼拔一边，就可使汉尼拔的军队处于孤立无援的境地，使其欲战不能、欲胜不成。日久天长，汉尼拔的就会缺吃少喝，最后可不战而胜。

然而，罗马人并没有认可费边的做法。汉尼拔的军队在境内任意践踏，可能动摇意大利同盟城市对罗马的忠诚。同时，战争的拖延还引起了农民们的不满，他们讥讽费边为"孔克塔托尔"（意为"迟疑不决的人"）。

公元前217年底，费边六个月的独裁官任期届满。在罗马人立即迎战汉尼拔的呼声中，新当选的执政官瓦罗决定改变战略，速战速决，一举结束战争。

公元前216年8月2日，罗马军队与汉尼拔率领的迦太基军队在坎尼城附近的大平原上展开了殊死较量。罗马参战步兵八万人、骑兵六千人，而汉尼拔步兵只有四万人，骑兵则高达十四万人。

罗马军队的指挥官瓦罗是个成功的商人，但却是一个蹩脚的统帅。他把八万步兵排成七十列，骑兵放在步兵左右两翼，试图以步兵的强力冲击突破阵线。而汉尼拔采用两翼包抄战术，布阵成中间向前突出的新月形。中间突出部分是较弱的步兵，精锐步兵部署于两翼，再将骑兵分署两侧。

战斗开始。罗马步兵先发起猛攻，汉尼拔军队退却，半月形遂向相反的方向弯过去，部队中间凸出的战线凹进去了。罗马步兵由两侧向中间汇合进攻，越是楔入汉尼拔军队队列，他们的纵队也就越发从两侧向内收缩而变长。罗马军两侧都是汉尼拔的精锐步兵，骑兵亦相应出击罗马骑兵，对罗马军队形成了包围圈。就这样，罗马军队陷入重围，一片混乱，完全失去战斗能力。夜幕降临，战斗结束，罗马几乎全军覆没，五万四千人阵亡，一万八千人人被俘。执政官、元老、贵族及成千上万的罗马市民倒在血泊之中，而汉尼拔的军队仅仅伤亡六千人。打扫战场时，汉尼拔的士兵收集了一大木桶罗马骑士才可佩戴的、作为职位象征的金戒指。

秘密战3000年

坎尼战役是世界军事战争史上单日伤亡最严重的战役之一，也是古代军事史上以少胜多的典范战例。汉尼拔的军事战术在战斗中发挥到极致，他的军事生涯也达到巅峰。以至于1914年第一次世界大战时，德国将军冯施里芬还在模仿汉尼拔的这套战术。

四　误用间谍，败走麦城

汉尼拔在对罗马的作战中，创造了独特的战略战术。他利用罗马阵营的内部矛盾，通过宣传来策反敌人为我所用。这种策略在很多战役中发挥了很大作用，为汉尼拔提高了声威。然而，盛极必衰，物极必反，常胜将军汉尼拔最终因一名双面间谍的出卖而首尝失败的苦酒。

坎尼大战后，汉尼拔主要进行争夺城市的战役。公元前211年，汉尼拔转向进攻沿海港口城市，诺拉城是首个目标。在这里，汉尼拔遇到了入侵罗马本土7年以来的第一个对手——马凯路斯。

面对杀气腾腾的汉尼拔军队，作为诺拉城的守将，马凯路斯异常地谨慎。他不理会迦太基军队每天在城外骂阵，只管高挂免战牌，坚守不出。有时候只是派小股士兵出城，与汉尼拔的军队假模假式地厮噪一番便抽身回营。

见强攻难以奏效，汉尼拔又使出了自己的看家本领。他向城内派出很多谍报人员，

■ 罗马的疆域。

146

化装成普通百姓,四处网罗对罗马统治不满的居民做内应。由于汉尼拔战功赫赫,且有优待俘虏的美谈,城中许多居民仰慕汉尼拔,他们在间谍的带领下迅速组织了内应部队。双方约定,一旦马凯路斯率军出城,这些内应部队就立刻关闭城门,牵制城中的留守部队,夺取军械物资,然后杀出城来与汉尼拔军队里应外合,一举拿下诺拉城。

看着自己的秘密战计划接近成功,汉尼拔信心倍增,他命令士兵继续讨敌骂阵,诱使马凯路斯出城厮杀。汉尼拔的设想是,只要敌人一出城,诺拉城头很快便会插上自己的旗帜。

然而,一个被汉尼拔释放的俘虏彻底打乱了汉尼拔的计划。这个人名叫路西乌斯·本提乌斯,曾在坎尼战役中被俘,当时身负重伤,奄奄一息。汉尼拔不但没有杀他,还派人为他疗伤并悉心照料。本提乌斯伤愈后,汉尼拔放他回家。而他恰巧在诺拉城。为报答汉尼拔的救命之恩,当看到汉尼拔兵临城下时,本提乌斯主动与汉尼拔联系,希望能助汉尼拔一臂之力。汉尼拔正组织力量搞谍战,本提乌斯的到来无异于雪中送炭。汉尼拔让本提乌斯到城中组织更多的内应。本提乌斯每天游走城中,一面网罗内应,一面宣扬汉尼拔的功绩。然而,本提乌斯的异常举动引起马凯路斯谍报人员的注意,随即被捕。在获知本提乌斯的身份后,马凯路斯决定以其人之道还治其人之身。威逼利诱之下,本提乌斯便成为"双面间谍"。不久,在本提乌斯指认下,汉尼拔的内应部队被马凯路斯一网打尽,七十多人被处死,余下的成了奴隶,家产充公。

对城内这些意外变故,汉尼拔毫不知情。而此时,马凯路斯率部出城,汉尼拔大喜过望,马上迎战。攻城战斗开始,马凯路斯在城内布置的重兵突然杀出,对汉尼拔发动猛攻。而马凯路斯城外的快速骑兵部队开始攻打汉尼拔部队两翼,被夹击的汉尼拔部队阵脚大乱。好在汉尼拔临危不乱,很快做出调整,剩余部队在骑兵的掩护下撤回营地。

正是这样一场失利的攻城战,结束了汉尼拔"百战百胜"的神话。小小的诺拉城,汉尼拔围攻两年多,损失万余人,仍一筹莫展。而更大的打击是,这次失败使汉尼拔的威望大打折扣。部分将士甚至公开质疑他的指挥能力,一些曾随他翻越阿尔卑斯山来到罗马征战多年的老兵也弃他而去。汉尼拔的自尊心大大挫伤,锐气大减,如日中天的汉尼拔开始走下坡路。

五 高手相遇,惺惺相惜

如果说,马凯路斯使用"双面间谍"令汉尼拔蒙羞,从而使汉尼拔逐渐褪去将星光环;而西庇阿这位与汉尼拔几乎齐名的情报高手的出现,则似乎注定了汉尼拔的失败。

西庇阿运用情报的能力与汉尼拔相比,毫不逊色。罗马历史曾记载过这样一件事:此前,西庇阿与迦太基军队每次交战时都会派出间谍去刺探敌营情报。这些间谍每天的活动很有规律：晚饭时，由鼓手和号手在西庇阿的营帐外发出信号，提醒主将向各个哨所派出警卫人员。于是，间谍们便在夜幕的掩护下纷纷出去侦察敌情，天亮前回到军营向西庇阿汇报。西庇阿则非常仔细地询问和比较每一个间谍所走的路线和进入敌营的入口。为掩人耳目，西庇阿还不断派遣使者和迦太基的将领和谈。这些使者其实都是精明的间谍，其中包括有经验的百夫长①，他们伪装成仆役和奴隶混在使团中。这些人诡计多端，经常在迦太基士兵不注意的时候搞情报。据称，有一次西庇阿的间谍们故意松开一匹马的缰绳，然后用极为笨拙的追赶方法跑遍了迦太基人的军营。迦太基士兵只顾大笑着嘲讽罗马人，却不知他们整座军营的底细都被罗马人看得一清二楚。经过细致侦察，西庇阿获知迦太基军营是由木头和芦苇制造的，便决定夜间偷袭。西庇阿的士兵们发动火攻，顿时火光四溅，喊声震天。还没有弄清楚怎么回事儿，迦太基的四万多名士兵顷刻间化作焦土。

在李维的《罗马史》中，还有这样的记载：当使者们同迦太基的统帅谈判时，这些由百夫长冒充的奴仆们便在营区四处活动，他们把每个进出口、营区内的工事布局、每支敌军部队的相互位置和人数、军营的警卫、哨兵警戒位置、换哨时间，甚至军营之间的距离和路线都烂熟于心。由于和谈频繁进行，罗马每次都派不同的间谍侦察，以便让尽可能多的人熟悉敌营状况。这样的情形持续下去，结果有一次差点露馅：当时西庇阿手下一名叫莱利斯的使者正与迦太基的一名指挥官赛法科斯会谈，赛法科斯的一个手下认出了化装成奴隶的百夫长路西斯，因为他俩以前曾在罗马境内见过。莱利斯是个很会随机应变的人，他立即哈哈大笑着让赛法科斯的手下去鞭打路西斯，理由就是一个奴隶竟敢令人以为自己是罗马公民。路西斯恭顺地挨了一顿鞭打，在场的迦太基人都认为这肯定是个奴隶，因为一个罗马的百夫长不可能忍受得了这种屈辱。

回归正题。坎尼战役后，罗马人深感汉尼拔的军事威胁，特别是情报搜集、行军布阵及外交分化罗马联盟策略，于是减少与汉尼拔的军团发生正面冲突，加强同罗马联盟之间的关系；施用焦土战略，阻断其军需物资的补给，增加军团；还从汉尼拔身上学会了游击战，逐渐夺回意大利南部要塞。而汉尼拔在意大利的处境却每况愈下。除孤立少援外，迦太基政府也开始猜忌他。其实，汉尼拔在意大利作战期间，迦太基政府给予他的支援也仅仅是四千名利比亚士兵而已。汉尼拔曾寄希望于留在西班牙的两个弟弟的支援，但他的大弟弟率军进入意大利后被击溃，另一个弟弟玛戈也在公元前210年被罗马打败，西班牙被占领。

在感到汉尼拔不会对意大利本土构成太大威胁之后，公元前204年春，罗马派大将西庇阿②率军在迦太基本土登陆，汉尼拔被政府紧急召回。壮志未酬，汉尼拔满怀悲

---

① 百夫长为罗马的职业军官，平时负责训练，战时负责指挥。
② 公元前236年-公元前184年或183年，史书一般称"大西庇阿"。

"战略之父"的谍战兴亡录

扎马战役中汉尼拔的战象。

愤,撤离转战15年、没有遭受过一次重大损失的意大利战场。

回国后,汉尼拔被任命为军队统帅,掌管由非洲军与汉尼拔从意大利所携佣兵组成的联军。起始,汉尼拔想与西庇阿进行谈判。为获得真实情况,以取得主动权,汉尼拔曾派三名暗探去侦察西庇阿在扎马以西约三十英里处的营地,不料他们成了西庇阿的俘虏。

西庇阿亲自审讯这些间谍,与他们和颜悦色地交谈,亲自带他们把军营里外转了个遍,还详细介绍了罗马军团的军事部署。酒足饭饱后,客客气气地把他们送走,并一再叮嘱,一定要把在这里的所见所闻如实向汉尼拔禀报。西庇阿之所以如此慷慨,目的就在于使这三名暗探对罗马军队在士气和物质上的优势留下深刻印象。

听完自己的间谍汇报了在西庇阿军营获悉的情况后,汉尼拔决定与西庇阿会面。公元前203年,汉尼拔与西庇阿举行和谈。因互相仰慕已久,两位军事天才第一次面对面就有了惺惺相惜的感觉。古罗马历史学家弗洛鲁斯[①]曾记载了两人会面时的场景:"他们长时间相对无言,一动不动,彼此流露出对对方的仰慕之情。"可惜由于彼此条件差距巨大,和谈无果而终。决定双方最终命运的军号再次吹响。

公元前202年10月19日,扎马[②]会战打响。西庇阿统率近三万名步兵,六千到

---

① 约74—150年,罗马帝国时期史学家、演说家、诗人,著有《罗马史纲要》。
② 北非古城,在迦太基西南120公里处,今卡夫地区。

149

八千名骑兵；汉尼拔统率三万五千名步兵、两千到三千名骑兵，还有八十头战象参战，战象的数量超过以往任何一次战斗。

战斗开始。汉尼拔的战象首先冲向西庇阿的军队，而早有准备的罗马军专门为此配备了投掷手。他们机智行动，并用喇叭和号角发出强烈的喧嚣声，致使战象调头往回走，步兵和骑兵队伍因此混乱不堪。罗马骑兵趁机勇猛冲击，尔后有意后退，并将汉尼拔的骑兵从战场上吸引开。战斗中，西庇阿命主力兵包围敌人。汉尼拔军由于受到从两翼的攻击，开始后退。罗马军队又将最有经验的军人——后备兵投入战斗，编成方阵发起冲击。汉尼拔军队虽经受住了冲击，却不料罗马骑兵从后方杀来，汉尼拔军顿时大乱，迅速溃败。战斗结束，汉尼拔的军队战死两万人，被俘一万五千人。而西庇阿的军队仅仅一千五百人战死，四千人受伤。汉尼拔单骑脱逃，尝到了一生第一次也是最后一次战败的滋味。

第二次布匿战争由此结局已定，汉尼拔棋差一招，输给了比自己更高一筹的情报战大师西庇阿。

迦太基被迫向罗马求和，双方于公元前201年签订和约。和约规定：迦太基只能保留其非洲本部的土地；未经罗马允许不得与邻国作战；除保留十只船舰应对海盗袭击外，其余船只和战象须悉数交出，约六百艘战舰被集中焚毁。此外，迦太基还得交出一百名豪门子弟作人质，五十年内向罗马赔款一万塔兰特。最终，迦太基也没能逃出罗马的魔掌。公元前146年，罗马军队火烧迦太基城，大火烧了十七天，灰烬将近一米深。城内所有的居民都被杀死，港口也被拆毁。迦太基国从此消失，成为历史。

六　英雄末路，悲情谢幕

扎马战役结束后，汉尼拔退出军界，当选为行政官，他也试图重振迦太基国力。但仅仅7年后，罗马开始担心，在汉尼拔领导下，如果迦太基经济复苏，势必仍要威胁罗马，便要求迦太基政府交出汉尼拔。为此，公元前195年，汉尼拔自愿被流放，离开迦太基。他流亡到塞琉西王国，直到公元前189年，罗马打败安条克三世，并要求引渡汉尼拔，汉尼拔逃到小亚细亚北部的比提尼亚王国。即使如此，罗马人仍然不放心汉尼拔，一直争取把他引渡到罗马受审。

经过几年的颠沛流离，年逾花甲的汉尼拔无力东山再起，当初在父亲面前下的毒誓更难遂愿，绝望的汉尼拔只能仰天长叹。因不愿被引渡到敌国罗马受审，公元前183年，这个坚强不屈的悲情英雄服毒（一说为鸦片）自尽，终年64岁，一代名将黯然谢幕。巧合的是，李维在其著作中暗示，就在同一年，因打败汉尼拔而获"非洲征服者"称号的西庇阿，也因被迫流放而凄凉离世。两位相差12岁的军事天才、情报大师竟然是这样的结局，着实令后人扼腕。

汉初分封下的
刺杀谍战

作者：陈峰韬

随着汉尼拔与西庇阿的同时陨落，东西方世界似乎进入了一个相对和平的时代。公元前156年，汉景帝刘启即位。西汉社会的政治形态经过50年的发展，在高后、文帝崇尚黄老、与民休息的统治思路下，民生得到发展，经济水平逐渐恢复，然而掩盖在平静表象下的政治湍流却一刻也没有停止，中央集权的主流统治理念与分封逆流的冲突日渐加剧，其冲突方式也由政治斗争激化为战争。相应地，秘密战也随之更加活跃起来，成为政治军事斗争中不可或缺的方法手段。

一 嗜血的皇弟

西汉建立以来，统一与分裂的斗争始终没有停止。公元前2世纪末，突出表现为刘氏皇朝中央与异姓王的斗争，韩信、彭越、英布等人都表现出了极强的六国时代遗留下来的分裂思想和政治惯性，中央无法完全掌握各王国的政治、军事、经济主导权，以至于各诸侯王拥有与中央分庭抗礼的强大力量。汉高帝刘邦决定剪除异姓诸侯王，先后采取政治阴谋和军事打击等方式，基本消灭了不愿臣服于中央的几乎所有异姓王。但是显然，刚刚开始政治实践的汉朝皇室，也没有成熟的经验和体制来应对根深蒂固的分裂潮流，刘邦平定完异姓诸侯，取而代之的是在原诸侯国领地重新分封新的诸侯王，唯一不同的是，这些新王们都有一个共同的姓氏——刘。

用同姓人代替异姓人镇守诸侯国，这种掩耳盗铃的做法没有从根本上缓解统一和分裂的矛盾。以吴王刘濞为代表的一大批宗室王对权力的渴求同样不亚于韩信彭越们，特别是吴国，其境内有铜山，有海盐，吴国得以自铸铜钱，自行制造和销售食盐，从中获取丰厚的利润。较强的经济自主权使得诸侯王对中央政府的态度逐渐变得骄横，汉景帝陛下早在做太子时就对嚣张的诸侯王们很有成见，并把这种成见体现在了具体行动上，例如他曾经用棋盘打死了吴王刘濞的儿子，这无疑进一步激化了中央和诸侯的矛盾。

公元前154年，在汉景帝渐进式削藩政策的刺激下，吴、楚、赵、胶西、济南、菑川、胶东七个诸侯王联合发兵造反，声称诛晁错、清君侧，史称七国之乱。中央政府一边被迫

▎汉高祖刘邦。

汉初分封下的刺杀谍战

汉景帝。

杀了削藩政策的建议者晁错，一边派兵出关迎击七国军队。

七国乱军虽然在政治上声势浩大，但军事部署却显得散乱。南方的吴楚两国从皖北进攻中原，北方的赵国军队被汉军堵在河北，胶西、济南、菑川、胶东四国却忙于围攻忠于中央的齐国。政府军因而得以分头迎击，各个击破。

吴楚两国联军攻至梁国境内，汉军主力在太尉周亚夫率领下也抵达梁国，矛盾焦点一时集中在梁国。梁孝王刘武是汉景帝的同母兄弟，天然的血缘纽带让梁国成为中央政府的坚定支持者。周亚夫吃准了梁国的利益底线，采取以梁御吴楚的方略，让梁孝王依托坚城迟滞吴楚联军的进攻。吴楚联军缺少车骑，果然在梁军的顽强阻击下逐渐失去锐气，随后因为后勤补给跟不上，被周亚夫率汉军主力击溃。吴楚败后，其余五王也相继被汉军打败，这场大战进一步打击了分裂倾向，更加巩固了汉朝的统治。

梁孝王刘武在平定七国之乱中立下汗马功劳，加上是窦太后的爱儿，成为诸侯中势力最强盛的一个。为了嘉奖梁孝王的贡献，景帝和窦太后都给予其大量赏赐，刘武本人也在梁国大建宫室，宣示他的荣华。梁国的区域以睢阳（今河南商丘）为中心，大致包括泰山以南的鲁西，高阳（今河南杞县）以东的豫东，以及皖北、苏北部分地区，全都是膏腴之地。这样的地位与权势，极大地吸引着梁国周边人士的注意力，羊胜、公孙诡、邹阳等后来成为梁孝王隐蔽战线主要骨干的人才，都在这一时期归附到梁孝王的幕府中。

梁孝王引入这些人才，并非一般的养客之举。这既有战国时政治习惯的遗存，如战国四大公子人人都是养士无数；也源于梁孝

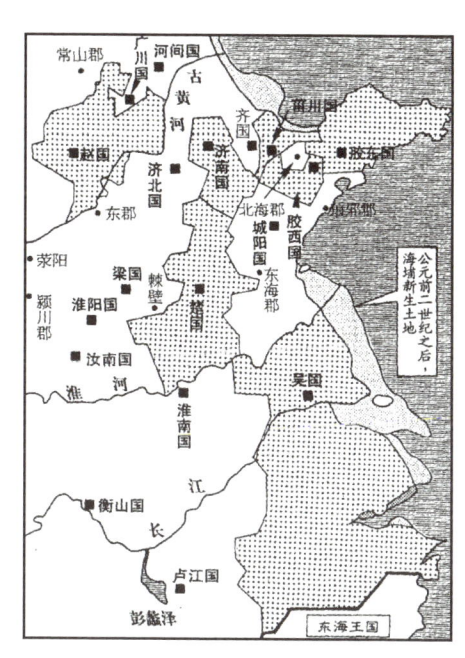

七国之乱，选自《柏杨版通鉴纪事本末》。

153

▍梁孝王墓。

王本人的政治诉求：谋取皇位继承权。

早在七国之乱发生之前，梁孝王有一次入朝，与窦太后、景帝宴饮，当时景帝尚未立太子，席间，景帝半醉着说，等他死后，要把皇位传给弟弟梁王。这句话显然是景帝的一句戏言，但说者无心听者有意。窦太后喜爱梁王这个小儿子，一直有意让景弟、梁王兄终弟及，听皇帝如此说，自然很是高兴。以窦婴为代表的朝臣，却一致反对景帝这句有违皇权继承制度的话。最终窦婴借题发挥，用皇帝喝醉了酒搪塞过去。不久，在大臣的坚持下，景帝立栗姬所生之子刘荣为太子。

然而，阴谋的种子已在梁孝王心中深深地扎下了根。回到封国后，围绕如何夺取皇位继承权，梁孝王立即展开了相关部署。而羊胜、公孙诡等人都在这时入梁，不能说完全是偶然。

虽然景帝已有太子，但由于窦太后一直希望梁王继立为帝，使得此事尚存一线可能，梁王也因此蠢蠢欲动。朝中以窦婴、袁盎等为代表的大臣，则与皇帝站在同一立场，极力抵制梁孝王的野心。争斗于是便在双方之间展开。

鉴于名位之别，在有太子的前提下，梁孝王的争嗣活动不可能公开进行，他只能悄悄采取秘密活动进行争取。这位意志坚定的皇弟殿下不仅在平定七国之乱的战争中能够应对裕如，在筹划实施秘密战中同样出色。

梁孝王的主要骨干有羊胜、公孙诡、邹阳、韩安国等人，在这些优秀人才的具体组织下，梁孝王的秘密战主要通过三条线展开。

第一是情报收集方面。梁孝王利用入朝

之便，派出大量随员进入长安，广泛接触朝中大臣和宫内人员。通常情况下，诸侯国人员大肆在京师活动是违反制度的，但由于窦太后仍健在，梁孝王借口侍奉母亲，加上有窦太后的偏爱，不仅梁孝王本人得以长期在京师滞留，其随从人员也获得了进出皇宫内朝的特权。史载梁国的许多侍中、郎官、谒者，都取得了进出皇宫的证件，能够与汉官的宦官们一样出入宫。这样广泛的接触，使得梁国的谍报人员能够从妃嫔、侍从、朝臣等人的口中获取大量关于中央决策层和皇帝本人的活动信息，从而为梁孝王采取针对性措施提供了极大的便利。

七国之乱平定后不久，梁孝王便获取一条重要消息，皇帝陛下对其在梁国内大肆享乐的行为，特别是按天子规格的仪仗出行，很是不满。窦太后为此专门召见梁国派驻在京师的使者，并声言要专门纠治梁王的逾制行为。事实上景帝的不满只在很小范围内流露过，外朝臣子们并未获知，只有少部分和景帝亲近的宦官或侍从了解这一信息，然而梁孝王却借助其发达的情报网络，抢在景帝向朝臣公开表露心意时获知这一消息，并提前展开了补救行动，这在下文还要详叙。

隐藏在这些海量情报信息中还有重大斩获。梁孝王的情报战线为他带来了一条极富价值的消息，皇帝欲废太子刘荣。刘荣之母是景帝宠妃栗姬，刘荣被立为太子后，母以子贵，栗姬表现得很是高调，在诸妃嫔中表现出极强的优越感。景帝的妹妹刘嫖迅速向栗姬和太子靠拢，希望把自己的女儿阿娇嫁给太子。但因为刘嫖经常给景帝进献美女，作为宠妃的栗姬自然醋意大发，由此对刘嫖

怀有成见。这位心胸狭窄、目光短浅的栗姬生硬地拒绝了这桩政治婚姻，从而为废太子埋下了祸根。刘嫖的愿望落空，但其野心并未就此消失，她转而把目光转向了王美人的儿子刘彻，就是后来的汉武帝陛下。这两个心机深沉的女人一拍即合，连续给栗姬和太子下绊子，其中最狠一招，便是撺掇大行令向景帝建议立栗姬为皇后。大行令不知其中的曲折，贸然在朝会上向景帝建议立栗姬为后，景帝对此大为光火。封建宗法制度下储君始终处于很微妙的地位，一方面立储明确帝位传承的归属，能够杜绝其他人再有异心。另一方面，储君的存在，也是对皇帝的一种巨大威胁。储君继承皇位只需要一个条件，那就是现任皇帝不再或不能再担任皇帝。说白了，储君可以杀掉皇帝，提前把皇位抓到手。这是景帝恼怒的根本原因，一旦外朝臣子和太子结成一派，把对皇帝的忠诚全部转移到未来的皇帝身上，那么自己的生命安全

▎梁孝王墓内情景。

秘密战 3000 年

宋代袁盎却坐图。

还有什么保障。景帝果断以雷霆手段杀掉建言的大行令,将栗姬幽禁起来,并废掉了年轻无知的太子。

得知这一消息,梁孝王意识到机会来了,他迅速展开了一系列政治运作。而这些运作,当然也少不了隐蔽战线的助力。

由此而引出梁孝王秘密战的第二个方面,分化和拉拢。宫中和朝中的势力对皇位继承权的归属并不统一,这给梁孝王留下了置喙之处。上文提到梁孝王得知皇帝流露不满之意后,迅速派梁国中大夫韩安国到京中活动。皇帝生气,太后也做出样子要责罚梁孝王,但是皇帝和太后的立场不同,对梁孝王的真实态度也自然不同。韩安国看出其中奥妙,于是决定从太后身上打开缺口。他选中了长公主刘嫖,先是遗以重金,而后极尽谦恭卑下之语,说梁王并无异心,违制使用天子仪仗,也只是仰仗父兄的皇威。刘嫖于是进宫向母亲窦太后转述韩安国的话,窦太后需要的就是这样一个面子上过得去的台阶,她马上向景帝转述梁孝王的心意,景帝碍于母亲的面子,只好假装高兴,表示尽去前嫌,与梁孝王重归于好。有了这些基础,梁孝王便向太后进言,希望老母亲给皇帝进言,把自己立为皇储。太后把意思传达给景帝,景帝对此十分反感。兄终弟及,这种古老的继承方式早已被历史证明是一个危险的权力交接模式,何以太后却屡屡提及此事,难道她真的老糊涂了?然而以孝治天下的孝景帝陛下不好当面拒绝,他把这个议题交付外朝,让大臣们议论,除此之外,还专门派人向已经托病辞官的袁盎咨询。景帝的威权已经十分稳固,朝臣们不敢也不会节外生枝去建议立皇弟为嗣,其中以袁盎的反对为最,景帝把朝臣反对立梁王的议论结果反馈给太后,太后心知这只不过是景帝故做文章,然而时局的主导权握在皇帝手中,窦太后虽然爱子心切,但是这位经历过动乱的老人,最终还是顾全大局,不再提立梁王的事了。

第三个方面是暗杀行动。太子被废,燃起梁孝王争夺继承权的熊熊欲火,然而不久这股欲火便被无情浇灭。同为皇位继承权的争夺者,未央宫中的诸位皇子们自然比梁孝王更有先天优势,何况,刘荣本身就是被阴谋赶下台的。第二年的夏天,在一系列运作之下,胶东王刘彻被立为太子。诏书宣告天下,在淮阳王宫中还做着美梦的梁孝王如丧考妣。很快,消息通过长安的情报系统反馈回来,景帝拒立梁王是因为袁盎等人极力建议。梁孝王灰心之余,又向景帝上书,请求建造一条道路,以方便他到长安朝见太后。景帝对梁王谋求继立的图谋还在气头上,对这一可能对长安带来战略威胁的修路之议更加恼怒,袁盎等人闻知此事,又极力劝景帝不要同意,景帝遂下诏不许。梁孝王听说又是袁盎从中作梗,两次事件叠加起来,他怒极生恨,于是启动了他隐蔽斗争战线最狠毒的手段——暗杀,而目标就是袁盎。

袁盎先前担任楚国的丞相,因为上书不被楚王刘礼采纳,袁盎一气之下托病辞官,住在长安城的家中。这给刺杀行动带来了极大的便利——一则没有政府提供的警卫力量,二则袁盎行动没人注意。但远在梁国的梁孝王并不知这一情况,盛怒之下的他责成羊胜、公孙诡两人策划暗杀行动,羊胜和公孙诡陆续派出十多批刺客远赴关中,力求杀死袁盎。邹阳、韩安国等人反对刺杀，数次劝阻，然而急火攻心的梁孝王已然听不进去任何建议了。

很快，第一批刺客到达长安城，刺客一路走一路打听袁盎的住所，无意中却听到人们对袁盎交口称赞。这位刺客显然还有一定良知，不忍心杀害这样一位贤臣，于是到袁盎家中亮明身份，并警告袁盎，梁王派了十多批刺客来刺杀他，请他务必加强防备。然后扬长而去。袁盎大惊，他犹疑未定，过了几天，他去找棓生卜问吉凶。然而最终没避开，在他回家途中，后续的刺客把他堵在城外，乱刀砍死。

这是汉朝立国以来见于史册的第一桩阴谋刺杀行动。这起事件，深刻的动因是汉初以来统一与分裂势力斗争的一种异化了的表现形式。同时，也标志着秘密战进入一个新的阶段，从简单的游说劝降、合纵连横，发展到了集刺探情报、分化瓦解、暗杀于一身的成熟斗争方式。

二 淮南王的阴谋

作为景帝朝最富阴谋特色的秘密战，"梁孝王争嗣事件"平息之后，武帝顺利继位，汉朝进入空前繁荣稳定的阶段。然而这并不代表野心家和阴谋家们的图谋就此平息。

淮南王刘安便是这些野心家中的代表人物。刘安父亲是淮南厉王刘长，刘长是汉高帝刘邦的儿子、汉文帝刘恒的弟弟。刘长因为恃亲骄纵，被汉文帝治罪，后绝食而死。汉文帝将淮南国一分为三，分别封刘长的三个儿子为王，当时年仅七八岁的刘安被封为淮南王。父亲被逼死的仇恨深深埋在刘安心中，到吴楚七国之乱时，刘安蠢蠢欲动，想发兵响应吴王，不料被淮南国相阻止。七国之乱被平定后，中央政府对反对七国的各个诸侯王大加褒奖，刘安也因此留下一条命来。

但是这次阴差阳错的安排，并未使他的阴谋消弭。刘安一方面对文帝、景帝这一支怀有刻骨仇恨，一方面继承汉初以来的分裂意识，企图扩大封国的利益，甚至对皇权也有一定图谋。汉武帝即位后，中央政府的威权进一步加强，诸侯势力则进一步弱化，此消彼长，刘安明白再没有条件像吴楚七国那样公然以武力对抗中央。这样的形势，促使刘安将精力转入隐蔽战线，他企图在汉帝国的稳定的江山中撬开一条缝隙，最终把它砸成碎片。

刘安为人好读书鼓琴，不喜欢游猎走马。

■ 淮南王刘安。

他个人深厚的学术修养令他在朝野上下得享大名,他主持编写了《淮南子》,并将之进献给汉武帝。这部书思想深邃,内容博杂,是汉初以来儒道思想激烈交锋的具体体现。汉武帝大为赞赏刘安的书稿,对其本人也尊重异常,以至于给刘安的敕书,都要让司马相如等名士润色后方才下达。

淮南王刘安虽然受到武帝如此重视,他反对武帝的阴谋却从未停止。七国之乱结束后,刘安暗地里一直在谋划造反的事,这期间,他利用自己才高爱贤的名声,招引了很多名士,如伍被、左吴、赵贤、朱骄如等,其中以伍被为最。淮南王有造反的图谋后,向伍被咨询。伍被见多识广,对天下形势有很清醒的认识,他旗帜鲜明地反对造反,理由是汉朝中央政府的统治秩序非常规范,长幼有序,继承合法,皇帝本人的作为也很中规中矩,没有可资利用的口实。再则社会民生都达到汉朝立国以来的极点,民心思安,同样没有可资利用的民心。刘安也大致明白这样的形势,然而若真如伍被所说,天下大定,就决无谋反成功的可能,刘安也不愿甘于一个诸侯王的位置,于是他又从人才队伍的角度向伍被问计。伍被指出,汉朝大将军卫青,才能出众,用兵如神,又爱惜士卒和贤人,有这样一个人在,淮南国要谋反,恐怕敌不过汉军的力量。刘安还不死心,他说,除了大

▎王可伟油画《霍去病收复河西》。

将军卫青,听说其他的汉臣都是徒居虚名,并没有什么真才实学。在刘安的再三套话之下,伍被不得不拿出来一句厉害的话,除非先刺杀大将军卫青,才能举兵谋反。这句话,点出了刘安的秘密战的关键之举,刺杀汉朝军方的核心人物。刘安当时没有表态,行刺中央政府的大臣事关重大,梁孝王行事不秘,他派人刺杀袁盎后,不知道后续的事怎么处理,最终主谋羊胜、公孙诡被汉朝杀死,梁孝王本人也被整治的忧郁而死。这教训如在昨日,虽然刺杀卫青是个削弱中央力量的简单易行又非常高效的做法,但不到万不得已,不能贸然施行。然而能从伍被嘴里挖出这些东西,刘安已经很是庆幸了。与这个危险的图谋相比,他还有更多的外围工作要做。

建元之初,以窦太后等人为代表的政治势力秉持黄老之术,对新兴的儒生势力和相应政治潮流非常抵制。年轻的武帝身处其间,面临着很大压力。刘安看准了这一点,先是利用《淮南子》营造氛围,表明他也对黄老

之术很是赞赏，以博取窦太后的好感。而后他有意与武安侯田蚡（武帝母亲王太后的亲弟）接触，发现这位天子亲舅对武帝也有一定看法。田蚡能当上太尉，多半是王太后的缘故，武帝对田蚡却没什么好感。这同样是一道缝隙，利用得好，可以进一步分化瓦解武帝的势力。田蚡此人爱钱，刘安送给他大量财物，田蚡大喜，遂引刘安为亲近知己，相交更深入后，田蚡突然向刘安交底，他说当今天子还没有儿子，如果哪天天子驾崩，以淮南王之贤，宗室诸王无出其右，必定能够继承皇位。刘安投桃报李，贿于田蚡更多的财物，准备利用田蚡和皇帝之间的裂隙大做文章。刘安归国后，他又大范围向诸侯郡国赠送钱物拉拢关系。他的打算是，以武帝现在的样子来看，能否生个龙子尚在两可，如果一旦武帝绝后，天下有变，诸侯群起并争，必然又是一个吴楚七国之乱的形势，现在提前做工作，必然能给日后的谋反减少不少麻烦。

刘安的女儿刘陵，聪慧而有口才，刘安便让刘陵抛头露面，带着钱去长安城中要结达官贵人，特别是和皇帝亲近的大臣拉关系，目的不外刺探消息，掌握朝中动向，特别是皇帝本人的消息。刘陵的情报工作，史料记载不太明确，但是从刘安后来对朝中一系列反映来看，效果并非太明显，刘安显然对朝局变化的反应不够及时。虽然比不上梁孝王那样发动巨大的人力侦搜情报，刘陵这条内线也算聊胜于无，刘安的密谋仍然在稳步推进之中。

对于内部防范工作，刘安也非常注意。刘安的太子刘迁娶了王太后的外孙女为妃，考虑到刘迁天天参与谋划造反的事，太子妃与太子天天同起同寝，泄密的隐患太大，于是密谋，让刘迁假装不喜欢太子妃，连续三个多月不和她同席，刘安假装生气，强令太子和太子妃同住同吃，刘迁却仍然不和太子妃亲近。蒙在鼓里的太子妃还以为真的是夫妻缘尽，于是向公公提出离婚。刘安装作没有挽回的余地，伤心欲绝地向王太后上书谢罪，把太子妃送回了长安。

送走了这个潜在的隐患，刘安得以更加稳便地筹划造反的事宜。不料突然出了一件事，使刘安和他的部属们不得不加快进度。

事情出在刘安太子刘迁身上。刘迁初学击剑，自视甚高，听说郎中雷被剑术高明，于是请来雷被比剑，雷被再三不肯，但拗不过刘迁，只好比试。刀剑不长眼，雷被比试过程中误伤刘迁，刘迁恼羞成怒，数次向刘安告状请求治雷被的罪，刘安只是嘱咐郎中令好好管教雷被，并没有深究。然而雷被却一直担心被太子所害，于是逃亡到长安，把他听说的淮南王父子阴谋造反的事揭发出来。中央政府高度重视，下令捉拿淮南国太子刘迁。

汉初时，中央政府与地方诸侯国的关系始终处于紧张状态，诸侯方面极力维护自身利益，中央则积极利用诸侯的每个过错削地除国，中央政府的治罪命令往往就是诸侯国的丧钟。所以刘安听说朝廷要治罪后惊恐万状，他想立即发动造反计划。然而征兵、屯粮、与诸侯互通消息等准备工作还都没有就绪，现在造反胜算太小。刘安筹划了十多天，迟迟不敢发动。

事情越拖越久，淮南国相下书责成淮南

王刘安迅速交出太子接受讯问。刘安焦急万分，想不顾一切地立即发兵。这时，刘安蹩脚的情报系统终于从长安又带来一些消息，其中最要命的就是汉朝公卿大臣建议武帝下诏逮捕淮南王刘安一同审讯。刘安更加恐惧，发动叛乱的决心更加坚决。太子刘迁建议说，事情还没有到万劫不复的地步，不如再缓一缓，等中央政府的人来。如果来人一定要实施抓捕，那就让埋伏下的刺客把汉使刺杀之，太子则同时去突袭淮南国中尉，杀之而夺兵权，然后再举兵造反不晚。刘安认可了这条计策。

就在这千钧一发的时刻，汉武帝突然决定不动刘安。光凭一个逃亡出来的小小郎中一面之辞，就治诸侯王的罪，未免显得中央太刻薄。加上之前刘安和中央的关系一直不错，武帝不想轻易翻脸，于是派使者到淮南国当面质问，如果淮南王的反应不对劲，再治其罪也不迟。汉使与刘安见面后，讯问雷被的举报是否属实，刘安一见事有转机，便放宽了心，他自忖除了被雷举报，并没有别的把柄被中央抓住，便装作冤枉地陈说并不敢做出谋反这种大逆不道的事。汉使回报，武帝便决定不再治刘安的大罪，只是削去了淮南国的两个县。刘安对这样的处理结果感到万分庆幸，为了确保绝对安全，汉使走后，刘安立即将埋伏的刺客杀掉灭口。

一场滔天大祸就此消弭，但刘安心中的波澜却像海啸一样狂暴，淮南国再也经不起这样的折腾，必须加紧推进谋反的准备。兵力准备方面自不必说，刘安和一班参谋人员日夜对着地图，安排军队的部防和行军路线。与此同时，秘密战的图谋也更加完善。帮助刘安筹划秘密战的仍是他的第一谋士伍被。

伍被此时清醒地看出中央和诸侯的力量对比悬殊，淮南国起兵没有太大的胜算，即使像左吴等人谋划的方略那样，吞并衡山国，沿长江设置防线，巩固江北淮南的防守，也不过是强撑时日，最终还要被中央击败。刘安知道这位谋士有话不肯轻易说，就一再逼问。无奈之下，伍被又为刘安作了一番阴毒万分的谋划。

大意有三。

一是徙豪强实朔方郡。朔方郡是汉武帝新近从匈奴手中夺取的地盘，那里处于国防前线，人口稀少，不足于支持边境地区的防守。刘安可上书请迁徙各郡国的豪强人家到朔方郡，并且要说的越急越好。这个建议，吃准了汉武帝想在打击匈奴方面有所作为的心思，迁徙人口填朔方，可以进一步稳定边境的防守形势，为下一步大规模打击匈奴提供更多的战略支撑。一旦武帝决策迁徙，那么必将引发郡国豪杰大乱，这样一来中央内外交困，淮南国便有可乘之机。

二是伪装汉朝的使者，逮捕各诸侯国的太子和大臣。这一招更加阴毒，一方面给中央栽赃，离间双方关系，激起更大范围的愤怒，另一方面如果真的抓到某些诸侯国的太子和大臣，等到造反之时，还可用为人质，要挟并操纵这些诸侯国一同造反。

三是派间谍入长安，接近汉朝的主要大臣。伍被的计划是，刘安假装要迫害一批淮南国的人士，让他们被迫逃进长安，伺机接近大将军和丞相等大臣，尽量能在他们幕府中留下来，最好要获取信任，待淮南国发动叛乱时，便让他们分头刺杀卫青、公孙弘等

161

人，主要军政负责人突然被杀，汉朝内部必然大乱，淮南国的胜算更大。

从秘密战方面而论，伍被的谋划，宏观把控和细节操作兼而有之，达到了楚汉之争以来的一个新高，而其阴狠程度，也是前无古人。

只可惜，人算不如天算。就在刘安加紧行动时，又出了意外，还是太子刘迁。

淮南王刘安有两个儿子——嫡子刘迁和庶子刘不害，刘安喜爱刘迁，不喜刘不害。因此，刘安立刘迁为太子，甚至没为刘不害封侯。刘不害的儿子刘建恼恨刘迁，阴谋结交一些死士，想要刺杀刘迁，好让其父刘不害代替刘迁成为淮南国太子。刘迁后来知道了刘建的计划，数次把刘建抓起来要治罪，因为没有证据而作罢。刘建一怒之下，便托人向武帝上书，公然揭发淮南王父子谋反。朝臣审卿听说了这件事，也私下里让人搜集淮南王谋反的证据。原来审卿是原辟阳侯审食其的孙子，审食其在二吕之乱时被刘安的父亲刘长杀掉。此时仇人相见分外眼红，审卿自然是不遗余力。汉武帝随后下令彻底查清淮南王谋反一事，廷尉署的人马上赶到了淮南国。

刘安这次彻底被逼到了悬崖边，再不反不行了。他立即按照伍被的谋划，伪刻汉朝玺印，派出间谍赶赴长安。考虑到发国中兵马，必须经过国相、中尉的同意，这些人都是中央派来的官员，伍被建议假装王宫中失火，召集国相、中尉、内史等二千石以上的官员到宫中救火，如果这些人不愿造反，当场杀掉。

然而在这种当口，国中的官员都已提高警惕，除了国相应召到淮南王宫中，内史、中尉都借口不去。只杀了国相没啥用，还是没法彻底掌握国中兵权，刘安犹犹豫豫地又把国相给放了。此时淮南王的反状已经暴露了很多，汉朝廷尉署与淮南国中尉配合，发兵围住王宫，将淮南太子刘迁、淮南王刘安的宾客统统逮捕，伍被见大势已去，向廷尉张汤自首，交代了淮南王谋反的全部经过。汉武帝闻讯派宗正卿持天子符节到淮南国中治罪，刘安无计回天，惶恐中自杀于王宫。随后，淮南国被废，降为九江郡。

纵观梁孝王和淮南王的行为，无论是觊觎皇位，还是阴谋造反，都是汉初以来统一潮流和分封割据逆流斗争的余绪。一正一反，不待分析而自明。然而在这一过程中，秘密战因其自身的特殊作用而得到大范围推广运用，其运作理念和方法手段都在实战中检验提高，进一步丰富了秘密战的内涵，想来这是分裂逆流中的唯一正面成果。

加密情报的开创者恺撒

作者：郭廷春

秘密战 **3000** 年

当汉初的刺杀与谍战渐渐偃旗息鼓之时，秘密战的故事还没有谢幕。而这次的主角则是"信息"与"密码"。

当"密码"这两个字对孩子们来说也再熟悉不过的时候，我们对自己所处的"信息时代"早已浑然不觉。"信息"之于我们，就像饿时吃饭、困时睡觉一样，成了生活的必需品。

在耶稣诞生前100年中的古罗马时代，"信息"一词恐怕还没有诞生，但这并不影响一个伟大人物对它进行的开拓性运用。

"恺撒密码"——这个在谍报领域耳熟能详的词条，就是这个伟大人物的先知性发明。当然，他也是最早的实践者。

和他发明的密码情报一样扑朔迷离的，还有盖乌斯·尤利乌斯·恺撒〔公元前100年（一说为公元前102年）—公元前44年〕的死亡之谜。尽管史料说他是遇刺身亡，但另一种观点认为，恺撒拥有当时最为强大的密集情报网络，不会对政敌的行刺预谋一无所知。而事实证明，对这些谜团的求证或许不仅仅是想渲染恺撒之死的神秘色彩。

《高卢战记》中的谍报战

"高卢全境分为三个部分，其中一部分住着比尔及人，另一部分住着阿奎丹尼人，而那些用他们自己的话来说叫克勒特人、我们称之为高卢人的，住在第三部分。"在《高卢战记》的第一卷起始，恺撒用这样的轻松语调描述着他在高卢①征战的经过。

公元前58年开始，恺撒为高卢行省最高长官，他在短短3年内基本吞并整个高卢地区。其后战争又延续了很多年，多是平叛高卢一些小部族发起的为脱离罗马控制、获取自由的战争。恺撒在《高卢战记》中记述了他从公元前58年到公元前52年的战斗事迹，每年一卷，共七卷。这本书发表于公元前51年。现在我们看到的《高卢战记》共8卷，第八卷是恺撒提拔的一位出身贫寒的得力助手奥卢斯·伊尔久斯续写的，他把战争叙述到公元前50年。其实，恺撒也正是在这一年年底才离开高卢回到罗马的。

■《高卢战记》中文版。

---

① 恺撒征服之前，罗马人所指的高卢范围是意大利的卢比孔河和比利牛斯山以北、莱茵河以西直至大西洋的广大地区。

公元前9世纪初，古罗马文明在意大利半岛（即亚平宁半岛）中部兴起。公元前509年罗马建立共和国，逐步征服意大利半岛。公元前3世纪至前2世纪，罗马为争夺地中海霸权，掠夺资源与奴隶，同地中海西部强国迦太基进行了三次战争（史称"布匿战争"）。公元前2世纪罗马成为地中海霸主，公元1世纪前后扩张成为横跨欧、亚、非的庞大罗马帝国。

恺撒出生的时代，罗马共和国正发生严重的政治危机。罗马是当时奴隶制度最发达的国家，社会分化加剧，奴隶人口剧增。失业小农民和奴隶构成的游民阶层大量涌入首都。因城邦制度制约，文官政府、公民大会和元老院无法应付新的局面。社会动荡、军人跋扈、海盗横行、奴隶起义不断。为此，奴隶经济和奴隶制度受到震撼和打击，罗马共和政体面临严峻考验。

恺撒出身没落贵族，酷爱希腊古典文学，精通骑马、剑术等，体格健壮。青年时代的恺撒成为反对派领袖。为捞取政治资本，公元前60年，他与当时罗马军队中势力较大的庞培①及骑士阶层的所谓罗马首富克拉苏结成"前三头同盟"②，并在他们的帮助下顺利当选为公元前59年的执政官③。然而，执政官任期届满后，因元老院④掣肘而感觉无用武之地的恺撒竭力争取到了高卢行省长官的职位。他被赋予管理山北高卢（今法国南部）和伊利里亚（今巴尔干半岛亚得里亚

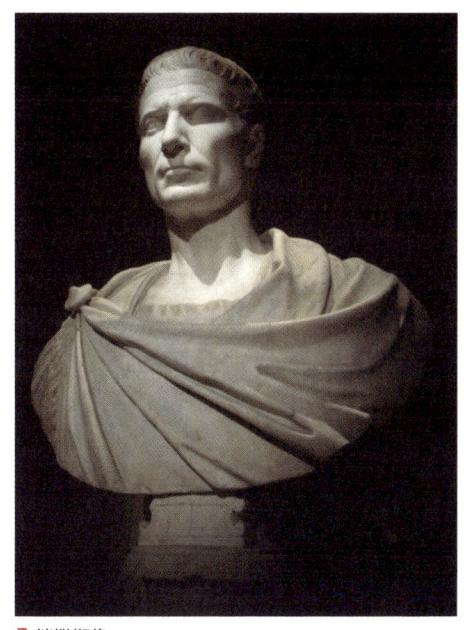

恺撒塑像。

海沿岸地区）五年（公元前58年至公元前53年）的权力。上任伊始，恺撒便发动了高卢战争。他组建了军队，通过对高卢地区的征服掠取，积累了大笔财富，为今后捞取政治后盾和政治资本打下基础。

在高卢的9年中，恺撒"俘虏百万人，屠杀百万人"（语出普鲁塔克《恺撒传》），为自己和部下征敛了大量钱财。利用这些资财，恺撒在罗马广施贿赂，甚至一些宠奴也收到过他的钱。为收买民心，恺撒举办各种演出，为平民发放大宗金钱，并在罗马许多城镇兴建工程。他的这些做法令贵族和平民

---

① 公元前106年—公元前48年，贵族出身，著名的军事家和政治家。
② 为相互勾结和利用，年近50岁的庞培还娶了恺撒之女、年仅14岁的茱莉娅。
③ 执政官为两人，是罗马的最高元首，任期一年。
④ 罗马的审议团体，由300人组成。

都感到满意，恺撒为此赢得了很高的声望，名誉和地位都急剧上升，成为"前三头同盟"中的佼佼者。

此外，恺撒的军事力量也令其他人难望项背。他拥有一支在高卢用近九年时间训练出的、在罗马最有战斗力的部队，况且，他们"只知有恺撒，不知有国家"。

然而，木秀于林，风必摧之。看到日趋强大的政敌，罗马元老院的人开始出手攻击恺撒。而"三头同盟"之一的庞培（此时克拉苏已死）也隔岸观火，对如日中天的恺撒产生警觉。恺撒在罗马的政治地位开始恶化。

正是在这种背景下，《高卢战记》于公元前52年—公元前51年间的冬天写成。恺撒写书的目的有两个：一则为自己辩护，再者是为自己在罗马的派系提供宣传提纲。

书中记述了恺撒的许多经典战例，特别是在运用谍报人员和信息传递上，恺撒更有自己独特之处。他组建了最高效的私人间谍网。除依靠审讯战俘和当地人来获取情报外，恺撒还大规模地雇用并使用了谍报人员。

恺撒时代，高卢与罗马已经持续了大约三百多年的战争。早期高卢远比罗马强大，高卢军队曾在公元前390年摧毁过罗马城。随着罗马崛起，高卢沦为被掠夺和侵略的对象。恺撒入侵高卢时，高卢有60个部落联盟。恺撒的政治间谍们很快渗透其中进行煽动拉拢，使得不少部落成为恺撒同盟。

公元前57年，当恺撒得知比尔及人和其他一些民族结成同盟对付自己时，立即征集了两个新军团准备作战。由于事先不熟悉敌情，恺撒便派出森农内斯人及跟比尔及人相邻的一些高卢人前去刺探，得知比尔及人正在征兵选将，便迅速率领队伍移营前进。经过15天的急行军，抵达比尔及人的边境，速度之快出乎敌人预料。恺撒又从比尔及人同盟者口中得知了敌军的人数及优势等信息，再次派出侦察部队，了解到敌军就在附近，便马上渡过雷米人边界上的阿克松奈河，然后寻觅合适地点扎营。

恺撒不但有自己强大的情报队伍，包括密探和侦察部队等，还善于利用当地人为自己刺探有价值的情报。他通过好言安慰等方式赢得了雷米人的信任，雷米人答应帮自己搞情报。在雷米人的一个市镇被比尔及人攻打时，雷米人便派使者向恺撒禀报，称比尔及军队正在挖掘城墙，希望恺撒军队前去救援。恺撒随即让雷米人带路，和雷米人派出

▎庞培雕像。

加密情报的开创者凯撒

自杀的高卢人（雕塑）。

的弩比底亚和克里特的弓弩手，以及巴利阿里的射石手去援助，一起把围城的敌人暂时赶跑。接下来，由于敌人众多，在不了解情况下，恺撒没有贸然出击，屡次试探后，终于摸清了敌人的兵力及勇悍程度，觉得自己的部队与之相比毫不逊色，才决定进击。经过一场激烈的战斗，他的对手损失过半。

经过交战，敌方的同盟军见取胜无望，且粮食不足，便萌生退意，约定不管谁先受到恺撒攻击都要相互救援，之后就急忙在半夜的时候各自回家。这些消息都被恺撒的探马获悉，恺撒在天亮时派出部队追击，敌军四散奔逃，恺撒军队一顿砍杀，敌人死伤无数，恺撒军队直追击到天近黄昏的时候才收兵回营。

其实，在高卢战场上，在利用情报或玩弄阴谋手段获胜方面，不止恺撒得心应手，敌军也毫不逊色。

在与日耳曼的一支部落作战时，恺撒差点被出尔反尔的日耳曼人戏弄。公元前55年，日耳曼人中的乌西彼得斯族和登克德里族渡过莱茵河侵占高卢的一些地区。得到情报后，恺撒召集高卢各邦的领袖，鼓励和安慰他们，并称将征集骑兵对日耳曼人作战。

进军之前，闻听恺撒将要出兵，日耳曼人赶紧派使者向恺撒解释他们进军高卢的原因，并希望恺撒不要插手此事。遭到恺撒严词拒绝后，使者希望恺撒能够给他们三天的答复时间，这期间恺撒不能靠近他们。恺撒当然无法答应，因为探马已经得知日耳曼人几天前就已出动大批骑兵去掠夺战利品和粮食，恺撒断定这是日耳曼人的缓兵之计，他们是为了等那支骑兵回来。为了稳住对方，恺撒说为了大军取得饮水，罗马军队肯定还是要前进的，但不会超出4罗里①路。同时传令给自己先行的骑兵指挥官，不要贸然作战，要等自己和大军走近了再出击。

因为抢劫粮食的骑兵还没回来，日耳曼人现在的骑兵不到八百人，但看到恺撒的五千名骑兵时，立刻发动进攻。突袭使恺撒骑兵陷入混乱。日耳曼人直接刺击恺撒军队的战马，七十四名恺撒骑兵被杀死。

恺撒吃了日耳曼人假求和的亏。吃一堑长一智，恺撒叮嘱自己的副官和士兵，下次一定要和日耳曼人决一死战。第二天早晨，一大批包括首领们和长老们在内的日耳曼人来见恺撒，向他解释，昨天违约作战的事情与他们无关，并且还想再获得一次休战的机会。恺撒不想再次被骗，便扣下了这些人质，亲自率军出营作战。见到气势汹汹的恺撒军队，日耳曼人连武器都来不及拿起来就四散奔逃，死伤无数，还有很多士兵跳进河里被淹死。而罗马军队没损失一个人，连受伤的都极少。

这场战斗，双方兵力相差悬殊，日耳曼军队多达四十三万人，恺撒凭借果断获胜。之后，恺撒答应放走那些被扣留的日耳曼人，而他们怕遭高卢人报复和酷刑，表示愿意留下，恺撒答应了他们的请求。

日耳曼之战就此结束。但却留下了很多

---

① 罗里，古罗马的长度单位。一般以5罗尺为1罗步，1000罗步为1罗里。1罗尺合29.6厘米，1罗步合149厘米，1罗里合1.49公里。

疑点。首先，为什么只有八百名骑兵的日耳曼军队敢于攻击拥有五千名骑兵的罗马军？这岂不是以卵击石？再者，如果说日耳曼主动进攻是违约，那为什么还要第二次前来讲和？如果像恺撒判断的那样这也只是诈术，那么为什么不是派出使者，而是大批首领和长老一起前来？日耳曼人就不怕被扣留吗？这些疑点也成了日后恺撒的政敌攻击他的证据。为保全罗马的荣誉，这些政敌甚至要把恺撒送给日耳曼的乌西彼得斯族和登克德里族人。

恺撒的战争策略灵活多变。他还曾以"示弱"的方式迷惑敌人，而敌人的间谍往往被恺撒的伎俩误导，从而得到错误的情报，落入恺撒的陷阱。

在平定高卢比尔及各族叛乱的一次战役中，恺撒的兵力只有七千人，与强大的敌军在一条小河和巨大的山谷两面对峙。在兵力不足和地形不利的形势下，恺撒尽可能找到有利地形为营寨筑防御工事。本来营寨很小，恺撒又故意用缩小过道的方法把营寨压缩到最小。恺撒想用这种假装胆怯的办法把敌人引到自己这一边，以便在峡谷前方作战。两军的骑兵开始对垒，恺撒令骑兵败退回营，同时在营寨周围高扎壁垒，而士兵修筑工事时则表现得很紧张、很害怕，一片混乱。高卢人果真上当，在地形不利的地方列阵。恺撒突然命部队从营寨冲锋，并派出骑兵追杀，高卢人飞奔逃走，恺撒的智谋成功了。

强将手下无弱兵。恺撒的得力助手萨宾弩斯深得恺撒真传，也打过以强示弱而获胜的漂亮仗。在对阵敌将英度鞠马勒斯进攻时，萨宾弩斯让士兵待在防御工事里面，然后用一切方法给敌人制造假象，以显示自己的士兵很害怕。日复一日，英度鞠马勒斯真的以为罗马人是窝囊废，便屡次来到罗马营寨挑战。而萨宾弩斯趁黑夜悄悄调来各路骑兵，把他们接进营寨，同时要求手下严守机密。第二天一大早，英度鞠马勒斯再次傲慢地前来讨阵，罗马军坚守不出。傍晚时分，敌军正三三两两地回归本阵时，萨宾弩斯的全部骑兵突然冲出，且直奔敌军首领。擒贼擒王，最后活捉英度鞠马勒斯，割下其头颅。回营途中，罗马骑兵将尽可能追到的全部敌人杀死。这种以弱示强、出其不意的战法也正是恺撒的拿手好戏。

二 史无前例的"恺撒密码"

恺撒的战记中，随时可见情报战的影子。行军时，恺撒总会先派出侦察兵在队伍前方探路，搜集敌人的情报，以保障大部队安全；而远距离的探路工作则由侦察骑兵负责。这些人全都化装成高卢士兵，还会说流利的高卢语。为深入执行侦察任务，恺撒的每个军团都至少配备十名侦察兵。

除常规的侦察部队、暗探外，恺撒还多次暗中指派自己的谍报人员携带假情报潜进敌阵，以欺骗敌人。最为特别的是，为保障情报安全，恺撒还与自己的间谍及将领们约定了各种代码和密码来掩护情报。这种用来

169

保护重要军情的加密系统就是"恺撒密码"。在《高卢战记》中,恺撒描述了使用这种情报营救爱将西塞罗的经过。

公元前 54 年,恺撒手下一名叫奎因都斯·西塞罗的将领驻扎的冬令营突然遭到当地纳尔维人的围攻,敌人妄图速战速决,情况万分紧急。西塞罗马上派一个当地人向恺撒报信,并承诺只要把信送到就会有重金酬谢。但敌人已经把所有进出的路切断,信使也被敌人截住。敌人集结更大的兵力围攻,西塞罗的士兵顽强抵抗。本就身体衰弱的西塞罗和战士们一起修筑工事,直到很晚也不休息。这时,敌军派出使者前来谈判,劝西塞罗投降,遭拒后,纳尔维人用 15 罗尺宽的壕堑和 9 罗尺高的城墙围住西塞罗的兵营。趁一个大风天,纳尔维人用射石器投掷烧的炽热的黏土球和燃烧的矛,西塞罗的营帐顿时火光冲天。面对敌人的进攻,罗马军毫不示弱,奋力杀敌,战事日益吃紧,罗马军岌岌可危。

在这种情况下,西塞罗频频派出间谍给恺撒送信求援。但派出去的很多使者都被敌军抓获,并当着罗马军人的面被残酷地折磨致死。此时,一个名叫维尔几哥的纳尔维人自告奋勇,要为西塞罗寻找能给恺撒送情报的人。维尔几哥出身显贵,在纳尔维人围攻罗马军队的时候就叛变到西塞罗这里,对西塞罗无比真诚。他找到一个高卢奴隶,向他承诺,只要把信送到恺撒那里,就可以得到自由和极高的酬赏。

由于这个奴隶是高卢人,而且他把信绑缚在矛上,并没有引起高卢士兵的怀疑,他终于找到了恺撒所在的营地。接到密信后,恺撒立即组织兵力。本来计划组织三个军团,结果只有两个军团大约四百多名骑兵前去营救西塞罗。

虽然兵力不足,但恺撒打算通过急行军的方式给纳尔维人以迅速打击。恺撒又从俘房口中获得一些有关西塞罗的情报,然后又以极大的报酬说服了一个高卢骑兵,让他给西塞罗送去一封密信,告诉西塞罗援军很快到。恺撒在《高卢战记》中这样写道:"送去的信是用希腊文写的,免得它被敌人截住后,得知我军的计划。"送信的高卢人很快将书信送到。不过他或许是害怕危险,便遵照恺撒的嘱咐,将信绑在长矛的皮带上,投掷到西塞罗营寨的一座木塔上。这里需要解释的是,这种木塔和如今的木塔不是一个概念,它是一种类似梯子的东西。由木材造成的一层或多层结构,外边蒙上铁皮,有轮子可以推动。可以一层一层加高,以至于高过城墙,在上面发射弓矢和石头,驱走守城护卫。有时在塔上还设有可吊起或放下的槛桥,可放下来架在敌人的城墙和碉堡上,让战士爬上去。

西塞罗的士兵是三天后才在木塔上发现这封密信的。西塞罗当众宣读,鼓舞了士气。而高卢人的侦察兵也获悉了恺撒前来营救的消息,就放弃围堵西塞罗,转而用六万大军去迎战恺撒派来的援军。西塞罗见此,急忙又让那个忠诚的纳尔维人找到一个高卢人给恺撒送信,要他小心敌军。就这样,西塞罗最后顺利解围。

在《高卢战记》(1982 年商务印书馆出版)中文版中,译者曾经对恺撒给西塞罗送信之事有过质疑。在这本书第 124 页下面的脚注上有这样一段话："言下之意,似乎高卢人不懂希腊语,即令书信被截去,也不会泄露自己的计划。但在卷一25节中曾说到在厄尔维几人营中发现用希腊文写的统计数字,又说高卢人无论公私文件都用希腊文书写,似乎有矛盾。也许上面两节指的是高卢人用希腊字母书写自己的语言,这一节所说的是真正的希腊文。"

译者的质疑是有道理的。其实,我们可以设想,如果这封信被敌军截获,他们当中不可能没有人认识真正的希腊文,他们或许可以找一个希腊人来。而深谋远虑的恺撒不可能不考虑这一点。所以,这里只有另外一种解释:这封信是经过加密处理的,这也正是"恺撒密码"。

密码的历史几乎与文字一样悠久,公元前三千年前古埃及就出现了具有密码功能的符号。而在西方,最古老、最经典的有关密码在军事上使用的例子首推"腰带密码"。

公元前405年,雅典和斯巴达之间的伯罗奔尼撒战争进入尾声,占有优势的斯巴达准备给雅典最后一击。此时,一直与斯巴达联盟的波斯帝国军队突然停止了对斯巴达的援助。正欲摸清波斯意图的斯巴达军队恰巧抓住一名从波斯回雅典的间谍。从这个雅典人身上只搜出一条布满杂乱无章的希腊字母的腰带,此外没有发现任何有价值的东西。斯巴达军队统帅莱桑德翻弄着这条腰带,百思不得其解。他反复研究腰带上的字母,用各种方法把他们重新排列组合,但仍一无所获。绝望之际,莱桑德无意中把腰带呈螺旋形缠绕在手中的剑鞘上。这时,奇迹出现了:腰带上那些杂乱无章的字母,竟组成了一段文字。这就是情报内容,它表明,波斯已暗中和雅典联盟,并商定一起袭击斯巴达军队。莱桑德据此马上改变作战计划,迅疾出击毫无防备的波斯军队,一举将其击溃。

"腰带情报"是世界上最早的密码情报。具体操作方法是:通信方将腰带(或羊皮等带状物)呈螺旋形紧紧地缠绕在约定长度和粗细的木棍上,之后再沿着棍子的纵轴书写情报。在这条带状物解开后,上面的文字将杂乱无章。收信人只需用一根同样直径的棍子(这两根同样直径的棍子可以在出征前把一根棍子锯断后得到,之后将领和间谍各执一半)。后来,这种密码通信方式在希腊广为流传。现代的密码电报的发明,据说就是受了它的启发。

"腰带密码"传递情报的设计虽然精巧,但却没有"恺撒密码"那么声名显赫。在密码学的历史著作中,都会提到"恺撒密码"。而第一次揭开这个秘密的人,是《恺撒传》的作者苏托尼厄斯。这位古罗马随笔作家在公元2世纪写的这本书中,对恺撒用过的其中一种替换密码做了详细描写。他披露,恺撒常用一种"密表"给他的朋友写信,这就是"恺撒密表"。

其实,现在说起来,"恺撒密码"很简单,就是把信息中的每一个字母用字母表中的该字母后的第三个字母代替,这被称为移位密码。比如,在"A""B""C"……"X""Y""Z"这26个字母中,当偏移量为"3"的时候,所有的字母"A"将被替换成"D","B"变成"E",以此类推,"X"将变成"A","Y"变成"B","Z"变成"C"。由此可见,位数就是恺撒密码加密和解密的密钥。

171

秘密战 3000 年

与高卢人作战的早期罗马军团。

如今，我们无法弄清恺撒密码在当时的效果如何，但有理由相信它是安全的。当时，高卢人大都目不识丁，所以即使截获了恺撒的加密信息，也没有任何技术能够解读这种最简单的替换密码。现存最早的破解方法记载在公元9世纪阿拉伯的阿尔·肯迪的有关发现频率分析的著作中。

在一些资料中，对恺撒密码还有延展性的解释：恺撒为了使情报更加秘密，又进一步做了改进。就是在原有基础上加密的办法：先做好一个对应表，比如，明码为"A""B"……"Y""Z"，密码为"D""E"……"B""C"，如果他想写"BABY"，就用"EDEB"来表示。

但这种加密方法也过于简单，很容易被敌方猜到。如果敌人从1到25推25次，得到25组新编码，必有一种是真的。把这组编码区别出来非常容易，因为其他24组都是毫无意义的字母组合，识字的人都能看出来。所以，又有人给恺撒出主意，搞个乱序的。例如"A"对"M"，"B"对"Y"，只要保证一一对应没重复就行。这种方法被后人称为"单表系统"。

关于密码的具体问题，那是谍报人员需要掌握的知识，不是我们讨论的范围。我们只需知道，恺撒密码的确在作战中发挥了很大作用，而且影响深远就够了。

营救西塞罗战役之后，高卢战争仍在继续，谍报也继续发挥作用。公元前53年，恺撒率军围攻阿瓦利肯城，二十一天后破城，屠杀了四万人。第二年，恺撒又包围了孟杜皮人的一个市镇——阿莱西亚城。该城建在山顶上，地势险要，易守难攻。谍报人员摸清情况后，恺撒决定用围困的办法。他命令士兵在城四周建造了一段长约十一罗里的围墙，同时建二十一座碉堡，安置哨兵昼夜观察城内情况。又命士兵挖了一条20罗尺宽的深沟，以免夜间敌人突袭。接着又挖了两条壕沟，再筑起一道围墙。为阻止敌军，壕沟里又埋上削尖的树桩（罗马士兵将之调侃为"阴阳界"）。此外，还设置了"踢马刺""百花坑"等。有了这些坚固和致命的工事，高卢二十五万援军被阻挡在外，直至被击溃。

就这样，经过长期的围困，阿莱西亚城粮食耗尽，人心涣散，最后只有投降。

公元前50年高卢战争结束的时候，高卢全境所有自治市和殖民地都以最大的热情欢迎恺撒。恺撒所经之地——道路、城门都被装饰一新，无论穷人还是富人都夹道欢迎，市场和神庙里也都陈设着祭席。

在高卢的9年里，恺撒夺取了整个高卢地区（约相当于今天的法国）。以比利牛斯山、阿尔卑斯山、塞文山、莱茵河和罗纳河为界，恺撒把周长超过三千英里的大片地区（部分同盟者的城市除外）变成了高卢行省。恺撒也成为第一个跨过莱茵河进攻日耳曼人的罗马将领。

三 扑朔迷离的恺撒之死

恺撒在高卢的成功引起了其盟友庞培的嫉妒，此时的"前三头同盟"也已名存实亡。早在公元前54年，恺撒的女儿、庞培的妻子茱莉娅去世，这场政治婚姻的结束也断绝了庞培和恺撒之间唯一的情感纽带；再者，公元前53年，克拉苏也战死，三巨头之间的力量平衡彻底打破。

公元前49年，在庞培的怂恿下，元老院决定解除恺撒的兵权，令其返回罗马。在弄清楚这是庞培的阴谋后，恺撒决定打回罗马，便率大军越过卢比孔河①。

恺撒此举震惊了庞培，自知难以招架的庞培只好带着两万五千人仓皇逃往希腊。其后，恺撒成为罗马"独裁者"，统治着整个意大利半岛。等罗马局势稍稍稳定以后，恺撒立即进军希腊，讨伐庞培。公元前48年，恺撒率军到埃及讨伐逃到此地的庞培。时值埃及发生王位争夺战，托勒密十三世正和姐姐克里奥巴特拉七世钩心斗角。为赢得恺撒好感，托勒密十三世主动派人刺杀了庞培，并将其首级送给恺撒。但被后人称作"埃及艳后"的克里奥巴特拉七世（约公元前70年—约公元前30年）也不甘心落败，她以美色博得了恺撒的欢心。恺撒和她缠绵良久，两人卿卿我我，无话不谈。妖冶的克里奥巴特拉七世甚至还与恺撒议论过间谍的使用，

---

① 罗马法律规定：没有命令，任何将军不得率军越过这条小河，否则以谋反罪论处。

埃及艳后克里奥巴特拉七世雕像。

并抛出自己的独到观点："间谍战中不能没有女人,除非这个世界只剩下了男人。"此外,两人还生有一子。在恺撒的主持下,"埃及艳后"与弟弟共同主政埃及。此举惹恼埃及人,为此爆发亚历山大战役。恺撒彻底击败埃及军,托勒密十三世阵亡,"埃及艳后"成为古埃及托勒密王朝的最后一位女法老。

接着,恺撒又用五天时间平定了庞培部下本都王子的叛乱。他用最简洁的拉丁文写了一份捷报送回元老院,上面是那句经典且富于多重含义的"三V文书":"我来,我见,我征服(胜利)。"(拉丁文:Veni, vidi, vici)

回到罗马的恺撒受到热烈欢迎,仅凯旋式就进行了10天。他们给予恺撒很多尊贵的称号,如"终身保民官""祖国之父"等。接着,恺撒进行各项改革,包括给予北意大利和西西里岛人民罗马公民权、建立和平广场、请专家制作儒略历①等。

公元前45年,庞培的两个儿子逃到西班牙发动叛乱,恺撒再次远征西班牙,于孟达会战中击败叛军,庞培长子劳斯阵亡,次子流亡西西里。回国之后,恺撒于公元前44年成为罗马终生独裁官。

恺撒独裁统治期间,加强了罗马帝国与其他帝国的联合,提高了各行省的地位,削弱了元老贵族势力。因此,恺撒的独裁和改革遭到一部分元老贵族的坚决反对。公元前44年,为拯救卡莱会战中被俘虏的九千名罗马士兵,恺撒远征帕提亚②。卡莱会战发生在公元前53年,是罗马和安息在卡莱附近进行的一场重要战役,由罗马统帅克拉苏对阵安息名将苏莱那。最终,安息以不足两万的兵力大破罗马四万大军,成为世界军事史上以少胜多的著名战例。罗马军几乎全部被歼,克拉苏被俘杀。

这次远征也为恺撒之死埋下了祸根。恺撒出征之前,当时的占卜师说"只有王者才能征服帕提亚",这令罗马共和派议员不安,认为恺撒终将称帝。另外,在一次典礼上,罗马执政官安东尼将花环献给恺撒,并称恺撒为王。虽然恺撒拒绝,但其反对派深为恐惧。于是,经过密谋,这个自称"解放者"的阴谋集团渐渐形成。

公元前44年3月15日,一群元老叫恺撒到元老院去读一份陈情书(其实内容是假的),陈情书的内容是元老要求恺撒将权力交回议会。有一个叫马克·安东尼的人听到消息后,赶紧到元老院的阶梯上要阻挡恺撒。可参与预谋的人此时已经在一所剧院前先找到了恺撒,并把他领到了剧院的东门廊。

就在恺撒宣读这封假陈情书的时候,一个名叫卡斯卡的人把恺撒的外套脱开,然后用刀刺向他脖子。恺撒转身抓住卡斯卡的手,

---

① 恺撒采纳了埃及亚历山大城的希腊数学家兼天文学家—索西琴尼的历法计算法。儒略历从公元前45年1月1日起执行,取代了旧罗马的历法。一年设十二个月,大小月交替,四年一闰,平年365日,闰年于二月底增加一闰日,年平均长度为365.25日。由于累积误差随着时间越来越大,1582年后被教皇格里高利十三世改善,变为格里历,即沿用至今的公历。

② 又名"阿萨息斯王朝"或"安息帝国",存在时间为公元前247—224年,是伊朗高原地区古典时期的奴隶制王国。

恺撒遇刺场景。

并质问他在做什么，被吓到的卡斯卡向其他元老求助，这时，包括恺撒的亲信布鲁图斯（据称是恺撒与其情妇的私生子）在内的所有人都挥刀刺向恺撒。恺撒想要逃脱，怎奈血流太多眼睛已看不见东西，最后倒地遇害。据史学家尤特罗匹斯的说法，当时有六十多人参与谋杀。

而莎士比亚的剧作中，对恺撒遇刺场面的描述是这样的：元老院举行会议，恺撒只身赴会，一些人围在他身边，显得很亲热。这时，他们当中的一个人跑到恺撒面前，抓住他的紫袍，像是要请求什么。就在这时，周围的人蜂拥而上，掏出怀中暗藏的短剑刺向恺撒。面对突然的变故，恺撒毫不提防，他奋力夺下紫袍进行反抗，腰部中了一剑，接着一剑又刺进恺撒大腿，而这个刺杀者竟然是恺撒最信任的人——布鲁图斯。恺撒大惊失色，随后倒地，用紫袍蒙面，听任仇敌们左一剑右一剑地乱刺。就这样，一代枭雄被刺杀，而他倒下的地方，恰巧是昔日盟友庞培雕像的脚下。

而现代研究者对恺撒之死提出新观点。意大利研究犯罪行为的专家路西诺·加罗凡诺和美国哈佛大学医学院布兹塔金教授等人，通过研究和用电脑程序模拟刺杀恺撒现场，得出惊人结论：这一幕是恺撒亲手导演的，他是借助他人之手杀死了自己。

据史料记载，恺撒被刺后三小时左右，他的尸体就被仆人领回了家。医生的尸检报告称，恺撒身上共有二十三道伤口，然而只有一道（一说为三道）是致命的。刺了二十三刀才将恺撒刺死，可见行刺者当时是何等慌乱。

根据现存的恺撒尸检报告，加罗凡诺在计算机中建立了一个模拟程序还原刺杀现场，最后确定刺杀者为五到十人。随着调查和研究的深入，加罗凡诺发现，这起盖棺论定的谋杀案疑点很多，他对"恺撒之死"提出三点质疑。

其一，恺撒是罗马终身独裁者，并穿上皇帝才穿的紫袍，罗马元老院没有任何发言权。而当元老院中的议员们授其"神圣统治者"封号时，恺撒并没有站起来接受封号，而是端坐如常，这使议员们很难堪。作为政治精英的恺撒，何以这样失礼，故意羞辱和激怒他的敌人，使他们动了杀机？

其二，既然他激怒了敌人，为何在下次去元老院之前，突然不带任何保镖？有记载称，他不许卫队跟随，并说："要卫队来保护，那是胆小鬼干的事。"

其三，恺撒被刺前一天，超过三个人（包括恺撒妻子）曾警告他小心。恺撒被杀死后，手中仍握着一张警告他的纸条。这是他在去元老院的路上一个路人递给他的。恺撒为何对这些都置之不理，不做任何防范呢？

更重要的是，恺撒拥有最强大的情报系统，他的间谍不可能对政敌的刺杀计划一无所知。

另据传说，在出席元老会的前一天，恺撒和他的骑兵长雷必达一起用餐时突然发问："人怎样死去最好？"大家惊愕之际，恺撒给出答案："突然而死。"次日竟一语成谶。

综合种种迹象，加罗凡诺做出推论：是恺撒自己"策划"了对自己的谋杀。而布兹塔金的观点也与加罗凡诺不谋而合。他们的分析是：健康问题迫使恺撒要结束生命。

恺撒死时 56 岁，按罗马当时的标准已是一个老人，而且恺撒当时已患有严重的癫痫症。布兹塔金从古罗马历史资料中找到了恺撒患有癫痫病的记录。上面记载，病魔折磨得恺撒生不如死，很长时间不能处理政事。试想，像恺撒这样的人，是癫痫发作后死亡好，还是有意识地死去，并将死亡用做最后打击政敌的工具呢？恺撒无疑选择了后者。

更令人玩味的是，恺撒在遇刺的前 6 个月就修改了遗嘱，选定自己的养子、甥孙屋大维继任罗马执政官。此外，遗嘱中还要求将自己的私财平分给罗马市民，包括将台伯河的花园留做公用。

屋大维雕像。

这也许是恺撒的全部计划：故意让政敌刺死自己，而这些刺杀者因触犯法律注定要被判处死刑。而他们的死会让自己的遗嘱得以执行，甚至被刺事件还将为自己带来哀荣。

当然，这也只是一种推断。恺撒之死的真相究竟如何，依然疑团重重，留待后人去破解。

恺撒遇刺的消息传遍罗马，罗马平民的反应出乎行刺者预料：无人为恺撒之死欢呼，他们面对的是表情冷漠、充满狐疑的人群。恺撒葬礼上，罗马市民的情绪由哀悼变成愤怒，他们砸桌子、扔椅子，一些妇女甚至在哭泣时扔掉了身上的珠宝。而谋杀恺撒的人几乎没有谁在他死后活过三年。所有人都被判有罪，并以不同方式死于非命：一部分人死于海难，一部分人死于屋大维和其他恺撒部将随后发动的战争，还有一些人用刺杀恺撒的同一把匕首自杀。恺撒死后，按照法令被列入众神行列，被尊为"神圣的尤利乌斯"。

其后，恺撒的甥孙、义子屋大维成为继承人（也就是历史上的奥古斯都大帝）。后来，屋大维成为罗马的第一位正式皇帝，罗马从此进入帝国时期。

密特拉教的诡秘阴影

作者：明月吹箫

密特拉屠牛壁画。

当恺撒所开创的罗马帝制时代趋向稳定之时，一个神秘而有力的秘密结社组织却出现于古罗马帝国的视野当中。这个秘密结社组织的影响力甚至直达两千年后的今天。

现在，圣诞节已成为诸多国家和地区民众的重大节日，虽然其宗教意味大大减低，甚至趋于时尚与娱乐，但依旧是基督教文化广泛传播的标志。也许很多人想不到，两千年前的罗马帝国，儒略历十二月二十五日的祭祀和崇奉曾经属于一个来自东方的神灵，两千年的时光流逝与谎言的不断堆积，几乎抹去了基督教摇篮时期曾铭刻着的深深的异教印迹。而正是这个神秘的宗教——密特拉教，险些将基督教置于灭绝的边缘。

公元前后罗马帝国的异教世界

密特拉教源自于四千年前就出现于中亚雅利安人之中的密特拉信仰，这种信仰随着雅利安人的迁徙，向东传入印度，向南传入波斯，并发展出诸多变体，在拜火教、摩尼教、婆罗门教和佛教中都能找到其踪影。在西方，密特拉崇拜先后为赫梯帝国、诸希腊化王国和地中海的海盗所信仰，并于公元前1世纪传入内战中的罗马共和国。有趣的是，罗马人第一次接触这种宗教，是从它的敌人那里：公元前67年，庞培将军在剿灭西里西亚（今小亚细亚西南海岸）的海盗时，发现这些海盗在奥林匹斯山上

密特拉教的诡秘阴影

琐罗亚斯德教三大神祇中，密特拉和纳帕特是马兹达的助手。

举行神秘的祭祀密特拉神的仪式。

然而，一百多年后，人们才在罗马驻扎在日耳曼地区的边防军驻地那里发现了祭祀密特拉神的庙宇。在此之前，被罗马帝国征服的犹太人中出现了一个自称耶和华之子的人，在经历了一连串或真或假的神迹、阴谋、叛卖之后，一个信仰基督的小小教团从犹太教中分化出来，并开始在帝国腹地秘密传播。两千年后，已经洞悉了千年沧桑浮沉的我们已经不再怀疑它在全世界的巨大影响力，但是两千年前的它，却只是一个在秘密状态中苦苦挣扎的异端教派，甚至几度濒临灭绝，像极了它早年的仇敌——密特拉教。

帝国建立前后的罗马在宗教信仰上是包容而多元的，虽然有时候出于皇帝的个人意志曾有过对某些教派的迫害，但是诸多"异教"在帝国境内只要不企图犯上作乱，便能够生存、传播下去。不过在帝国早期，上层权贵精英乃至一般罗马"公民"信奉的依旧是罗马本土的经过高度希腊化的宗教——"努马宗教"。这种原始宗教更近于巫术，注重符咒、禁忌和占卜，崇奉一种超自然力量——努门（numen）。罗马人认为，天地万物皆有"努门"，人神皆有"努门"，神的地位高低取决于其拥有"努门"的大小，人神关系就是"努门"的传递关系。以罗马灶神维斯塔（Vesta）为例，维斯塔是罗马人家中的守护神："每家每户都有一个祭坛，整个家庭围绕在祭坛的四周。每天清晨，整个家庭齐聚于此，向圣火献上一天中最初的祈祷，傍晚时再最后一次向圣火祷告……每座房屋的主人都有保持坛火日夜燃烧、永不熄灭的神圣义务……只有在整个家庭灭绝之时，坛火才会熄灭。"这种宗教类似于万物有灵论，十分粗糙，在帝国扩张过程中自然受到其他文化尤其是希腊神话的影响。罗马的神祇名单不断加长，罗马神话几乎成了希腊神话的拉丁文翻版，如神王"朱庇特"对应希腊的宙斯，神后"朱诺"对应希腊的赫拉，爱神"维纳斯"对应阿佛洛狄忒，智慧女神"密涅瓦"对应雅典娜，月神"狄安娜"对应阿尔忒弥斯等等。除了将希腊诸神罗马化，罗马人还从古希腊人那里学到了两河流域盛行的占星术。为了维护帝国的统治，罗马早期诸皇帝如恺撒和屋大维也被列入了神祇的行列之中。

基督教和稍晚进入帝国腹地的密特拉教只是当时流行于帝国中下层民众尤其是蛮族奴隶与雇佣军里的诸多异教中的两个不起眼的角色。这些"异教"因为不拘束于信徒的出身、种族与习俗，而为下层民众尤其是奴隶和军人视作苦难人生中的唯一慰藉。

最早在帝国流行的是对大母神库柏勒的崇拜。大母神身上隐约闪现着远古时代女性生殖崇拜的母权制时代的印迹。在希腊语中，她被称作"库柏勒"（Cybele），是佛里吉亚（今土耳其中西部）的女神，是众神以及地上一切生物的母亲，她使自然界死而复生，并赐予丰收。她的典型形象是：穿着有束带的直筒状长连衣裙（称为"波罗斯"），用一条纱巾遮住整个身体。后来希腊大雕塑家菲狄亚斯的学生阿戈拉克瑞托斯创作了一个库柏勒女神的形象，并在爱琴海地区和后来的罗马世界被广为接受。希腊人的库柏勒更为生动和人性化：女神一手放在狮子身上，另一手持圆鼓。

神话中她爱上了阿提斯，当阿提斯不再爱她，而愿同一个凡人女子结婚时，这位女神参加了婚礼，并使所有来宾丧失理智。发了狂的阿提斯跑到山上，自行阉割而死，阿提斯的哀悼节相传是库柏勒在他死后创立的，这个节日在敬奉这位女神的、具有狂欢性质的秘密祭典中起着主要作用。对库柏勒的崇拜在小亚细亚十分盛行，并且较早地同对希腊女神瑞亚的崇拜合流。大母神崇拜传入罗马帝国后，便成为人们所膜拜的掌管丰收、爱情与生殖力之神明。

接下来进入罗马人视野的东方神祇是酒神巴库斯，他的母亲是宙斯和卡德摩斯的女儿塞墨勒。塞墨勒被雷电击死，巴库斯成了孤儿，先为宙斯收养，后又转为伊诺和瑞亚教养，学习打猎并驯服虎豹为他拉车，巴库斯长大后，常驾车出外游玩。有一天巴库斯又驾车出游，突然看到少女阿里阿德涅，立在海边的岩石上。阿里阿德涅是宙斯和欧罗巴的孙女，她曾帮助雅典王的儿子忒修斯杀死害人的弥诺陶洛斯，而深深地爱上了忒修斯。但命运女神拒绝他们的爱情，这使阿里阿德涅十分伤心，她看着自己所爱的人远航离去。正在痛苦之际，巴库斯满怀激情地来到她身边，这是命运女神的安排，他们相爱了。

酒神在罗马帝国成了欲望和放荡不羁的象征。帝国上下秘密地流传着酒神节。酒神节一开始是在庆祝森林神的节日中举行。届时，信徒们头上顶着羊角和尖耳朵，屁股后面安着羊尾巴，赤身露体骑在驴子背上，满街乱跑。一边调笑，一边以阳具形状的容器喝酒；女人们则围绕在一辆装载硕大男根的车子周围，狂歌浪舞。游行之后就进入神庙，男女易装相戏，恣意狂欢。因为接到了有人在酒神节上进行乱伦活动的密报，元老院对酒神崇拜进行了镇压，逮捕了七千名男女，并处死了其中的一部分人。但这种镇压不但被证明是无效的，而且酒神崇拜开始向统治阶层蔓延，甚至连皇帝自己也参与其间。

在异教诸女神中，来自埃及的伊希斯崇拜最为影响深远。因为据传说她就是基督教中圣母玛利亚的原型。伊希斯是埃及万神庙中最受人欢迎的女神，以她的魔力和治愈疾病的力量而闻名。她是宇宙的创始之神拉的后裔，是埃及法老奥西里斯的妻子与妹妹，是"众神之王"荷鲁斯的母亲。赛特妒忌奥西里斯，就以珍贵木材制作了一个华美的棺材，上面装饰满了美丽的宝石和黄金，并且是按自己哥哥的身材量身定做的，他在酒宴上宣称"能够完美躺在箱子里的人将得到这个棺材"，将自己的哥哥关在里面，盖好盖子并用沸腾的水浇洗，扔进尼罗河。伊希斯在丛林里找到了奥西里斯的尸体，然后藏在沼泽里并准备使自己的丈夫复活。但被出去打猎的赛特发现。他将自己的哥哥分尸成十四块，扔到了埃及的各个角落。虽然伊希斯再次找到他的尸骸，但只找到十三块，生殖器部分被鱼吃掉了。所以奥西里斯只复活了一个晚上，并生下荷鲁斯为自己复仇。

一个故事表明了伊希斯的重要地位：太阳神拉有很多名字，但是有一个名字是他出生时父亲努给他取的，这个名字是他所有力量的来源。谁知道了他的这个名字，就可以得到和拉神一样的力量。伊希斯很想得到这一力量，她用拉神的口水和泥土混合，做成一支长矛，放在炉子上烤干之

■ 密特拉屠牛浮雕。

后变为一条蛇（被称为"阿波普"）。伊希斯把蛇放在拉神每天经过的地方。第二天，拉神出巡的时候，蛇蹿出来，咬了他一口，拉神知道自己中了毒，让其他的天神和他一起念咒语，为他解毒。但是伊希斯念的不是为拉神解毒的咒语，而是使拉神更弱的咒语，伊希斯说："毒蛇的毒非常厉害，只有用你的名字的力量，再加上我的咒语才能够解救你。"但是拉神不愿意说出自己的名字，就告诉了伊希斯其他的名字。伊希斯把使拉神更加痛苦的咒语念得更厉害，拉神只好说出努为他取的名字，伊希斯如愿以偿，便为拉神解毒。从此伊希斯有了拉神的力量，成为众神中除了拉神之外最强大的神。每天晚上在拉神的太阳舟负担重要的责任，保护拉神的肉体。而神蛇阿波普则成了拉神的敌人。伊希斯的儿子荷鲁斯则是第一个全埃及范围的主神，以鹰的形象出现，人间的法老王被称为荷鲁斯的化身。因此荷鲁斯作为太阳神、鹰、法老王三位一体的众神之王出现。

内克塔内布一世的前院——卢克索神庙。

二 密特拉教的神秘教义与仪式

密特拉教自传入罗马帝国后便开始生根发芽、茁壮成长，据近代考古发现，它的庙宇曾遍布整个帝国，教徒们留下的祭祀密特拉神的碑文东至黑海，北至苏格兰，南至撒哈拉沙漠，其势力之大，影响之广不逊于后世的基督教。以至于研究早期基督教的权威法国学者恩斯特·勒南曾经说过："如果基督教在成长过程中因致命的疾病而受阻，那么整个世界就都是密特拉教徒了。"

▋卢克索神庙。

然而曾经如此显赫的宗教，却没能留下《圣经》《古兰经》那样的传世经典，而帝国时代作家们的作品中关于密特拉教的记载也是一鳞半爪，人们只能在那些幸存的庙宇与纪念碑上想见这个曾显赫一时的庞大教会的荣光。

密特拉教的庙宇被称作"太阳洞"，"太阳洞"大小不一，城市乡村皆有分布。在帝国的大小城市里，他们经常建在信徒的私人建筑里，有的就在马厩、商店、浴室和卧室里面以便他们祷告。有的朴实无华，有的则金碧辉煌，尤其有趣的是，很多城市的太阳神庙就建立在朱庇特（即宙斯）、朱诺（即赫拉）、密涅瓦（即雅典娜）这些罗马神话中的主神庙宇的旁边。密特拉的神庙之所以建在山洞或是地下，就是因为信徒们相信密特拉神出生的时候，世界是一片黑暗，是他将光明带给这个世界。在农村，教徒们很可能是将一个天然的山洞构筑成太阳洞的。而在城市，人们就将庙宇建在地下。如果教徒要进入庙宇就需要通过台阶（通常是七层）。太阳洞的内部摆放的宗教陈设主要是塑像、壁画和祭坛。这些物品的丰富与否，完全在于当地经济情况的好坏和民众的宗教热情高低。

在发现的密特拉神庙遗迹中，可以发现密特拉教通过多个神秘的宗教仪式来表达自己的教义，最重要的有三个：屠牛、石生和对数字"七"的崇拜。

密特拉屠牛

密特拉屠牛是密特拉教最重要的神迹，也是密特拉教教义最重要的体现，它源于印欧人中密特拉奉太阳神索尔之命盗窃公牛献祭的神话。如著名的《密特拉屠牛图》，图的上方有一轮由马车拉着的太阳。图中间的密特拉一副男子模样，他穿着者弗利吉亚式服装半跪在一头公牛背上。左膝顶住公牛的腰部，右腿紧紧夹住牛的臀部，右脚踩在牛的后蹄上，左手抓住牛的鼻子，右手持匕首插入牛的腹肋。图的中央正下方有一条蛇舔着牛血，而右下方有一只狗在咬着牛，左边还有一只蝎子咬着牛，两个火炬手分立两边；此外，牛外山拴着麦穗，左上（那个人脑袋底下）还有一只乌鸦。密特拉的两边站着两个手持火炬的神祇，右边的是月神考拖帕特斯，左边是日神考特斯，日神的旁边还有一只乌鸦，他们在两边观看密特拉的工作。牛被杀死后，却长出了各种药草，脊髓中长出了小麦可以做面包，血液中长出了葡萄可以酿酒。最后密特拉和索尔一起享用牛肉盛宴，在索尔的帮助下乘坐马车进入光明世界。

密特拉屠牛所表达的意义，可能是多样的。一方面通过杀戮公牛可以生长出粮食和葡萄，带有祈求丰产的意味，表明密特拉也可以给人类带来丰收。另一方面上古流行的二元神学体系中，日月往往分别代表生和死，密特拉是太阳神（或者奉太阳神索尔之命屠牛），而月亮则被经常认为是公牛的升华。密特拉屠牛就意味着生战胜死，意味着密特拉对世界的拯救。

石生密特拉

密特拉纪念碑碑文和雕塑、绘画中都有"石生密特拉"的形象。其中一些形象是密特拉神戴着帽子，右手拿着匕首，左手拿着火炬从石头中出生。密特拉出生的石头，并不是普通的石头，它象征着宇宙。为此还衍生出一些传说。如波斯帕提亚王朝的国王继位前夕都要躲在山洞中，臣民来敬拜他如同对一个婴儿。亚美尼亚神话中也提到密特拉躲在山洞里，一年才出现一次。这也正是密特拉的神庙都在地下或山洞中的缘由。

对数字"七"的崇拜

古代中东的宗教信仰中始终存在对数字"七"的崇拜，这有可能源于古巴比伦文化中的星期制度（金、木、水、火、土、日、月）。作为源于中亚地区，与波斯拜火教有着密切渊源的宗教，密特拉教里自然也无法避免。

传说中，密特拉将宇宙划为七层，分别由铅、锡、铜、铁、合金、银、金组成，它们分别属于土星、金星、木星、水星、火星、月球和太阳。人死后，其灵魂便沿着七个层次飞升，直到进入天顶的光明世界。

密特拉教的诡秘阴影

同样，密特拉教的教阶也是七个等级：从低到高分别是"乌鸦""新郎""战士""狮子""波斯人""太阳使者""长老"。前几个层级七岁下的儿童都可以参加，被称为侍从，而狮子以上的人则被称作"会众"。七个层级只是意味着信奉者所达到的不同层次或者说是灵魂能升达的位面，并且其层级都是保密的，只有被授予者和授予者知晓，因此并不是一种严格意义上的教阶制度，并不存在地位尊卑。但实际上为了获取上流社会的支持，担任"长老"的信徒基本上都出身于元老贵族甚至皇帝。当然女性是不允许入教的。

一个普通教众获得了成为正式教徒的身份，必须经过一场神秘的仪式。

据4世纪的基督教作家记载，入教时新人会被蒙上眼睛、被鸡肠捆住双手，然后教众们包围他们，模仿乌鸦的叫声或狮子的吼声，入教者进入水坑，有时也会在地面上跪着或躺着，戴着弗尼吉亚式帽子的祭司会持剑斩断鸡肠，自称解救。入教者还要参加一次虚拟的屠宰，观看一把沾着动物鲜血的剑，有时候还要与假扮的鬼怪搏斗。当教徒被擢升级别时还要有新的礼仪，如被提升为"战士"时会被授予一顶王冠，他必须拒绝，说："密特拉是他唯一的王冠"，接着他要以烧红的烙铁在额头烙印或是用燃烧的火炬洁净自己。当被擢升为"狮子"时则要在手上放上蜂蜜，舌头上也要抹上一些。基督教还指责密特拉用活人献祭，据说皇帝康茂德作为"长老"授予位阶时还曾真的杀死了一名"战士"，虽然他以为只是假装杀死了而已。

三 密特拉教、罗马帝国与基督教

密特拉教虽然比基督教传入帝国腹地的时间还要晚，但是在帝国的大部分时间，拥有着比基督教远为显赫的地位：东至黑海，北至苏格兰，南至撒哈拉沙漠，西至大西洋，几乎遍及帝国的疆域。密特拉教信徒必须是男性。因此，密特拉教就几乎成了士兵的宗教。密特拉的碑刻则遍布驻军的前线，不列颠、莱茵河、多瑙河、幼发拉底河。除了士兵之外，奴隶和被释奴隶也是密特拉信徒中的重要组成部分。密特拉教的势力还渗透到社会上层，由于罗马统治阶级对密特拉教的支持，有许多人怀着能够得到统治者赏识从而获得晋升的目的，也纷纷加入密特拉教。

很多地区的元老、骑士甚至罗马皇帝都是密特拉神的信徒。

密特拉教最辉煌的顶点是在308年，已经退休的戴克里先皇帝，召集罗马帝国的四个皇帝在奥地利为密特拉神举行了一次祭祀活动。在这次祭祀中，皇帝们尊奉密特拉神为帝国的保护者。密特拉教之所以能取得如此显赫的地位，是在于它很谦卑，懂得如何为吸引信徒尤其是高层信徒而自我改变。

密特拉教"剽窃"在罗马世界盛行的各种宗教的教义，有意将自己和其他宗教混同起来。比如，密特拉教将密特拉神和太阳神索尔相联系，称密特拉为"不可战胜的太阳

187

宏伟的埃及神庙。

神"。同时在自己的神庙里，供奉当时流行的各种神祇。加入密特拉教，不必放弃自己本身的信仰，所以信徒的数量迅速增加。

密特拉教的神秘礼仪以及对灵魂拯救的许诺，无疑对于士兵和奴隶阶级有很大的吸引力。这使必须依赖于军队和被释奴隶来统治帝国的皇帝们为了自己的政治目的而崇奉密特拉教，而骑士元老们为了获得皇帝的赏识也大量加入密特拉教。与此同时，密特拉教对上层百般讨好，最高教阶基本由元老垄断，皇帝则被说成是密特拉的助手或化身，也赢得了统治阶层的赏识。同时，密特拉教崇尚罗马传统的占星术，也起到了吸引信众的作用。

然而，这种为了传教不惜代价，甚至放弃教义的严肃性的做法终究是太过于急功近利的，因此当在教义纯洁性、教团严密性、教规严格性各方面远远胜过密特拉教的基督教后来居上，并开始向军队和贵族扩张的时候，一盘散沙、依赖于统治者垂青的密特拉教便难以招架了。4世纪时，基督教会的地位逐步提高，先是获得合法地位，尽管后来一度遭到迫害，但终于在帝国时代末期成为国教。失去统治者庇护的密特拉教遭到了残酷的迫害，狂热的基督教徒狂暴地破坏密特拉教神庙、驱逐甚至杀害密特拉教教徒。在这个危急的时刻，这个罗马帝国中人数众多、教中不乏地位显赫教徒的宗教毫无还手之力。很快，密特拉教便在帝国之中销声匿迹，但是人们依旧在二百多年后的乡村中，发现下层基督徒们总是在太阳初升的时候向太阳鞠躬，向它祈祷。

然而，密特拉教虽然被基督教所毁灭，却在基督教中留下了深深的印迹。

圣诞节：密特拉的生日是儒略历十二月二十五日，这是274年由罗马皇帝奥勒良指定的，这一天正好是圣诞节。而关于耶稣的生日，除了《新约》教会早期文献几乎没有记载，而现代学者研究推断《新约》里耶稣的生日具体不详，但绝不会是冬季。把圣诞节固定在十二月二十五日之时，已经是奥勒良的命令发布百年之后的事情了。圣诞节是基督教"剽窃"密特拉教，这一点显而易见。

圣水：据出土的祭坛显示，密特拉坐在大石头上，用手指着放在地上的大罐子。罐子里的水正慢慢地涌出来。而站在图下方右手边的人用手杖指着大罐子，左手边的人则打算用手中的容器去接水。这个场景和基督教中的上帝神迹非常相似。《出埃及记》中，众人向摩西讨水，摩西求助于上帝。上帝令他用手杖敲击巨石，巨石就流出水来。

▎埃及神庙的壁画。

圣餐： 密特拉教的圣餐使用面包和酒。教徒认为他们通过面包和酒得以重生。这与基督教完全相似。

修道： 为了把教徒和救世主联系起来，密特拉教发展出一整套考验措施。为了阻挠一般大众，这些考验是很严苛的，以至于它们的名字就叫作"惩罚"。比如斋戒50天、长时间游泳、触摸火焰、在雪地里躺20天、被鞭打两天、在沙漠中绝食等等。这些可怕的折磨要了很多教徒的命。而基督教也曾有过类似的现象。

《出埃及记》中的圣水。

早期道教与汉末秘密战

作者：明月吹箫

秘密战3000年

今人所作《梦游天姥吟留别》。

"惟觉时之枕席,失向来之烟霞。世间行乐亦如此,古来万事东流水。别君去兮何时还?且放白鹿青崖间,须行即骑访名山。"这行诗句出自李白的《梦游天姥吟留别》,抒发了诗人对成仙梦幻破灭后的怅然若失与对修真得道的热切向往。几千年来,道教总是与绮丽的神仙传说、神秘的符咒丹药、高迈的仙风道骨、优美的丝竹书画乃至于高道、女冠们的风流韵事联系在一起。浓厚的浪漫色彩与旖旎的美丽光环笼罩着这个已有近两千年历史、拥有千百万信徒的庞大教会,以至于让世人有意无意地忘却了道教早年数个世纪的时光里曾有过的梦想、血腥、阴谋与悲壮。

早期道教是指东汉发轫期的道教。三国之后的道教,依旧有着张天师家族历经朝代更迭而不坠的千年传承,有着孙恩、卢循重创东晋王朝的巨大震撼力;有着寇谦之、葛洪、陶弘景的神话色彩;有着王重阳、丘处机的传奇经历与全真道的极盛一时;有着张三丰的神话般传说与武当的异军突起;有着宋徽宗、明世宗这样对道教痴迷的皇帝;有着八仙过海的美丽传说。但匍匐在帝国体制下,以长生不老的诱惑和对民众的教化之功来求得朝廷恩宠有加的道教领袖们,早已忘却了他们的先祖曾有过的对"清平世界"的追求与不惧强权的舍生忘死,而热衷于邀宠献媚,以博得权位名利。道士们几乎完全纳入朝廷的掌控之中，他们拥有和世俗官员一样的品级与俸禄，早期道教那种在历史烟云中时隐时现却能倾覆一个四百年王朝的神秘势力也不复存在。

一　《太平清领书》的秘密

关于道教的创始者，长期以来存在着一个神话般的人物——生活于东汉中叶的第一代天师张道陵（张陵）。据天师家族第42代传人、生活于元末明初的张正常所作《汉天师世家》记载，张陵为西汉开国功臣张良八世孙，沛国丰邑（即刘邦的故乡）人。汉光武帝建武十年出生于天目山，7岁时便能领悟老子道德经的奥秘，通晓天文地理诸子百家，而后进入东汉的最高学府——太学，成为一名太学生。25岁时被举荐给朝廷，任命为江州县令（今重庆），后来辞官归隐于洛阳北邙山。北邙山历来便因"风水"尤佳而成为洛阳显贵们的墓葬之所。相传老子正是在北邙山上用太极八卦炉修炼成仙丹，乘青牛飘然西去的。张陵来到这里后，潜心修习黄老长生之道。他研读了《道德经》、《河图》、《洛书》以及谶纬之学。3年后，据说得到了《黄帝九鼎丹法》，相传神兽白虎曾口衔符咒赠予他。在信奉谶纬神学的东汉朝廷看来，张陵是难得的人才，所以两代皇帝都曾派人召他回朝为官，甚至不惜以太傅的高位和县侯的封地来诱惑他。然而，这天大的诱惑也没有动摇张陵的修道之心。56岁时，他和弟子王长沿江淮南下，渡过鄱阳湖，来到江西云锦山，在那里修炼成了九天神丹。炼成之日，有青龙白虎出现，所以云锦山就被命名为龙虎山。年已花甲的张陵服食神丹后返老还童，便回到中原，在嵩山石室里得到了三皇五帝时代的道经。

99岁时，张陵携弟子来到巴蜀之地，定居于鹤鸣山，依据《太平清领书》继续研修道术。108岁时，张陵自称太上老君于正月十五日降临，亲手授给他《正一盟威秘箓》、

▎天师道传说中的道教祖庭四川鹤鸣山。

法印（三五都功玉印）、法剑（雌雄斩邪剑），封他为"天师"，要他推行"正一盟威之道"（即"天师道"）。于是，张陵尊奉老子为教祖，《老子五千文》为主要经典，创立道教组织，制定教规仪式，设立"二十四治"（即二十四个教区）。因凡入道者都必须交纳五斗米，所以也被称作"五斗米道"。由于张陵得道而创立道教，所以就被信徒们称作"张道陵"。张道陵于119岁时"羽化升仙"，其子张衡继任，而张衡的儿子则是东汉末年割据一方的张鲁。

道教始祖张道陵的故事固然传奇动人，但明显带有神话色彩及虚构痕迹。这样的表述使得道教的诞生史笼罩着层层迷雾。而真正的道教诞生史虽没有如此浪漫玄幻，却因其风云激荡而更加震撼人心。

道教的诞生，始自一部传奇经书《太平清领书》。该书据说是于吉所得神书，由其弟子宫崇献给朝廷。整本书写在白色的丝帛上，每篇的题目都用朱色写成，写在上面的文字则是青色的，故名。它是一部多达一百七十卷的鸿篇巨制，内容庞杂，显然不是一人一时所作，被认为是道教的开创性经典。《太平清领书》虽然思想复杂，但主体却是谶纬神学与巫术鬼道。这正是东汉朝廷一直尊崇的，而其作者的意图也在于挽救汉家危亡。然而，它不但没有得到最高统治者的肯定，反而被认为是"妖妄不经"，被束之高阁。几年后，上书陈奏推荐此书的方士襄楷则被加以"违背经艺，假借星宿，伪托神灵，造合私意，诬上罔事"的罪名，囚禁两年之久。

究其原因，是《太平清领书》中有着对大汉帝国致命的威胁："太者，大也，言其积大如天，无有大于天者。平者，言治太平均，凡事悉治，无复不平"，"治太平均""无复不平"乃是高于一切的真理，皇帝虽尊也不过是天子，而"太平"是天道，自然比皇帝的权威更高。而一句更激烈的话语更是直指天地间的不公："此财物乃天地中和所有、以共养人也。此家但遇得其聚处，比若仓中之鼠，常独灭食，此太仓之粟，并非独鼠有也。小内之钱财，本非独以给一人也，其有不足者。恶当从其取也。愚人无知，以为终古独当有之，不知乃万尸（户）之委输，皆当得衣食于是也"。"太仓""小内"乃是指的皇家的仓库，其中的巨万财富来自"万户"的"均输"，原本应该由"万户"来"衣食"之，然而却被"独鼠""一人"所吞噬，"或积财亿万，不肯救穷周急，使人饥寒而死"。如此残暴不仁的君主，自然失去道统上的权威。而"人无贵贱，皆天所生"这句两千年前的"人权宣言"更是穿越时空，震撼人心。

然而，这部对朝廷具有莫大威胁因而被封存于宫廷中的"禁书"，却莫名其妙地落入了一位名叫张角的人手中。汉朝时印刷术尚未出现，不存在后世的出版事业，而藏于朝廷之中的"禁书"更不可能公开发行，一位民间术士是如何得到的，千年后想来依旧令人感到不可思议。如果不是张角有着不平凡的出身经历，便是朝廷中有位位高权重者故意为之。

二 张角与黄巾起义

张角出身于钜鹿张氏，钜鹿张氏是一个著名的方术世家。燕赵之地原本便是方术、阴阳家众多的地区，秦始皇、汉武帝时代的著名方士中就有多位来自此地。而道教的诞生无疑深受阴阳家方术的影响，后世道教中的神仙谱系和炼丹修真多源自阴阳家。

张角得到这部书后，自称"大贤良师"，创立了太平道。"太平道"一词源于《太平清领书》中所云"太平道，其文约，其国富，天之命，身之宝"。"太平道"当然不可能向信徒宣扬长达一百七十卷的《太平清领书》，甚至除了教会高层外也许信徒大多不识字。真正让这个小小教派几年间便成为拥有数十万信徒的庞大组织的原因，其实来自于一场规模及危害都十分巨大的传染病。

东汉末年，中原不断发生瘟疫，仅在灵帝时代，就有公元171年、173年、179年、182年、185年共五次之多。"建安七子"中有四人死于瘟疫，张仲景家族二百口死亡约三分之二。据估测，东汉年间共有两千多万人因瘟疫而死亡，约占总人口的三分之一。这场可怕的瘟疫被称作"伤寒"，但并非今日所说的伤寒病，其中也许包含了霍乱、痢疾、肺炎、流行性感冒等传染性疾病，甚至可能有匈奴人当年为了抵御汉军而播撒下的出血热病毒。瘟疫令许多家族灭绝，"家家有僵尸之痛，室室有号泣之哀，或阖门而殪，或覆族而丧"（出自曹植《说疫气》）。曹操曾在名作《蒿里行》中沉痛的描绘了当时的惨状。

铠甲生虮虱，万姓以死亡。
白骨露于野，千里无鸡鸣，
生民百遗一，念之断人肠。

惨烈的瘟疫却给了太平道成长壮大的机会。《后汉书·皇甫嵩传》描述，张角"奉事黄老道，畜养弟子，跪拜首过，符水咒说以疗病，病者颇愈，百姓信向之"。《三国志·张鲁传》注引《典略》称太平道"为符祝，教人叩头思过，因以符水饮之，得病或日浅而愈者，则云此人信道，其或不愈，则云此人不信道"。面对瘟疫，张角的方法是让患者忏悔自己的过失来赎罪，并让患者服下"符水"治病。这种治疗方法虽然看似荒诞，但从其能发展到数十万信众的效果来看，

张仲景的《伤寒杂病论》即产生于汉末大瘟疫的背景下，但这位医中圣手自己的族人也大半死于瘟疫。

如果没有明显的疗效是做不到的。太平道一定使用了中药、气功治疗、心理疗法等方法，只是这些治疗方法蒙上了神秘的宗教色彩而已。治疗瘟疫为张角和太平道赢取了巨大的社会声望。据史书记载，太平道几年间便拥有了几十万信徒，势力发展到青、符、幽、冀、荆、扬、兖、豫八州（当时汉朝一共有十三个州）。为了投奔张角，大批的信徒变卖家产、千里奔走，上万人在路上得病而死。太平道的崛起也曾引起统治阶层中部分官员的警惕，他们纷纷上书朝廷，要求加以镇压剿灭。然而，此时的朝廷高官包括皇帝本人都信奉黄老道，在他们眼中，张角也是在传播教化人心的"善道"，所以并未理睬。

就算张角在创教之初只想着扶危济困、救治百姓，但随后接踵而至的巨大成功，无疑激发了他的梦想（或是野心）——创建一个"治太平均，凡事悉治，无复不平"的"太平世界"。无论这是一个追逐清平世界的伟大梦想，还是一份违逆自然的狂妄野心，他确实义无反顾地去做了。而此时的天下大势也让他看到了成功的希望。自汉章帝之后，东汉朝廷便陷入外戚当政和宦官专权的血腥循环之中。有汉一代，朝政被七个庞大的世家大族所把持，而皇帝则只能依赖于宦官集团以暴易暴。再加之两次党锢之祸后，正直士大夫遭到残酷的摧残，朝政失去制衡，日益走向腐败与黑暗。而东汉中后期恰恰是个天灾人祸不断的时代，连绵不断的瘟疫、灾荒与边境战争，使因长期内讧而变得虚弱的朝廷应接不暇。虚弱的帝国中央政权，已失去对世家豪门兼并困苦的控制力，也无力再对百姓加以赈济扶助。绝望中的民众发出了

"发如韭，剪复生；头如鸡，割复鸣。吏不必可畏，小民从来不可轻"的呐喊，而张角这样一个救世主的出现，正给了他们一个巨大的希望。救治万民的疾患固然让他们感恩戴德，传说中无忧无虑的太平世界，更是让苦难中的民众憧憬向往。

张角开始着手实施他的梦想。他将信徒分为三十六方，大方万余人，小方六七千人，每方设一渠帅，又在天下各郡国派出八名使节，联络呼应。"三十六方"正来自《太平清领书》："其余公卿有司仙真圣品大夫官等三百六十一，从属三万六千人，部领三十六万。"太平道不但在民间拥有数量庞大的信徒，其势力也渗透到了朝廷内部，连身居高位的大宦官中常侍封谞、徐奉都信奉了太平道，甚至皇宫中很多卫士也是太平道信徒。为了动员信众，张角提出了一个著名的口号即"苍天已死，黄天当立，岁在甲子，天下大吉"。这句口号的真正含义，现在多认为是太平道借用了"五行循环学说"，想以尚黄的土德来取代火德的汉朝，之所以说"岁在甲子"，一则是因为起义的日期预定在汉灵帝中平元年（甲子年），更因为《太平清领书》中有"凡物生者，皆以甲为首，子为本，故以上甲子序出之也"的说法。六十年的轮回之中，甲子年正是"元气初生，万象更始"，旧世界将死去，而新世界即将诞生的年头。而值得玩味的是，《太平清领书》在汉朝时曾三次被献给朝廷，又三次被朝廷所"封杀"，每次之间正好隔着六十年，整整一个甲子。这或许仅仅是巧合，抑或是有种我们不得而知的力量在暗中操纵。

在2月初，各方首领及信徒便已着手准

早期道教与汉末秘密战

油画《黄巾起义》。

备。他们用石灰在洛阳的市门及州郡官府的墙上书写"甲子"等标语口号。一大方的渠帅马元义首先通知荆州、扬州的信徒数万人，到邺（河北临漳）城集中，准备起义。而之所以在邺城集中，也是因为"邺"与"业"同音，有创立基业之意。马元义还多次到京城洛阳与内应宦官中常侍封、徐奉约定，在3月5日①里应外合，一道起义。可见，整个黄巾起事甚至每一个细节都是经过周密策划的，而所有的依据都是那部神秘的《太平清领书》。

然而在关键时刻，太平道内部出现了叛徒。济南人唐周上书告密，得知密报的汉灵帝大惊失色，他实在想不到自己也信奉的黄老道里居然有想要倾覆汉帝国的庞大阴谋组织。他连忙告知朝廷三公与负责京城治安的司隶校尉，派遣钩盾令周斌率领官吏，去捉拿潜藏在皇宫卫士、宦官与洛阳市民中的太平道徒。结果捕杀了一千多人，马元义车裂而死。接着，朝廷派人去冀州捉拿张角，张角只得提前起事，自称"天公将军"，弟弟张梁和张宝分别称为"地公将军"和"人公将军"。天地人三将军的称谓来自于《太平清领书》："有天治、有地治、有人治，三气极，然后歧行万物治也。"起事者皆以黄巾裹头，以示"黄天当立"之意。黄巾军一时间遍及七州二十四郡，帝国四分之一的地区被卷入了这场巨大的漩涡之中。

---

① 这个日期内含"三""五"两个数字，分别代表"三才"（"天""地""人"）和"五行"（"金""木""水""火""土"）。

197

三星堆遗址青铜人像。

三 五斗米道的创立

在太平道揭竿而起的同时，巴蜀一带出现了另一个著名的教派——五斗米道。然而，很多历史学家认为，五斗米道的创立者，并不是张鲁的祖父张道陵，而是一位看起来不起眼的小人物——张修。

张修是巴郡人，与张角的传道时间大致相当。《后汉书》中记载："修法略与角同，加施静室，使病人处其中思过。又使人为奸令祭酒，主以《老子五千文》，使都习，号'奸令'为鬼吏，主为病者请祷。请祷之法，书病人姓字，说服罪之意。作三通，其一上之天，著山上，其一埋之地，其一沈之水，谓之'三官手书'，使病者家出米五斗以为常，故号'五斗米师'也。实无益于疗病，但为淫妄，小人昏愚，竞共事之。后角被诛，修亦亡。及鲁在汉中，因其民信其修业，遂增饰之。"

"五斗米道"只是习惯称法，其正式名称应该是"正一教"，崇拜的主神应该和太平道一样都是"黄天正一"，即俗称的"玉皇大帝"。五斗米道已有一套初步的教阶系统，除了信徒外，已有神职人员和简单的教制，分管不同的教务。神职人员中有奸令、祭酒、鬼吏，入道较久者称奸令和祭酒，管理一般的鬼吏。祭酒主讲《老子五十文》，鬼吏施行符水疗病的法术。而信徒所捐纳的五斗米则成为教会的经费来源。

较之太平道，张修所创立的五斗米道有自己的特征，普及的教义以较简短的《老子五千文》为范本。而"三官手书"则是借用了秦汉社会中对天、地、水三神的崇拜心理：天官赐予福运，地官宽恕罪恶，水官消解灾难。做法时，将病人的姓名写在符咒上，注明赎罪之意，然后一份放到高山之上，一份埋在地下，一份则沉入水中。还有一种办法：先让病人在静室中忏悔自己一生所犯下的罪恶，以求得神灵的宽恕。五斗米道在巴蜀汉中的盛行，自然与此地上千年的巫鬼传统有关。早在三星堆文明时代，我们就可以在那些造型独特、气度诡秘的青铜面具身上看到这种对鬼神的崇敬。然而，值得注意的是张修的五斗米道与张角的太平道之间其实有着很深的渊源。

《太平清领书》在论述以"一师四辅"为核心的神仙谱系结构之后说："其余公卿有司仙真圣品大夫官等三百六十一，从属三万六千人，部领三十六万，人民则十百千万亿倍也。常使二十四真人密教有心之子，皆隶方诸上相，不可具说。"这说明张修所创立的二十四治和张角所创立的三十六方同样都来自《太平清领书》。在东西两大道派势力之上，似乎存在着一个更高的决定者，只是由于原始道教在两大地域分别发展，本来共同的教理逐渐在当地演变，故有太平道（"蛾贼"）、五斗米道（"米贼"）之分。而不同地域的所谓创教活动，事实上就是把最初共同的经典和教理，根据各自所处社会和文化条件而进行调整的过程。吕思勉先生论曰："案张角之起也，杀人以祠天，此为东夷之俗，修法略与角同，其原当亦出于东方。"

在这里我们可以看到诸多看似不可思

议的事情，太平道起事的口号是"岁在甲子、天下大吉"。《太平经》曾三次献给朝廷，而三次被拒绝，每次之间正好相隔一个甲子。而"三十六方"之数与"二十四治"之数不但来自同一篇文章，而且加起来正好是六十——一个甲子之数！而且，三十六方不含西部之地，二十四治不含东方之地。太平道的势力遍及青、徐、幽、冀、荆、扬、兖、豫八州甚至远及交州（今两广、海南、北越），但却不进入益州这一发展道教的风水宝地。原始道教的这两大地域分布似乎是某个更高意志的安排，而这种更高势力的显现正是那本神秘莫测的《太平清领书》。

张角在东方起事之时，张修也在巴蜀汉中起而响应[①]，东西方两大教会历经十几年的传播壮大，终于一齐爆发出积聚多时的力量。而那个历经二百多年而始终不悔的梦想，也终于无法再忍耐朝廷的无动于衷而铤而走险。然而，对千年清平世界的伟大梦想，终究抵不过尘俗世界中的权谋与利害。衰老的汉帝国虽然已经日暮西山，但是其政权体系和军事力量毕竟还是强大的，而对太平世界的狂热与不惧死亡的勇气，终究无法弥补军事素养和武器装备的不足，尤其是缺乏优秀的军事指挥官更是无法补救。更为重要的是，他们虽然在宦官和军队中有自己的信徒，但却无法渗透进实际掌控帝国政府的士族门阀之中去。这不仅是因为这些服膺儒家学说的士大夫们很难接受带有浓厚道家和阴阳家色彩的太平道，更在于事实上存在的一个权力模式：即由于汉帝国尊崇儒学，所以高级官职大多归属于精通儒学者，而当时的儒学学术正是被几十个大家族所垄断的，所以儒学的正统地位不但是个人信仰问题，而是关系到士族门阀们权力、财富、地位的命根子。

黄巾军不过9个月时间便被汉军消灭，而张修也被迫投降，已经死去的张角甚至被开棺戮尸。看似经营多年、轰轰烈烈的一场追逐太平世界的梦想便这样灰飞烟灭了。然而，与此同时，东汉帝国经此一役，也彻底走向毁灭。在战争中兴起的军阀们尾大不掉，开始陷入长期的割据混战之中，而在黄巾军被消灭短短36年后，延续四百年的大汉帝国也走向了末日。而历史证明，被血腥镇压

▋发生在公元184年的黄巾起义，选自《柏杨版通鉴纪事本末》。

[①] 由此也证明这两个庞大的教派组织至少存在盟友关系，甚至就是一个更庞大组织的分支。

的教派依旧拥有着巨大的势力,不时从历史黑幕的深处冒出来搅乱着天下的运程。

中平五年,张角死后的第4年,各地黄巾军卷土重来,声势浩大。

二月,郭太率领十余万黄巾军在西河白波谷重举义旗,攻克河东郡,向太原进军。

四月,汝南黄巾军万余人攻城略地。

六月,凉州黄巾军马相等人聚众于绵竹,杀死县令李升,一两天内发展了数千人,派兵进攻雒城,杀死刺史,并攻下蜀郡、犍为,十天的时间便连陷三郡,马相自称天子,拥兵数万,又攻下巴郡,杀太守赵部。

十月,青州、徐州三十万黄巾军起事,人数与张角时不相上下。

初平二年十一月,青徐黄巾军北渡黄河,进入冀州,企图和太行山周边人数多达百万的黑山军会师,可惜没能成功。

初平三年四月,百万青州黄巾军南下作战,杀死任城国相任遂、兖州刺史刘岱,势力遍及青徐兖豫四州,自中平元年黄巾军大起义以来太平道再次达到了势力的顶峰。

同年冬天,在寿张之战中,青州黄巾军因拖家带口,在饥荒遍地的乱世中无以为生,集体放下武器投降曹操。曹操接收降卒三十余万,男女百万余口,收编成大名鼎鼎的"青州军"。建安元年二月,汝南、颖川的数万黄巾军被曹操消灭。

与此同时,西方的五斗米道的起事也以失败而告终。教主张修在张角死后,被迫于次年离开汉中逃亡异地。

四 董扶和于吉

东西两大教派的先后失败,使一直深藏于幕后的大人物们失去了耐性,直接走上了前台。

中平五年,一位名字叫作"董扶"的大人物出现在漩涡的中心。据《后汉书》记载,他是广汉绵竹人,一位精通儒学和谶纬之学的大才子,因为才华横溢、名满天下,朝廷十分器重。"前后宰府十辟,公车三征,再举贤良方正、博士、有道",先后多次邀请他出仕为官,都被他以身患重病的名义推却。直到灵帝时,才在大将军何进的推荐下,担任了侍中的显要官职(侍中是皇帝的近臣,可出入内宫,跟随皇帝左右)。董扶与中常侍封谞、徐奉、张让等人一样,均属灵帝时名臣刘陶上疏中所谓"鸟声兽心,私共鸣呼"的一类人物,他们深处帝国政治漩涡的最中心,最早知道了大汉帝国的覆灭已是不可避免,因此也最早开始寻找历史的出路。

董扶与出身皇族的太常①刘焉交好,告诉刘焉:"益州分野有天子气",对董扶信服备至的刘焉便向朝廷上书请求外放。正在此时,汉灵帝为了稳固对各郡国的统治,把原本的州刺史改名为"州牧",给予统帅军

---

① 九卿之一,掌管礼仪祭祀文史音乐等。

队之权。刘焉既是汉室宗亲，自然被任命为益州牧，而董扶也被任命为蜀郡属国都尉，负责管理巴蜀的少数民族事务。联系到他本身就是蜀人，他劝刘焉赴益州出任州牧（太常的品级在州牧之上），实劝其尽快离开朝廷，谋求自立。诡异的是，短短一年后汉灵帝便驾崩。他虽然昏庸，但毕竟是大汉朝野最后一位享有权威的皇帝，灵帝的死揭开了汉末三国长达97年的天下大乱的序幕。

达到自己的目的后，董扶便辞官归隐，可见其本来目的并不在官位，而是使刘焉与各地道教起义势力一起，在客观上形成与朝廷对峙的格局，在事实上使道教在偏远的益州拥有地方势力。更进一步说，是刘焉亦有可能信道。《资治通鉴·卷六〇·汉纪五十二》："初平二年（191年），刘焉在益州阴图异计。沛人张鲁，自祖父陵以来世为五斗米道，客居于蜀。鲁母以鬼道常往来焉家，焉乃以鲁为督义司马，以张修为别部司马，与合兵掩杀汉中太守苏固，断绝斜谷阁，杀害汉使。"可见曾在朝廷任太常的刘焉，出任益州牧后，对已经与皇帝形成敌对关系的道教不但没有任何抵制态度，反而与其建立了不同寻常的密切关系。

建安五年，在遥远的东吴出现了一个神话般的人物，那就是大名鼎鼎的于吉，传说中的《太平清领书》作者。建安五年距顺帝时于吉的弟子献《太平清领书》近七十年，此时的于吉至少也在一百岁以上，是否是同一个人已经难以追索。但是在江东出现的于吉显然是位仙风道骨的高道，他来到吴地后，"立精舍，烧香读道书，制作符水"，备受万民爱戴。有一天，孙策在城门楼上宴请诸

■《三国演义》中的于吉形象。

将宾客。于吉知道了这个消息，便穿着华丽的服饰，乘坐着仙人铧来到城门下，参加宴会的诸将宾客有三分之二不顾礼节下楼跪拜相迎，主持宴会的官员大声呵斥都不能阻止。面对着这位神秘大人物的公然示威，愤怒的孙策下令捉拿于吉。信徒们连忙派妇女去找孙策的母亲求情。策母对孙策说道："于先生曾经在军队中做善事，救护受伤的将士，不能杀。"然而，母亲的求情却坚定了孙策的决心，回答道："此子妖妄，能幻惑众心，远使诸将不复相顾君臣之礼，尽委策下楼拜之，不可不除也。"前半句只是冠冕堂皇的借口，后半句才是真心话：将领们居然不顾君臣之礼，把于吉看得比自己还重要，自然容不得了。将领们连忙联名上书，为于吉求情。但他们也许想不到自己的求情书却成了于吉的催命符。孙策亲自监斩，杀死于吉后，将他的头颅挂在街市上示众。然而，他的信徒并不相信他已经死去，都说他是"尸解"升天了，依旧对他顶礼膜拜。而诡异的是孙策也在不久后被刺杀而死，英年早逝。太平道在政治舞台上的显性势力从此消失。

然而，太平道却在帝国的最边缘——交

州，这一天高皇帝远的地方得以生存下来。交州是离帝国心脏最遥远的地区。据高僧牟子的《理惑论》记载，灵帝死后不久，有来自北方的"异人"带来"神书百七十卷"，即《太平清领书》，两任交州刺史朱符、张津都因为信奉太平道而死。

五 张鲁的"太平世界"

而在巴蜀地区，一个名字叫作"张鲁"的人登上了历史舞台。他祖父是张陵，父亲是张衡，但他的发迹却与其母亲有关。传说其母卢氏人到中年依旧貌美如花，并且精通巫术，因而经常出入益州牧刘焉的府邸。这固然证明了张鲁是依赖于裙带关系才获得重用，也证明了刘焉也可能信奉道教。刘焉对道教的庇护态度，必然导致其和朝廷之间产生激烈矛盾。而忠于朝廷的汉中太守苏固正控制着进入巴蜀的通道。为了封闭朝廷大军进入巴蜀，刘焉启用了两位五斗米道中的高层人物：一位是与自己关系密切的张鲁，任其为督义司马；另一位是起事失败而逃亡在外的张修。任用朝廷严厉镇压的"魔教"领袖，其中一位还曾因起兵叛乱而被通缉，显然犯谋逆之罪，由此也坐实了五斗米道在上层中的庞大关系网络。

接下来，张修和张鲁合力杀死汉中太守苏固，封闭了通往关中的斜谷通道，杀死了汉朝廷派来的使节。五斗米道再次公然与朝廷站在敌对的立场上，然而因天下大乱，自顾不

暇的帝都已无力讨伐，不得不默认了他们的独立地位。不久，五斗米道内部发生火并，张鲁杀死了张修，吞并了张修的部众。为了巩固自己在五斗米道中的正统地位，张鲁编造了一个关于他祖父张陵以及父亲张衡的政治神话。多少年后，随着张天师家族在道教中正统地位的确立，这个神话也被当作道教的真正来源而广为人知，而那位天师道真正的开创者却失去了应有的历史地位。

刘焉死后，出于复杂的目的，刘焉的儿子、新任益州牧刘璋杀死了张鲁的母亲卢氏等一家三十余口，本就存在的政治矛盾在家族仇恨的冲击下走向了决裂。此后三十年间张鲁在汉中割据自立，成为我国古代第一个

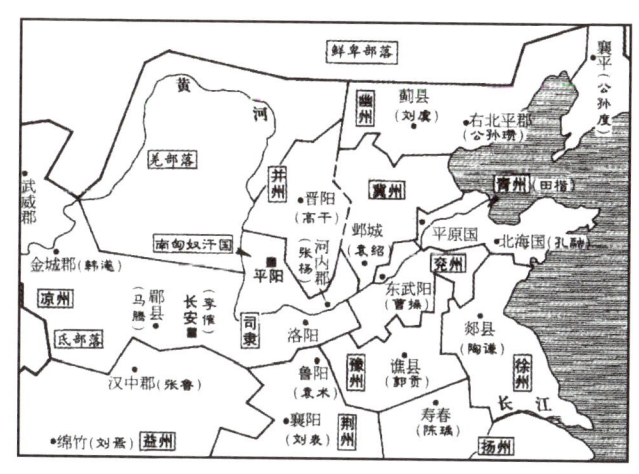

■ 董卓死后群雄割据形势。

有明确记载的政教合一的政权。张鲁在抹杀了张修的历史贡献后，却接受了张修的教义，并将其发扬光大。

第一，他接受了东汉朝廷（其实就是曹操）加封的镇民中郎将，领汉宁太守的官职，并连年进贡。当民众在地底挖出玉印，想拥戴他称"汉宁王"，却被拒绝。在对外保持着恭顺的同时，对内却公然按照《太平清领书》的教义建造自己的人间"太平世界"。他自称"师君"，没有按照汉制设置各种官职，而是以五斗米道中的"鬼吏—祭酒—治头大祭酒"教阶体系代行政权，建立了"政教合一"的政权体系。

第二，以教义感化民众，对于犯罪的民众第一次宽恕，第二次加以告诫，第三次才动用刑罚。对于犯有小错的，则罚他们整修道路以代替刑罚。为了保护万物生长，禁止在春夏两季屠杀生灵，禁止酗酒。

第三，推行善化，在道路上设立义舍，置义米义肉供教徒、饥民和行路者往来之用。让人自由取食。其目的是招引外地流民，让这些流民加入五斗米道，达到扩大宗教组织的目的。义舍的经济来源大概是托名于"供道"的租米制度，即由道民交纳一定数量的米肉诸物，对义米义肉实行限量供应，食者量腹取足，过多则鬼能病之。

由此看来，在天下大乱、群雄割据、生灵涂炭的汉末，张鲁治下的汉中无疑是人间天堂，一方净土。虽然张鲁自己也无法实现《太平清领书》里那个理想的"太平世界"，但毕竟给处于黑暗中的人们带来一线光明。

只是，这光明也只存在了三十年。

建安二十年，曹操的军队攻破了汉中。张鲁为免生灵涂炭，率众投降，部众被曹操分别迁徙到关陇、渤海、洛邺等地，五斗米道的教派组织也随之风流云散。激荡了近三百年的一场"太平梦"似乎随之落下了沉重的帷幕。

六　曹操与道教的瓜葛

然而，历史远比史书上的白纸黑字复杂千万倍。在汉中五斗米道"小太平世界"覆灭，三百年"太平梦"被粉碎的落日余晖中，一个既熟悉无比又有些陌生的影子出现在人们的视线中——曹操。因镇压黄巾军且消灭张鲁政权，曹操曾被视作早期道教的死敌，然而20世纪70年代，在曹操先辈的墓葬中却发现了赫然刻有"祭酒""苍天已死"字样的遗物；而太平道的确在宦官中传播过，他们当中不但有因暗中准备呼应张角而被捕的中常侍封谞、徐奉，还有一个连汉灵帝本人都不敢抓的人——被灵帝当做父亲一样尊重的张让，而曹操父亲曹嵩的养父曹腾恰恰是当时的中常侍，而且因为富于政治抱负、不满朝廷腐败而知名，因此，曹氏家族也同样信奉太平道。

由此，曹操一生中的很多谜团就得以解开。为什么他在济南国相任期内"禁断淫祀"的举动让太平道徒有知音之感，因为这正符合他们对"中黄太乙"的信仰。由此他们劝说曹操："汉行将尽，黄家当立。天之大运，非君才力所能存也"——也就是"苍天已死，黄天当立"的另一种说法。正打着兴复汉室旗号（也许是真心的）的曹操对此自然大骂不止，但又多次向黄巾军表示愿意接受他们归降。如果说这是个人信仰屈从于政治理想与权谋需要的话，他和"青州兵"之间的神秘关系就显得耐人寻味了。

建安元年，黄巾军战败投降，三十余万青州黄巾军降卒被曹操接收，大部分成为屯田兵（相当于生产建设兵团，但是又有一定的军事职责），精锐则被编组成"青州兵"。青州兵是曹操军队的重要组成部分，虽然战斗力比较差劲，而且军纪不好，却受到优厚待遇。《三国志·于禁传》中记载，曹操在一次交战中战败而退，于禁追赶曹操的途中，遇到十几个人受伤逃命，连身上的衣服都被脱光了。于禁惊讶的问询，对方回答："被青州兵打劫了。"面对这种残害战友、目无军纪的行为，于禁勃然大怒道："青州军同属曹公，而还为贼乎？"青州兵既然已经投靠主公，为什么又做贼了？便率兵征讨，惩罚他们的罪行。青州兵连忙跑到曹操那里"恶人先告状"。虽然由于曹操有识人之明，对于禁多有封赏，但也没有见到他对犯罪的青州军有何惩罚。曹操一向军纪严明，曾经因为坐骑受惊践踏麦田而"割发代首"，却在对待青州军问题上多方包容，可见这支战斗力低下的部队受到他如何的荣宠。

又据记载，曹操开始屯田是在青州兵降服两年之后，这段时间正闹灾荒。袁绍的军队在河北吃桑葚充饥，袁术的部队在淮南吃河蚌为生，而青州兵一直以抢掠为生，自己

也没有粮食。曹操如何能保证这几十万降兵不集体叛乱，恐怕得靠精神上的号召力。而青州兵在曹操麾下近三十年时间一直没有与其他队伍混编，而当曹操死去，其他部队依旧忠于曹魏政权，而青州军团却自行溃散。可见，他们忠诚的正是曹操这个"张角第二"。

而曹操似乎也与五斗米道有着某种关联。建安二十年，曹军自散关出兵武都，到达阳平关下，张鲁便准备投降，只是因为张卫的阻挠才发生了战斗。而后来一度逃跑时，也拒绝了部下焚烧府库、令曹操得不到给养的要求，理由是："本欲归命国家，而意未达。今之走，避锐锋，非有恶意。宝货仓库，国家之有"。此时的汉廷已完全是曹家之天下，对国家的忠诚正是对曹操的忠诚。张鲁称霸一方，又曾与苏固、刘璋这样的大势力多次交战，自然并非不堪一击之徒，之所以如此，绝非贪生怕死、贪图富贵之类可以解释。作为旁证

▌可能的太平道新天师曹操。

汉朝终结者曹丕，他的第一个年号就是黄初。

的是，当有人劝他入蜀避难时，他大怒道："宁为魏公奴，不为刘备上客也"，对曹操可谓赤胆忠心。曹操也投桃报李，不等张鲁的代表来洽降，就先派使者迎接张鲁。张鲁也就率领全家妻子儿女，出来叩头。使者奉了曹操的命令，以汉献帝的名义，拜张鲁为镇南将军（这是仅次于最高军阶大将军、骠骑将军的高级官职），封为阆中侯，食邑一万户。这可是大大的优待，因为当时曹操统治区的在籍民户也就五六十万。张鲁的五个儿子与主要谋臣阎圃、李林也都被封为列侯。列侯是那个时代异姓臣子的最高封爵，张鲁不但本人位高爵尊，加上儿子与部属，居然有八人封侯，可谓荣宠备至。而张鲁的女儿则被嫁给曹操的儿子曹彭祖为妻子，曹操和张鲁成了男女亲家。由此张鲁这位汉中一隅之地的小小太守居然"位尊上将，体极人臣，五子十室，荣并爵均，童年婴稚，抱拜王人；命婚帝族，或尚或嫔"，成为曹魏王朝屈指可数的世家大族。联系到曹操对黄巾军余部的厚待，五斗米道教首张氏家族与曹操家族之间的暧昧关系便不言自明了。

建安二十五年，曹操去世，曹丕继位称帝，大汉帝国走到了尽头，而建立曹魏王朝的曹丕所建的第一个年号便是"黄初"，意为黄德之初，而曹魏正是尚土德，服色尚黄。"苍天已死，黄天当立"的预言在四十多年后成了事实，历史以奇妙的方式完成了一个循环。

孙策之死背后的疑云

作者：王春翔

既然，我们已经提到过，曹魏政权具有一定实力的秘密结社与阴谋暗战的背景，那么也就不难理解三国时代的很多历史事件背后的秘密战阴影了。

一 大战在即，奸雄之忧

公元200年，曹操和袁绍在官渡一带展开大战，争夺华北的最高统治权。此战最终以曹操的全面胜利告终。此战之后，曹操逐渐成为全天下最有势力的军阀。官渡之战，曹操取胜的因素很多，而最具阴谋色彩的孙策刺杀战无疑是最重要的一环。

官渡之战前夕的形势，实对曹操较为不利。袁绍所集结兵力约为十余万，而曹操的军力仅有两万。按当时双方占据的地盘来看，袁绍据冀、青、并、幽四州，曹操则据兖、豫、司、徐四州，地盘大致相当，何以兵力相差悬殊至此？盖袁绍之所据的大本营冀州，自张角之乱平定之后，就基本没有经受过巨大的战争洗礼。就连袁绍夺取冀州时，也是不费一兵一卒，靠着自己家族的声望，和原来的冀州刺史韩馥和平交割权力的。袁绍所据其他州，也只有幽州是最近打败公孙瓒才刚刚占据的，故而袁绍辖区内的民力未受大损，能供应较多的兵力和军粮。而曹操所据的兖州数经黄巾之祸、吕布之袭，境内残破；徐州则几易其主，更曾被曹操无情屠城，民力衰微且对曹操有宿怨；豫州地处要冲，战乱一直未曾有歇，境内大户多迁徙外地；司州则在董卓以及西凉余孽的动乱以后，化为废墟，多年以来，没有恢复元气。所以曹操的实力要弱于袁绍。

不过，曹操担心的还不止这些，更为重要的是来自于后方的威胁，而正是这些威胁才使得曹操不得不将大量兵力分派出去，以致于自己只能率领两万兵马开赴官渡前线。司州方面，关中一带以马腾、韩遂为代表的十几股凉州籍军阀拥有着精锐的西凉骑兵，从西面给曹操带来威胁。豫州方面，盘踞在穰城（今河南邓县）的董卓余部张绣，多年以来一直是曹操的心腹之患，曹操的长子曹昂、侄子曹安民、爱将典韦均是在和张绣的作战中战死的。虽然张绣兵力不足万人，但

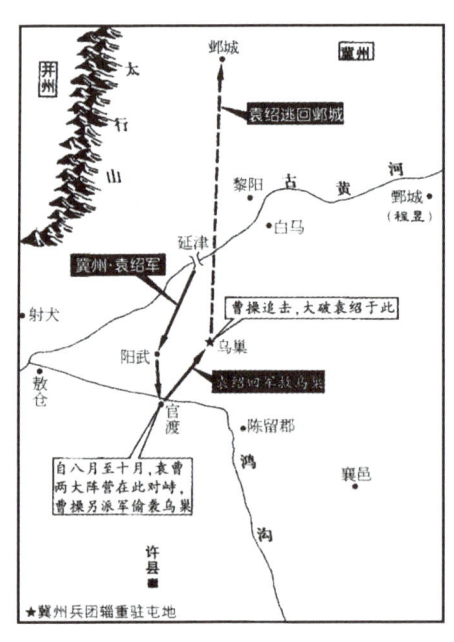

官渡之战，选自《柏杨版通鉴纪事本末》。

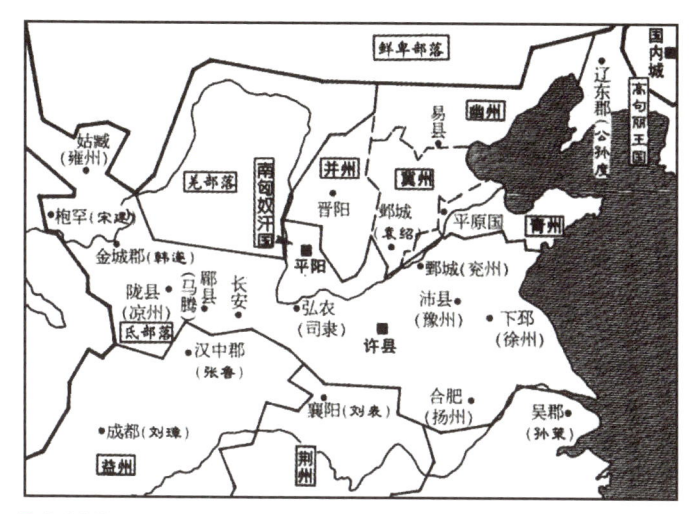

官渡之战前割据形势。

他的背后站着的是雄踞荆襄九郡、占地数千里、带甲十余万的刘表。张绣和刘表从南面给曹操带来威胁。徐州方面，枭雄刘备素有异志，不甘屈居于曹操之下，且自己本来就曾是徐州之主，在徐州一带有着极高的影响力，若刘备起兵响应袁绍，曹操的东面阵线必会岌岌可危。再加上北面直接与袁绍大军交锋，此时的曹操真可谓是"四面楚歌"。

曹操真不愧"超世之英杰"，即使面对如此险恶的局势也能从容化解。针对西面的威胁，曹操派出得力谋臣钟繇镇抚。曹操借朝廷的名义，任命钟繇以侍中的身份领司隶校尉，持节督察关中各路人马，将关中的大小事务都委托给他，特别授予他不受制度拘束的权力。钟繇到达长安后，致信马腾、韩遂等人，向他们陈述利弊祸福，马腾、韩遂都送一子到朝廷为人质。钟繇不但做到了使关中军阀们不趁机对抗曹操，更在官渡之战危急关头，筹措到了两千匹战马送到前线。

曹操在给钟繇的信中感谢说："得到送来的马匹，很是应部队的急需。关右地区平定，朝廷没有西顾之忧，都是足下的功勋。当年萧何镇守关中，粮草充足，以至大军获胜，也不过与您的功劳相当。"

针对南面的威胁，曹操采取了招降的策

钟繇像。

刘备像。

的"衣带诏",讨伐曹操。刘备起兵后,先是斩杀了曹操所任用的徐州刺史车胄,并在小沛一带集结兵马,后又击败了曹将刘岱、王忠。曹操在杀掉了密谋反抗的董承、种辑、吴子兰、王子服等人之后,率领大军东征刘备。《三国志·魏武帝本纪》中记载道:"诸将皆曰:'与公争天下者袁绍也,今绍方来,而弃之东,绍乘人后,若何?'公曰:'夫刘备,人杰也,今不击,必为后患。袁绍虽有大志,而见事迟,必不动也。'郭嘉亦劝公。"而《袁绍传》中则记载:"建安五年,太祖自东征备。田丰说绍袭太祖后,绍辞以子疾,不许,丰举杖击地曰:'夫遭难遇之机,而以婴儿之病失其会,惜哉!'"从这些记载来看,貌似袁绍无能且无可救药,坐失良机,其实不然。史学大家吕思勉在论及这一段记载时说这是"事后附会之谈","袁绍

略,对张绣不计前嫌地伸出了"橄榄枝"。而张绣也听从了谋士贾诩的建议,归降了曹操,在日后的官渡大战中也亲自率兵为曹操冲锋陷阵。至于刘表,一心只想保境安民,不善于征战之事。荆州西面的威胁是江东,北面的威胁是曹操。刘表从来不与这两方势力有太直接的冲突,他在江夏供养着黄祖军团以拒江东,在穰城供养着张绣以拒曹操。官渡之战后,失去了张绣军团的刘表又在新野收容刘备军团以拒曹操。可以说,刘表是一个始终下不了狠心去与他人直接交锋、一决雌雄的军阀,他是不会主动发起对曹操的大规模进攻的。况且张绣新降曹操,刘表失去了进据北方的前锋,这样更使得刘表不敢轻举妄动,所以来自南方的威胁就小了许多。

针对东面的威胁,曹操采取了主动出击、无情镇压的策略。刘备趁着曹操与袁绍展开阵势之际,突然在下邳城起兵反曹,和车骑将军董承内外相结,号称是奉了汉献帝

刘表像。

的根据地在河北,要袭击许昌,先要渡过黄河,渡过黄河之后,还有好几百里路,决非十天八天可以达到。如其说轻兵掩袭,那是无济于事,徒然丧失兵力。刘备初起兵,力量有限,未必能牵制曹操许久。这一点,曹操和袁绍都是明白的。曹操所以决计东征,也是为此。"然而不管怎么说,曹操确实是击败了刘备,刘备逃到袁绍之处,关羽暂降曹操,东面的威胁也解决掉了。

这样一来,曹操西、南、东三面的后顾之忧都已经解决,可曹操后方还有一个最大、也最难解决的威胁,那就是称霸江东六郡的孙策。孙策年轻气盛,文武双全,胸怀大志,手握重兵,更兼手下有一大批谋臣武将的辅佐,不是刘备、刘表、马腾之徒所能比的。故而曹操北抗袁绍最大的顾虑就是孙策。而"一代奸雄"曹操也必然需要使出更加非常之手段才能免除这一后顾之忧。

二 扫平障碍,阴袭许都

孙策,字伯符,是名将孙坚的长子。其父战死后,孙策便依附当时的大军阀袁术,为其效命。公元193年,孙策借故脱离袁术麾下,率领数千兵马渡过长江,开创孙氏基业。仅五、六年间,孙策所向披靡,迅速平定了江东六郡之地,就连曹操也畏其锋芒,感叹道:"狮儿难与争锋也!"

不过,孙策并非是只知勇战疆场,不通谋略之人。孙策极其善于选用人才,谋臣如张昭、张纮、虞翻,将领如周瑜、太史慈、陈武、董袭等人均为孙策所赏识并提拔,且孙策还有贤明君主的肚量。据《三国志·张昭传》记载,孙策把江东的文武大权都交给张昭。张昭既大权在握,又素有大名,因而北方的士大夫给江东的来信,都将功劳归结在张昭身上。张昭想要隐匿不告诉孙策,却害怕孙策知道后以为自己是在故意隐瞒;而如果告诉孙策却又怕孙策以为自己是在自抬身价,所以进退两难。虽然张昭功高盖主,

名望很高,但是孙策还是用人不疑,体现出英雄胸怀。孙策安慰张昭说:"昔管仲相齐,一则仲父,二则仲父,而桓公为霸者宗。今子布贤,我能用之,其功名独不在我乎!"孙策把张昭和辅佐齐桓公成就霸业的管仲相

▌孙策像

211

比，足见其对张昭的重用和安心。另外，孙策的军纪也十分严明，《江表传》中记载孙策的军队："军士奉令，不敢房掠，鸡犬菜茹，一无所犯。"可以说孙策是东汉末年最有能力，也最有希望崭露头角的军阀。

实际上，孙策也是有着雄心抱负的，在平定江东之后，25岁的孙策又开始将视野转向中原一带。此时的曹操还处于四面楚歌当中，不过孙策也不能集中精力去和曹操逐鹿中原。此时孙策的主要威胁一共有两个方面：一方面是来自北方的庐江太守刘勋以及袁术的余部，一方面是来自西方的刘表麾下的黄祖军团，而江夏太守黄祖正是孙策的杀父仇人。扫平刘勋、黄祖，正是为出击曹操做出的必要准备。而针对来自两方面的威胁，孙策则决定各个击破，先攻北，再平西。

由于孙策曾在袁术手下效力过，所以孙策同袁术的部曲有着一定的交情，故而孙策对袁术的旧部进行招降。袁术的许多部下听闻孙策招降，纷纷决定投靠孙策。可是，庐江太守刘勋却不甘心这些兵马白白落入孙策之手。在袁术的旧部杨弘、陆勉欲率部投奔孙策之时，刘勋趁机截击，那些本来约定好投奔孙策的将士们都被俘虏了。而袁术的堂弟袁胤、女婿黄猗等人，也慑于曹操的威力，不敢守卫寿春，到皖城投奔刘勋。刘勋的兵力骤然大增，但粮草不继。刘勋便派堂弟刘偕向豫章太守华歆借粮，华歆也正缺粮，只好派人领着刘偕到海昏（今江西奉新县西）、上缭（今江西永修县），向刘繇的旧部告借三万斛。刘偕去了一个多月，才借得两千斛，于是报告刘勋，并让刘勋领兵前来攻袭。这时刘勋兵力已经相当强大了，成为孙策北上中原的重要障碍，孙策想借机解决掉，也写信来，劝刘勋攻袭海昏、上缭。信中，孙策屈己下人，说："上缭地方十分富饶，希望您能兴兵讨伐，我愿出兵做您的外援。"刘勋决定攻取上缭。他悄悄率军经过彭泽，来到海昏地方。当地守将坚壁清野，留下一座空城，刘勋一无所获。

于是孙策趁刘勋劳师动众之际，采取两路夹击的战术，立即让孙贲、孙辅率领人马驻在彭泽，准备拦击刘勋，自己则与周瑜率兵两万绕袭刘勋的大本营皖城，一举攻破，俘虏三万多人。刘勋闻讯大惊，星夜回军彭泽，孙贲、孙辅出兵截杀，刘勋大败，逃往流沂（今湖北鄂城），向黄祖求救。黄祖派他的儿子黄射率水军五千人来援，孙策挥师进攻，刘勋败逃，投奔曹操，黄射也逃跑了。孙策又得到刘勋两千多兵士和一千多艘战船。于是，乘胜进攻黄祖。孙策进至沙羡（今湖北嘉鱼县北）。刘表派侄儿刘虎和南阳人韩晞带领长矛队五千人赶来支援黄祖。之后，孙策率周瑜、吕蒙、程普、孙权、韩当、黄盖等将领同时并进，与敌大战，黄祖几乎全军覆没，韩晞战死，黄祖只身逃走，士卒溺死者达万人，孙策缴获战船六千艘。

至此，孙策扫平刘勋及袁术旧部，又大伤黄祖元气，长江之南，再无能阻挡孙策北上的强大势力。孙策终于可以抽出手来，用兵中原。早在孙策集中精力攻打刘勋时，孙策就已经派出少量部队进逼长江一线，做试探性的攻击。不过却遭到曹操任命的广陵太守陈登的抵抗。陈登手下兵力较少，只能示弱自守，趁孙策军懈怠之际突袭，获得了胜

孙策之死背后的疑云

许都汉魏故城遗址。

利,不过陈登却也无力扩大战果。孙策是个聪明人,他深知此时曹操的重心正在北方,根本无力顾及广陵一线,陈登固然有奇才,可是现今的孙策已经可以放手一搏,区区陈登寡兵,不足以抵挡整个江东的雄师。

此时孙策制定了一个大胆的计划,简单的概括一下即是袭取曹操的大本营——许都。此计划《三国志》中有多处记载。《吴书·孙破虏讨逆传》里记载道:"建安五年,曹公与袁绍相拒于官渡,策阴欲袭许,迎汉帝,密治兵,部署诸将。"《魏书·武帝纪》里也说:"孙策闻公与绍相持,乃谋袭许。"还有《魏书·郭嘉传》也提到说:"孙策转斗千里,尽有江东。闻太祖与袁绍相持于官渡,将渡江袭许。"从现有的史料来推断,孙策的这个计划初步应为攻灭陈登寡兵,复取徐州,而曹操与袁绍正于官渡苦斗,正如两牛抵角,一牛若放弃身退,必会势如山倒,曹操无暇顾及徐州。而曹操曾屠徐州,徐州士民不会为曹操抵抗到底,徐州战线必不能坚持许久。若徐州在手,孙策则可再取许都,迎献帝,鹰扬河南之地。到时候,无论官渡之战孰胜孰败,孙策都将有实力与胜者一争高下。

三 奉孝鬼才,千里暗杀

公元200年2月,已经和曹操对垒七八个月的袁绍率主力部队进抵黎阳,准备渡过黄河,曹操随即展开防御部署,袁绍、曹操之间全面开战。而得知消息的孙策也在加紧部署军队,准备渡江。看起来,此时的曹操似乎已经阻止不了孙策的行动了,拥有精兵良卒的孙策一旦渡江,那么曹操苦心经营多年的后方阵地将不复存在。

不过被称为"乱世奸雄"的曹操似乎并没有对蠢蠢欲动的孙策有什么忌惮之心。曹操对关中诸将、穰城张绣、徐州刘备都耗费了许多精力,防止他们干扰到自己与袁绍的决战,可为什么曹操就没有针对孙策有丝毫的兵力部署或政治施压呢?

我们可以从以下的史料来寻找到答案。据《三国志·魏书·郭嘉传》中记载："孙策转斗千里，尽有江东，闻太祖与袁绍相持於官渡，将渡江北袭许。众闻皆惧，嘉料之曰：'策新并江东，所诛皆英豪雄杰，能得人死力者也。然策轻而无备，虽有百万之众，无异於独行中原也。若刺客伏起，一人之敌耳。以吾观之，必死于匹夫之手。'策临江未济，果为许贡客所杀。"许多读史之人颇以为此处实乃郭嘉掐指能算，有些神秘色彩，此着实为浅薄之见。郭嘉这一番话，虽寥寥数语，但却涵盖了极大的信息量。

第一，郭嘉认为孙策虽用武力一统江东，却诛杀了许多当地的豪姓大族，而这些士族又都是深得人心之辈，必然会有忠心之徒为其复仇；第二，郭嘉通过某些途径（很有可能是依靠间谍手段）得知了孙策是骁勇自负，少有防备之人；第三，郭嘉认为使用暗杀手段是极其容易夺取孙策性命的。结合这三点，我们又可以得出第四点结论，即郭嘉既能找到甘心去刺杀孙策的刺客，又对孙策的行踪有所了解，最重要的是，他还估算出暗杀成功的可能性是极大的。所以郭嘉说："以吾观之，必死于匹夫之手。"并不是什么神秘的预言，更不是什么故作大言，而是有着精心策划的暗杀预谋。

郭嘉，字奉孝，是曹操前期最重要的谋臣，被曹操誉为"平定天下，谋功为高"。郭嘉对世事有着极高的洞察力，他意识到，如果放任孙策不管，那么孙策将会成为一个比袁绍更具有威胁性的人物。曹操作为一个统筹全局的谋划者更是了解这一点。所以郭嘉的暗杀计划一经提出，曹操就必然要着手实施。

春秋战国时代，由于连年动乱，天下尚武，很多士人都崇尚杀身以报君，有着极强的刺客情结。诸如吴人专诸、晋人豫让、韩人聂政、卫人荆轲都是名传千古的刺客。降及汉代，天下虽已安定，但其时距古不远，民风犹然彪悍，行刺之事不绝于史书。景帝时名臣袁盎因反对立景帝的弟弟梁王刘武为储君，被刘武派人暗杀；光武帝刘秀手下两员大将来歙、岑彭在率军伐蜀之时被蜀主公孙述派刺客杀死。三国乱世，刺杀行动更是屡见不鲜。《三国演义》里虚构了曹操刺杀董卓的故事，但是《异同杂语》里却记载曹操在年轻时刺杀过国贼宦官张让，并且在被发现后，舞着手戟全身而退；《三国志·蜀书·先主传》中也记载过刘备险些被人暗杀的故事；而开启军阀割据的董卓也是被亲信吕布所刺杀；在鲜卑首领轲比能逐渐建立起强大的鲜卑帝国的时候，深感其可能危害中

■ 郭嘉像。

孙策之死背后的疑云

当地英豪之事也说得很明白。《三国志·吴书·孙韶传》注引《会稽典录》曰："孙策平定吴会，诛其英豪。"《吴主权传》太元二年注引《傅子》：孙策"转斗千里，尽有江南之地，诛其名豪，威行邻国。"由此可见，孙策所诛杀的人多是属于当地的士族大家。

当年孙策渡江，名义上还是袁术的部曲，袁术虽然是世家大族的代表，可是他一直谋求僭越帝号，为天下士族所不齿。故而孙策渡江之时，江东大族有许多人都是抱有敌意的。虽然孙策最后终于与袁术划清了界限，但是在那之前却避免不了和江东士族的直接冲突。和孙策有过激烈冲突，并始终不肯屈从的江东英豪有周昕、周昂、周㬂三兄弟、严白虎、严舆两兄弟、许贡、盛宪、王晟、高岱等人。其中王晟的诸子弟、严舆、许贡、周昕、高岱等人更是直接死在孙策手里。他们的亲友、门客们对孙策恨之入骨，必然能愿意去充当刺杀孙策的刺客。不过被孙策杀死的这么多人里，到底谁的亲友、门客能去为曹操服务呢？

只有一个，那就是许贡。因为许贡不但是与孙策为仇敌，并最终为孙策所屠戮，而且许贡还一直与曹操羽翼下的朝廷有所联系，而这一点也正是被孙策所杀的理由。许贡本是吴郡都尉，后迁为吴郡太守，而吴郡都尉一职则由孙坚旧部朱治继任。《续汉书·郡国志》吴郡乌程条注引《吴兴记》："兴平二年太守许贡奏分县为永县。"可知最晚至这一年，许贡已经担任了太守之职了。

孙策渡江之时，许贡就想联合曹操来消灭孙策，上奏表章说："孙策骁勇善战，和当年的项羽十分相像，假以时日必成后患，

■ 中国史上最著名的刺客——荆轲。

国的魏幽州刺史王雄派出刺客韩龙将轲比能暗杀，把五胡乱华的时代向后推迟了近百年；魏国将领郭循假降将蜀国最后一任贤相费祎暗杀，导致蜀国政局变得更加昏暗……总之，三国时代的人们依然继承了源自春秋战国时代的刺客情结，所以曹操、郭嘉的暗杀计划也是有着深厚的土壤的。

凡事都需要第一步，而一个完美暗杀计划的第一步就是要找到合适的刺客。那么暗杀孙策的刺客从何寻找呢？郭嘉已经说得很明白了：刺客应从被孙策所诛杀的"英豪雄杰"的亲友中寻找。史料中，对孙策诛杀

应该假装对其施以恩宠，征召到许都任其要职，再做图谋。"仔细想来，征召孙策入许都的计划几乎是不可能实现的。刚刚脱离袁术掌握的孙策，正如龙入江海，正是大显身手，开辟功业的大好时机，怎么会因为区区一纸诏书就甘愿成为他人砧上鱼肉呢？多年以前董卓、袁绍等人都曾不奉天子之诏，朝廷也是无可奈何，孙策自然也不会以朝廷的征召为征服江东的绊脚石。更合理的解释是，许贡也好，曹操也好，都没有真正的想要让孙策进入许都并软禁起来。或者说不是他们不想，而是他们自知这件事根本就做不到。

许贡上这道奏章的目的实际上就是想让孙策来抗拒朝廷的命令，而此时朝廷的代表人物正是曹操，许贡想联合曹操的势力，里应外合，一同剿灭日益强大的孙策。

不过，很可惜的是，这道奏章还没有送到曹操手里，就被孙策的士兵给截获了。孙策断断不能允许曹操的势力染指江东，所以很干脆地就把许贡斩杀。许贡虽死，其门客尚在。由于曹操和许贡素有联络，所以曹操同许贡的门客联系上也绝非难事。这些一心想为许贡复仇的门客也就自然成了暗杀孙策的上佳人选。

四 暗杀成功，形势逆转

公元200年4月，形势越来越朝着对孙策有利的方向发展。曹操和袁绍在官渡陷入长时间的胶着状态，孙策则一直在整顿军备，随时准备北上伐曹。心情大好的孙策决定去打猎，顺便也是为即将到来的大规模战争提前热身。

出猎这天，孙策率领一大批随从来到山林之中。由于孙策所骑之马甚为精良，孙策的随从们被远远地落在了后面。就当孙策自己独自在山林中自由驰骋，追寻猎物的时候，忽然有三名士兵不知从哪里窜出，站在孙策面前。孙策警觉地问道："你们是什么人？"那三个人回答说："我们是韩当[①]将军的部下。"孙策说："韩当将军帐下的士兵我都认识，从来也没有见过你们三人。"

那三个人听了脸色大变，想要有所行动。孙策趁他们没有反应过来，捻弓搭箭，先射死一人。其余二人亦举弓射向孙策，孙策急忙闪躲，可脸部还是被射中一箭。双方周旋了一会儿，孙策其余的随从终于赶了上来，将

▎出土于孙吴境内的弩机。

---

① 孙吴大将，追随孙坚父子三人多年。

剩下的两名刺客也给杀死了。孙策身受重伤,被救回城中。而那三名刺客,正是许贡的门客。

孙策遇刺的许多细节可以说明很多问题。首先,孙策率领随从出猎,孙策马快,连骑马的随从都跟不上,刺客是步行,就更不可能尾随追踪孙策,所以刺客是事先在预定地点埋伏好的;其次,孙策是一方诸侯,他的行踪是不可能轻易就暴露的,那么刺客又是如何预先得知埋伏地点和伏击时间的呢?只有一个可能,那就是孙策身边的亲信被人买通,泄露了孙策的行程;再次,失去了主人的门客,哪里来的重金和权势去收买孙策的亲信呢?联系到许贡的亲曹倾向,以及孙策之死最大的获益人是曹操,再加上曹操谋士郭嘉的那番言语,那么曹操极有可能就是这次暗杀的总策划人和资助人。况且,曹操心思缜密,谋划周全,不会造成任何大的疏漏,在孙策被暗杀之前,曹操费尽心思,抚关中、降张绣、击刘备,以让自己的后方万无一失,自己好毫无顾虑的前去与袁绍决一死战。江东的威胁胜于张绣、刘备等人,曹操又怎么会舍弃孙策不管不顾呢?因此说孙策的遇刺是曹操精心策划的阴谋是合情合理的。

孙策受重伤回城之后的故事,许多不同史料又出现了不同的记载。《三国志·孙破

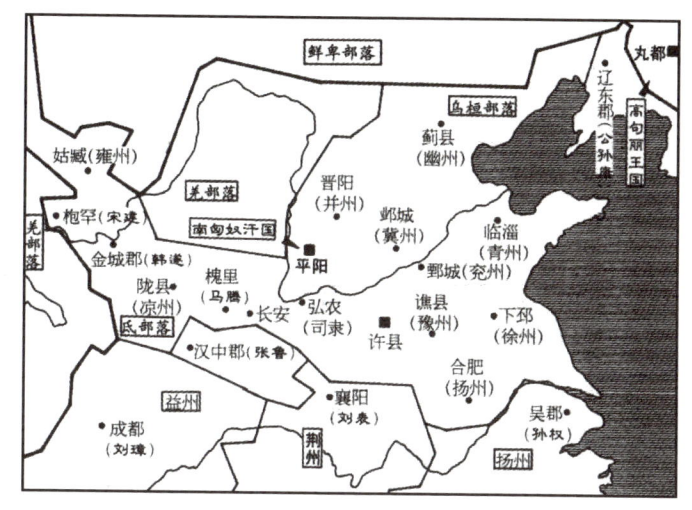

■ 曹操北伐后割据形势。

虏讨逆传》里记载说:"(孙策遇刺后)至夜卒。"这里是说孙策在遇刺后当天晚上就不治身亡,没有什么插曲。而裴松之注引《吴历》则说:"策既被创,医言可治,当好自将护,百日勿动。策引镜自照,谓左右曰:'面如此,尚可复建功立事乎?'椎几大奋,创皆分裂,其夜卒。"这里却是说孙策的伤本来无关大碍,只是因为自觉破相难过而死。《搜神记》里则说:"策既杀于吉,每独坐,彷佛见吉在左右,意深恶之,颇有失常。后治创方差,而引镜自照,见吉在镜中,顾而弗见,如是再三,因扑镜大叫,创皆崩裂,须臾而死。"这里却是说孙策因为杀了于吉,精神恍惚而导致伤口破裂死亡。以上几点材料虽然说法有些出入,但是孙策之死的直接原因是此次遇刺却是公认的。正是因为这次完美的暗杀行动,一代枭雄孙策怀着满腹的遗恨离开了世界,年仅26岁。

孙策之死对于江东政权来说,几乎是致

命的打击。孙策凭借强大的军事势力在短短数年之间平定江东，许多人只是屈服于孙策的武力以及孙策的威望。此时，孙策一死，原本就不是真心归附孙氏的士族英豪们"以安危去就为意，未有君臣之固"。比如庐江太守李术，就在得知孙策的死讯之后，声称"有德见归，无德见叛"，起兵发动叛乱。而山林之中的山越部落，人口众多，尚未开化，也不愿归从孙氏的统治。

面对如此严峻的形势，孙策在临死前做了一番布置。首先，孙策确定了一个合适的继承人。孙策有4个弟弟，其中年龄比较大，能够即位掌权的只有两位，一个是老二孙权，另一个是老三孙翊。孙权稳重老成；孙翊勇烈无畏，颇像孙策。当时孙策的手下都认为孙策会选取和自己性格相似的孙翊作为继承人，可是孙策在临死前却将象征权力的印绶交给了孙权。孙策对孙权说："举江东之众，决机于两陈之间，与天下争衡，卿不如我；举贤任能，各尽其心，以保江东，我不如卿。"又对张昭等人说："中国方乱，夫以吴越之众，三江之固，足以观成败。公等善相吾弟！"这两番遗言不仅仅是孙策对孙权、张昭等人的鞭策，更是对江东政权之后发展道路的一个整体规划。孙策知道自己死后，江东一定会根基动摇，失去了北向中原的大好时机，孙权君臣所要做的，仅仅是向内稳定政权，向外抵御外敌而已。这一方针，注定了江东政权在长时间内只能以稳妥的防守为主，注定了孙氏基业会稳定于江东，却无法一统天下。所以孙策需要的继承人，只是善于守业的孙权，而不是另一个自己。孙策在弥留之际也许会对远方的曹操报以微笑，他知道江

孙权像。

东政权永远也无法取代曹操在中原的统治地位，但是他也知道自己留下的这番基业注定是曹操一辈子也难以啃下的硬骨头。

而此时远在千里之外，正和强敌浴血奋战的曹操也许会为孙策的死而黯然神伤。英雄惜英雄，曹操知道孙策是一个在乱世之中不可多得的贤君，但是统一天下、终结乱世的英雄只会有一个人，曹操当然希望那个人是自己。所以，曹操为了这个终极理想自然会使用一切手段，包括诸如暗杀之类的阴谋。曹操在精心计算着，关中诸将已经受到了安抚、张绣已经投降、刘备已经被自己击溃、刘表胸无大志，而且董卓死了、吕布死了、袁术死了，现如今让他最为头痛的孙策也死了。现在他需要解决的唯一大敌似乎只剩下眼前的袁绍了，似乎统一天下的梦想就要实现了。可是，多年以后，曹操在长江的水面上遥望南方，他也许会感叹，虽然那个年轻的英雄已经逝去，但是，他在临死前的短短几番话，竟然会让自己终其一生也无法一统天下。

蜀汉灭亡的秘密战交锋

作者：王春翔

三国鼎立形势图。

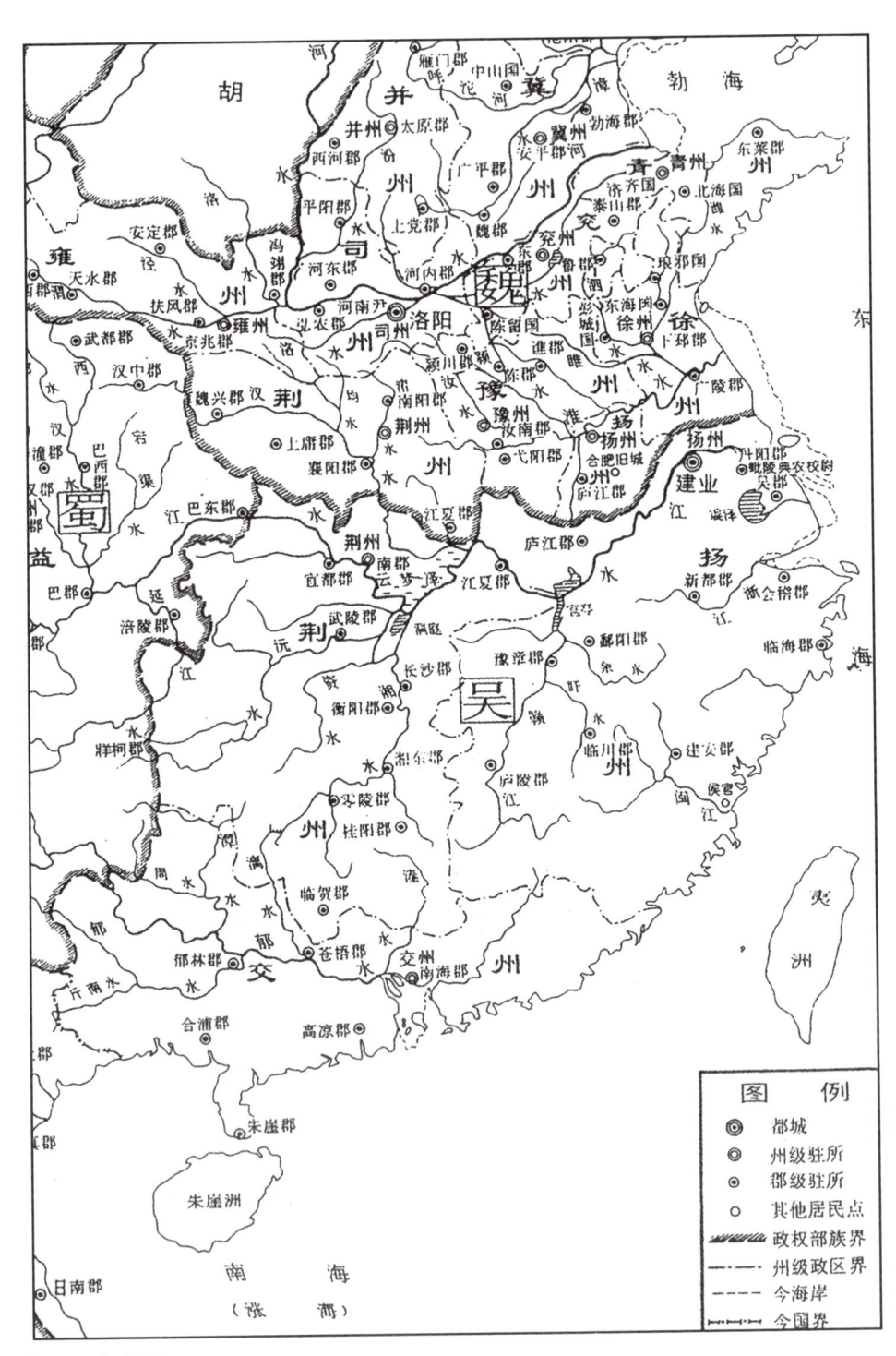

蜀汉灭亡的秘密战交锋

既然，曹魏具有相当的秘密战背景和实力，那么作为曹魏另一个实力对手的蜀汉，自然也无法逃避来自暗影中的伤害。甚至魏灭蜀之战这样中国历史上最精彩的战役之中，除了有无情的刀光剑影，有将帅们的斗智斗勇，更有隐藏在战争背后的阴谋诡计。

一 大战前夕，阴谋暗藏

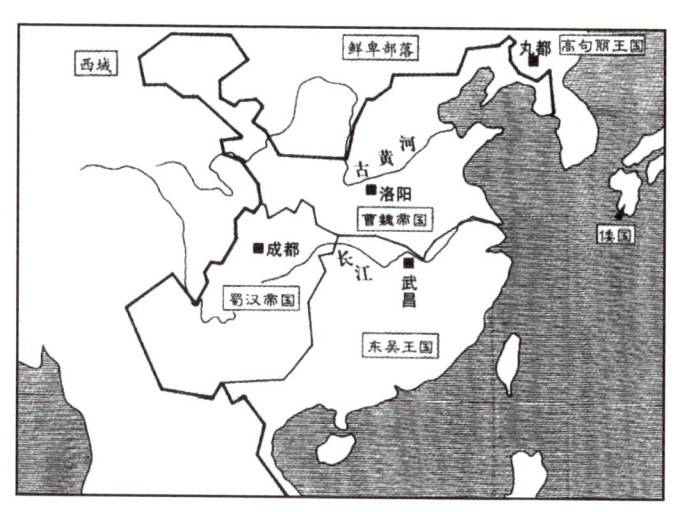

三国鼎立，选自《柏杨版通鉴纪事本末》。

公元263年，魏国的实际掌权者司马昭下令召集各路大军讨灭蜀国。这时候的魏国是否有实力吞并已经建国四十余年的蜀汉呢？让我们分析一下双方的实力对比。

首先在地势上，蜀国有很大的优势。蜀国在后期主要控制着益州的土地，汉代虽有十三州，但是益州却是其中最大的州之一，比小州要大上数倍。益州在今天包括了四川、重庆、贵州、云南再加上陕西南部的汉中盆地地区。益州的中心腹地是一马平川的成都平原，土地肥沃，人民富足，宿有"天府之国"之号，然而其四周却被崇山峻岭所阻断，易守难攻。唐代大诗人李白曾作诗咏叹益州的险要地势："蜀道之难，难于上青天，使人听此凋朱颜！"正是依靠着这得天独厚的地势，几千年来在益州之地割据称王，偏霸一方的诸侯数不胜数。魏国的伐蜀大军从北而下，需要翻越平均海拔2000～2800米的秦岭山脉，面对着的是"一夫当关，万夫莫开"的阳安关和剑阁，魏军长途跋涉，作战补给延绵千里，且深入敌境，在丝毫不熟悉的地方厮杀，而蜀军以逸待劳，且有关隘可守，补给充分，在地势这一点上魏军可谓是占尽了劣势。

221

其次再看国力，蜀国虽占据着"沃野千里，天府之土，高祖因之以成帝业"的益州，但是由于从诸葛亮时代起就开始异常频繁的北伐战争，国力已经急剧下降，此时的蜀国只有老百姓二十八万户，人口九十四万人，军队却有十万两千人，官吏也有四万人。蜀国人民极其贫困，严重营养不良，脸上皆有菜色。而魏国则休养生息了数十年，实力雄厚，在多年的对西蜀和东吴的战争中处于守势，暗暗积攒着自己的力量。魏国人口已达一百零三万户，人口四百四十三万余人，军队大概有五十万人左右，在国力上完全超越蜀国。

在军备上，蜀国的军队装备有命中率极高、且能一下发射十矢的诸葛连弩，能够非常有效地守住关隘，对付强大的骑兵，这就极大地弥补了蜀军数量较少的劣势。而魏国虽然装备有产自羌胡和鲜卑的高大战马，但是适合平原会战的骑兵军团却无法在蜀国的山区发动铁骑冲击，这就使得魏军的战斗力大打折扣。

在军事人才上，双方均有出色的将领。蜀军的最高统帅是姜维，是魏国降将，军事才能出色，被诸葛亮多次提拔，并委任以要职。诸葛亮曾称赞姜维"忠勤时事，思虑精密，考其所有，永南、季常诸人不如也"，诸葛亮死后，姜维继承诸葛亮遗志，北伐魏国多达11次，胜多负少，与魏国一流名将郭淮、陈泰、邓艾等人周旋多次，成为魏国西部边境的头号大患，官至大将军。姜维手下将领廖化、张翼也是不可多得的人才。

魏军主力的两大统帅邓艾和钟会，更是稀世奇才。邓艾幼年丧父，放牛娃出身。长大以后因为口吃只能做看守稻田和牧场的卑微小吏。但是邓艾却从没有失去大志，一直在研习军略，每经过一处高山沼泽之地，就思考可以建立军营的地方。当时的人都笑话他，他却不以为意。后来邓艾被司马懿赏识，成为司马家族的心腹部将。在魏国的西部战场曾迫降蜀军大将句安，并多次击败名将姜维。在东部战场上曾助司马师平定了毌丘俭和文钦的叛乱，并击退了吴军孙峻所率领的号称十万的援军。因功封为征西将军。

钟会则是魏国名臣太傅钟繇的小儿子，素有神童之名。长大后，钟会以旷世谋略扬名于世，他所出的计策无不成功，世人纷纷将他比作兴汉四百年的天下第一谋士张良。钟会在司马昭刚继承哥哥司马师权位时就为其出谋划策。司马昭掌握魏国的局势更离不开钟会出谋划策。因此司马昭非常信任钟会，当时魏国所有重要的政务

▎诸葛亮像。

都经过钟会之手才往下传达。而调集大军灭蜀这一决策，实际上也是司马昭和钟会共同谋划和决定的。

经过对比可以看出，蜀国虽然看起来弱小，但如果能够正确依靠有利地势也不是没有胜算的。不过，蜀汉政权内部却有一双双暗藏杀机的眼睛在渴望着魏国大军的到来。

蜀汉政权的士大夫阶层主要由两部分组成，一是以后来到益州的荆州士人及其后裔为主，属于刘备、诸葛亮的嫡系，姑且称之为新派集团；一是以益州本土士人为主，属于刘焉、刘璋父子的旧部，姑且称之为旧派集团。新旧两派集团都渴望能够主宰蜀汉政局，满足自己的利益，因而如果处理不好两派之间的关系，将会导致蜀汉后院起火。因而在刘备、诸葛亮统治时期，当权者一直在小心翼翼地平衡着两派的势力。虽然新派集团的地位较高，但是旧派集团也被给予足够重视，比如刘备死前的顾命大臣除了诸葛亮还有旧派集团的李严，诸葛亮也提拔重用了相当一批旧派集团的人物，如杨洪、何祗、张裔等等。可是，当号称"蜀中四相"的四大贤臣诸葛亮、蒋琬、费祎、董允相继去世后，新派集团的势力渐渐膨胀，朝野基本都是新派集团的人物在把持着。而新派集团在全面掌权后，随意弄权，甚至集团内部也相互排挤。接替董允的大臣陈祗与宦官黄皓里外勾结，玩弄权柄。陈祗死后，黄皓想扶植自己的亲信阎宇（荆州南郡人），排挤大将军姜维，以至于姜维因为畏惧躲在沓中屯田。

而那些没有实权的益州本土人士则趁此机会，阴谋颠覆蜀汉政权。益州巴西阆中

▎黄皓像。

人周舒、益州蜀郡成都人杜琼、益州巴西西充人谯周为首的许多旧派人士都在大肆散布魏国必定灭蜀的传言。还有很多旧派大臣和将领虽然不忍心颠覆蜀汉，但是也散布着悲观情绪和失败主义的言论，就连曾经跟随诸葛亮多次北伐，因功封为左车骑将军、冀州刺史的旧派名将张翼也不认真配合新派将领姜维的军事行动。只是姜维需要倚仗张翼手下的兵力，才总是命令张翼率军与自己北伐，张翼出于遵从将令，也不得已出兵。

此时的魏国，在经历了公元249年的高平陵之变和之后的三次淮南平叛，经司马懿、司马师之手，军政大权已经落入司马懿次子司马昭之手，由于在之前的事变和平叛时诛杀了大量忠于曹氏的大臣和将领，现如今的魏国已经改头换面，完全成了效忠于司马昭一人的国家机器，而司马昭本人也有着超乎常人的谋略和胆识，因此魏国的政治要比蜀

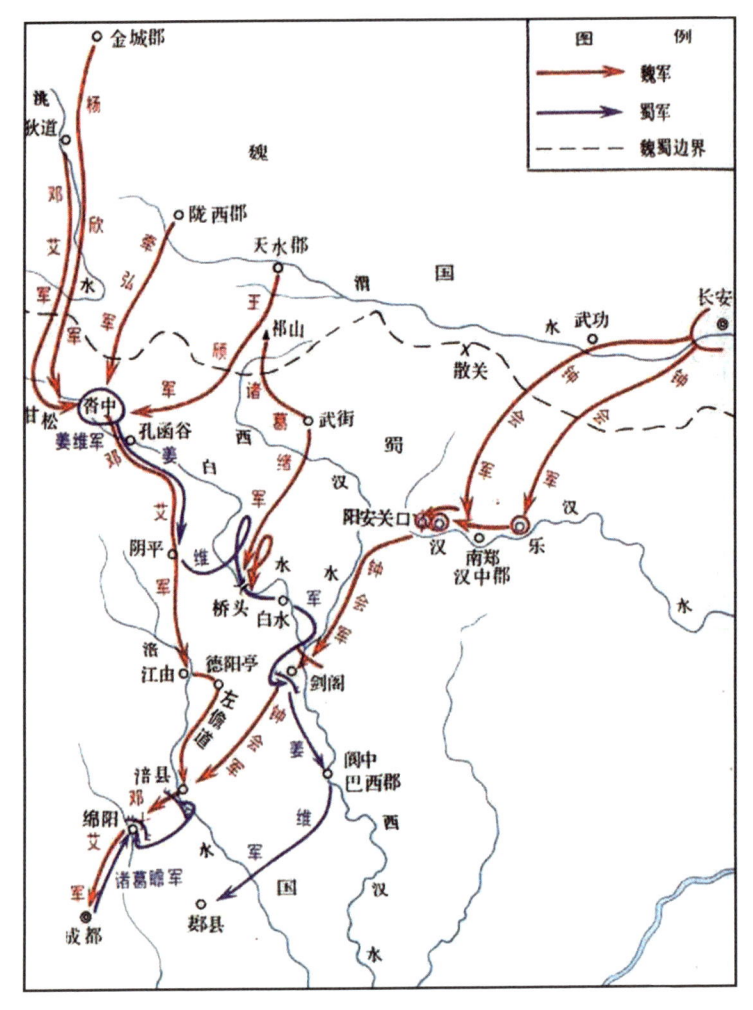

▍魏灭蜀之战示意图。

国清明得多。蜀国旧派人士很有可能在此时与司马昭联络，告知蜀国昏暗的局势，促使其攻灭蜀国。而旧派集团和司马昭的交换条件也很简单，旧派集团对魏军不作丝毫抵抗，而魏军则负责把新派集团的官员带回中原，把益州的统治权重新交到本土系旧派士族手中。实际上，这个交易是双方都很满意的，在灭蜀之后，司马氏最终统一了天下，而益州本土的世族大姓也重新掌握了益州局势。不过，在开战之前，蜀汉的新派人士根本就不会想到这些阴谋，他们只是把眼光放在了激烈的战场之上。

二 两线攻势，魏蜀交锋

早在公元262年的冬天，司马昭其实就不顾老将邓艾的反对，制定好了灭蜀的战略，并且斩杀了谏阻伐蜀的将军邓敦。只不过出于掩人耳目，防止蜀军提前做好抵抗准备的目的，司马昭只是暗自调动军队，没有声张，一面任命钟会为镇西将军，都督关中诸军事，在函谷关以西一带聚集军队，一面却下令青州、徐州、兖州、豫州、荆州、扬州各州建造船只战舰，又命令东吴降将唐咨修造能够航海的巨型大船，假装是要倾全国之力征讨吴国。

这样简单的声东击西的计策自然瞒不过深谋远虑的姜维，姜维此时虽远在沓中（在今青海省境内东南一带）屯田，其耳目也早已探得钟会最近在关中的一系列动作，于是姜维急急忙忙地给刘禅上了一道奏表，写道："听说钟会在关中整顿军备，打算对我们发起攻击。皇上应当派遣大将张翼、廖化率领大军驻守阳安关（今陕西阳平关）的关口和阴平之道的桥口（今甘肃文县西北），以防患于未然。"按理说，姜维的这一道上书是非常有战略性意义的，提早扼住阳安关和阴平的入口，就等于完全封死了从外部世界进入蜀中的咽喉，而在日后的战事发展中来看，如果当时刘禅真的采纳了姜维的意见，形势定会大不相同。可是昏庸的刘禅在当时却一味地宠幸大宦官黄皓，而黄皓又偏偏是一个非常迷信的人，他请来巫师占卜，结果巫师说蜀国将会太平无事，于是黄皓和刘禅竟然不作丝毫准备，也没有把消息告诉满朝文武大臣，白白错过了战前蓄积力量的良机。

蜀汉这边没有做任何准备，魏国那边却一直在紧锣密鼓地准备发动战争。转眼到了第二年的秋天，魏国已经在边境线上集结了近二十万人的大军，武器辎重不计其数，而蜀国朝廷还在歌舞升平，忧心忡忡的大将军姜维还远在西边的沓中。

此时的司马昭又做出了更细致的部署，他令曾经战胜过姜维的邓艾率领三万余大军从狄道（今甘肃临洮）出发到甘松和沓中一带牵制住姜维，防止姜维的精锐部队回援。另外，令雍州刺史诸葛绪分兵三万余人从岐山出发到武街、阴平桥头一带摆开阵势，阻挡万一能够突围而出的姜维。

与此同时，司马昭将灭蜀的重任托付给了亲信钟会，让钟会率领绝对的主力，十余万大军从斜谷、骆谷、子午谷三路兵出秦岭，直接扑向益州的北大门汉中，同时又派遣廷尉卫瓘为监军，持节监伐蜀军事，代理镇西军司，随钟会主力军出征。

从五十年前的曹操开始，到之后的曹真、曹爽都曾发动过攻打蜀地的战争，但是无一

▌阳安关俯瞰图。

不是无疾而终，因此钟会肩头的责任无疑是极其沉重的，所以钟会此次用兵极其希望成功，便比平日里要焦躁了一些。入蜀的道路多为崇山峻岭，钟会便令大军一边修复栈道，一边前进。

钟会深知，如果栈道修复时间过长，便会给蜀军准备的机会。为树军威，并让大军迅速修好栈道，钟会决定杀鸡儆猴。正巧，负责修栈道的牙门将军许仪因为疏忽，在新修的栈桥上穿了个洞，以至于马蹄都陷了进去。钟会下令将许仪斩首示众，以儆效尤。许仪的父亲是大名鼎鼎的许褚，当年曾屡次救过曹操，功勋卓著，虽然有父亲的关系，但是依然免不了许仪的刑罚，全军知道了以后惊恐不已，不敢懈怠，很快就修好了栈桥，抵达巴蜀大地的北方门户——汉中。

蜀汉方面得知魏军大军来袭后，下令汉中各路兵马不准迎战，退守汉城、乐城两座城池，采取集中兵力防守、先守城以挫敌锐气、待敌军疲劳松懈时再寻机出战的策略。汉城、乐城是诸葛亮早年亲自率领军队修筑的两座城池，城高粮广，易守难攻。钟会自知十余万大军千里奔袭，辎重粮草供应不易，若不速战速决，定会一败涂地。于是钟会并不管眼前的汉城、乐城两座城池，而是命令护军荀恺率领一万士兵包围汉城里的蜀军护军蒋斌及其所属的五千部队，又令前将军李辅率领一万士兵包围乐城里的蜀军监军王舍及其所属的五千部队，自己则率领大部队从两城中间迅速穿过。钟会的目标是趁蜀军没有反应过来，迅速占领入蜀的通道——阳安关（也就是后来名震天下的阳平关）。钟会以护军胡烈为别将先锋，猛攻阳安关的关城，

阳安关很快不保。守将蒋舒本为蜀国武兴督，因事被免职，留守汉中，常怀恨在心。趁着魏军大举来犯之际，蒋舒开城投降，蜀将傅佥力战身死，城中囤积的大量军事物资和军粮都被钟会所缴获。与此同时，后方也传来了荀恺和李辅攻克了汉城、乐城的捷报，钟会初战告捷。

在主战场西边的偏师战场可就没那么顺利了。战争一开始，邓艾派遣天水太守王颀等人正面突袭姜维的沓中大营，令陇西太守牵弘等人悄悄绕到前方堵截，又令金城太守杨欣等人到甘松一带设下埋伏，防止姜维从这条路回到蜀地。姜维本想率军击溃正面的王颀，但此时刘禅派来的廖化率领援军赶到，廖化告知了钟会突袭汉中的军情，于是姜维无心恋战，率领大军突出重围，往蜀地方向赶去，在突围战中赵云的二儿子牙门将赵广不幸战死。突围之后，姜维又遇到了杨欣的伏兵，姜维急速行军，结果还是在强川口这个地方被杨欣赶上，双方进行了一番激战，姜维兵败，率军逃离强川口，终于摆脱了邓艾军团的追击。正当姜维稍松一口气，想从桥口方向进入蜀地时，探子来报发现了诸葛绪军团在桥头一带设有伏兵。姜维此时想绕道而行，却又怕耽误行程，来不及赶到蜀地去抵挡钟会，而若是直接攻击桥头的数万守军，则未必能胜，而就算是能打赢，也肯定会付出惨烈的伤亡代价。于是姜维心生一计，他调转大军的方向，从孔函谷进入北道，做出要绕到诸葛绪大军后方的样子。诸葛绪得知后，立刻率领大军后撤三十里，想堵住北道的出口。而进入北道也有三十里的姜维派探马探知诸葛绪离开了桥头之后，立刻率军

折返，从没有人布防的桥头一路安全进入蜀地。而等了半天的诸葛绪发现姜维的军队根本就没有从北道出来后，心知中了调虎离山之计，急忙率军返回桥头追赶，结果却晚了一天，没有赶上。就这样，西路两支近七万人大军的牵制行动宣告失败，让蜀国的顶梁之柱——姜维回到了正面主力战场。

姜维回到正面战场时，距开战已经快两个月了，汉中和阳安关都已经沦陷，情势可谓兵败如山倒。但此时的姜维异常冷静，他一面安抚从汉中和阳安关败退下来的残兵，一面汇合没有来得及救援阳安关的张翼、董厥军团。在稳定了军心后，姜维下令全军固守从北方进入蜀中的最后一道天险重关——剑阁（唐代之后称"剑门关"）。剑阁北二十五里有剑门山，又叫"大剑山"，其东三十里有小剑山。两山相连，山势绝险，飞阁通衢，谓之剑阁。大小剑山延绵两百多里，延亘如城，下有隘路，谓之剑关。因其关夹在两山之中，如门之辟，如剑之植，故名剑门。

姜维自知现在召集全军与钟会的十几万人硬碰硬肯定是要失败的，但只要守住了剑阁，钟会就算人数再多也不能进入蜀中，而僵持的时间一长，钟会的补给线肯定会出问题。到时候钟会想要进，剑阁天险不可飞越；若想退，后方是险要的秦岭，到时候前有大山后有追兵，这十几万人一定会全军覆没；若想僵持，只能活活饿死。同样是聪明人，钟会自然也知道这个道理，于是钟会命令大军日夜不停攻打剑阁关隘，无奈剑阁地势太过险要，钟会的军队无法展开大规模攻击，况且姜维已经做好了充分的防御准备，钟会是一寸也前进不得。眼看着时间一点点流逝，

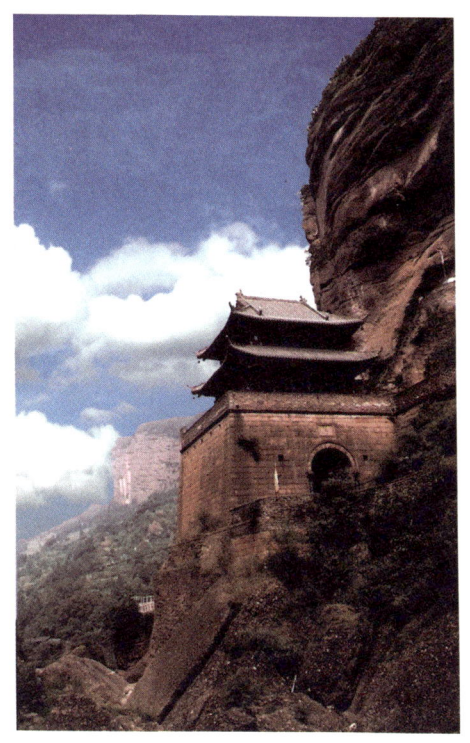

▎剑门关隘。

钟会度日如年，不得已，只好写了一封信来劝降姜维。信里说道："姜维将军，您文武双全，身负绝世奇才，在巴蜀汉中一带建立了丰功伟绩，远近的士人都慕名前来归附您。每次我想起当年，我和你都是大魏臣子，感受魏国的教化，像吴国季札和郑国子产一样了解时事。您只有返回魏国的怀抱，离开蜀国才是正途啊。"姜维看了信后知道钟会是黔驴技穷了，于是不理会钟会，加紧组织部队防御。钟会等了好几天都不见姜维的回信，知道劝降无果，下令进攻，却又毫无进展。开军事会议的时候手下的部将都提议要撤兵返回，钟会心有不甘，力排众议，却也只能硬撑几天，没有任何有价值的对策。

三　阴平暗渡，千古奇谋

就在钟会焦头烂额、无计可施的时候，西边战场的邓艾却在蠢蠢欲动。邓艾不甘心在这世纪性的大战争里只扮演配角，当他得知钟会军团在正面战场失利后，心生一计。邓艾看到姜维的主力军团都缩守于剑阁一线，西部自然空虚。而西部阴平有一条已被废弃多年的山间险路，可以绕行到蜀中。于是邓艾上书朝廷说："现在蜀军被击退到剑阁，应当乘其西部防御薄弱，从阴平小路经由汉德阳亭奇袭涪城（今四川绵阳市政府所在地）。涪城在剑阁以西两百里，距离成都三百余里，用奇兵突袭蜀中腹地，剑阁的守军知道后必然会回援涪城，这样的话，钟会的十几万大军就可以趁虚攻下剑阁；如果剑阁的守军按兵不动，那么就没有多少能够救援涪城的军队了。兵书上说行军打仗要攻其无备，出其不意。现在趁蜀军西部空虚，我率奇兵突袭，一定会取得胜利。"司马昭批准了邓艾的计划。邓艾非常高兴，但考虑到自己的军队数量太少，恐怕难以成事，因此邀请同处于西线战场的诸葛绪一同出兵。可是死板而又贪心的诸葛绪因为开始出兵的时候只是接到了牵制姜维的命令，没有西行出击的计划，再加上东线战场一路高歌凯旋，西线战场则战果较少，诸葛绪认为继续出兵西线战场难以获得战功，因此诸葛绪没有选择跟随邓艾从西线奇袭，而是选择了东进，从白水的方向和钟会的大军团会合。而当诸葛绪追随钟会一路到达剑阁时，钟会既担心诸葛绪会跟他抢功，又想独掌兵权，再加上连日猛攻剑阁不下，自己不好和司马昭交代，需要找一个替罪羊。于是，钟会借口诸葛绪在之前的阴平桥头畏敌不前，放跑了姜维，这才导致姜维及时赶回剑阁，组织了严密的防守，破坏了整个伐蜀战争的大局，他上书司马昭，将诸葛绪装上囚车，送回京都受审。诸葛绪被抓走后，钟会便顺理成章的吞并了诸葛绪军团的三万多士兵，扩大了自己的实力，同时也增长了野心。

这年的农历十月，已经是寒冬季节了，邓艾却不顾气候恶劣，率精锐部队开进了高山之间的阴平古道。邓艾知道，此一去只能前进，不可后退。因为这条七百里长的崎岖小路四周没有人烟，自己的部队若不一直往前突袭到蜀中，就会面临补给殆尽，全军覆没的危险。可是邓艾为拔得灭蜀头功，认为值得冒这个天大的风险。况且邓艾也不是没有胜算的：首先敌人没有在废弃多年的阴平古道布置任何防线，邓艾面临的主要是大自然的威胁；其次，邓艾此次率领的突击部队的主力是他许以重报才招募到的五千多凉州羌胡雇佣军，而凉州羌胡军在汉晋时代一直都是中国最精锐的部队之一，很少遇到过对手。邓艾的奇袭小部队就如同一把锋利无比的尖刀，直截了当的向蜀国最最薄弱的部位无情插去。

进入这七百里荒无人烟的道路后，邓艾的部队凿山取道，在半空中搭建栈桥。这样战战兢兢，如履薄冰地走了很久，士气一天比一天低落，随军携带的粮草也马上要耗尽

蜀汉灭亡的秘密战交锋

了，邓艾心想若不加快行军速度，这次奇袭恐怕就要失败了。于是，邓艾为了加快行军，不顾67岁高龄，以身作则，用毛毡把自己的身体裹了起来，顺着山坡直接滚下去。将士们看到年逾花甲的老帅这样身先士卒，全都受到了鼓舞，也都攀着树木，顺着山崖，一个紧接着一个地前进。邓艾的奇兵终于在短时间内穿越了七百里阴平古道和之后的景谷道，好似神兵天降般地出现在蜀中大地上。

邓艾大军面临的第一道障碍是蜀中北部重镇江油（今属四川省绵阳市），其守将是马邈。由于蜀国大部队要么集结于剑阁对峙钟会军团，要么在蜀汉国都成都一带防御，江油能够抽调的部队只有几千人而已。马邈得知敌军来袭后匆忙在江油城外数十里处埋伏下了三千多人的伏兵，可是被邓艾的先锋田章所统帅的先遣部队轻易击败。之后，田章率领先锋部队兵临江油城下，马邈不得已投降。

邓艾的军队突然出现在毫无防备的西线战场的后方，着实让蜀国君臣和老百姓都大吃一惊，他们惶惶不可终日。此刻姜维远在二百里之外的剑阁对抗十几万钟会军团，心惊胆战的刘禅无奈之下决定使出最后的王牌来对付邓艾。他就是蜀汉的灵魂人物诸葛亮的嫡子——诸葛瞻。诸葛瞻自幼聪颖超乎常人，不但是丞相的儿子，还是刘禅的驸马。他从小到大一直都被视为诸葛亮的继承者，被蜀汉的朝廷和老百姓寄予了厚望。虽然诸葛瞻没有立下过什么大功，却依然被封为代理都护、卫将军、平尚书事的要职，参与管理朝政。此时，邓艾正按照原计划开赴涪城，这一步棋既可威胁成都，又可动摇剑阁守军的军心。而诸葛瞻也率领蜀汉羽林军急忙赶往涪城，企图趁着邓艾军团立足未稳时一举击溃。可是诸葛瞻虽颇习兵法，但毕竟没有丝毫实战经验。他到达涪城县城后，一直徘徊不前。蜀汉开国名臣黄权的儿子尚书郎黄崇当时正随军出征，多次劝诫诸葛瞻火速前行占据险要之处，不能让邓艾的奇兵进入平原地区。可是诸葛瞻犹豫再三没有采纳，黄崇流着眼泪苦劝也没有效果。再加上自己的军队虽然人数占优势，但并不是蜀汉最精锐的部队，所以诸葛瞻军团的前锋部队在涪城刚开始交战，就被邓艾的羌胡雇佣军给击败了。诸葛瞻撤到绵竹城（今属四川省德阳市），想靠据守以待邓艾军团的攻击。而此时邓艾的追兵也到了。邓艾知道，若是诸葛瞻依靠绵竹全力一搏的话，自己未必能有十足把握战胜他。于是他写了一封劝降信给诸葛瞻，称如果诸葛瞻肯投降，他一定上表奏请封诸葛瞻琅琊王的高爵。诸葛瞻平素就以忠贞节烈自诩，看到劝降信勃然大怒，把信使斩首示众，以此表明自己的忠心。双方随后展开战斗。邓艾派儿子邓忠从右面进攻诸葛瞻军团的左翼，派遣司马师纂从左面进攻其右翼。

阴平古道。

229

殊死一搏，再加上魏军士兵的作战素质和战斗经验确实要远远胜过蜀军。蜀军渐渐地抵挡不过，被魏先锋部队突进阵中，蜀军的阵型开始混乱。最后诸葛瞻被魏军杀死，同时战死沙场的还有诸葛瞻的儿子诸葛尚、之前提到的黄权的儿子黄崇、张飞的嫡孙尚书张遵和蜀国名臣李恢的侄子羽林右部督李球。失去了统帅的蜀军溃不成军，四散逃亡。邓艾军团又取得

■ 一马平川的成都平原。

诸葛瞻指挥军队拼死搏斗，击退了邓忠和师纂两拨部队的冲锋。之后，邓忠和师纂决定了绵竹会战的胜利，通往蜀国政治经济中心成都的路上又少了一道障碍。

四 旧派阴谋，一计亡国

邓艾取胜之后，一路高歌猛进到了雒城（今四川省广汉市）。雒城是当时益州城防最坚固，规模最大的城市之一，在东汉时代曾长期作为益州的治所。雒城不但城防坚固，而且还是成都的最后一道屏障，历来为兵家必争之地。此前刘备政治集团奠定统治基础的讨灭刘璋之战中打得最艰难的一仗就发生在雒城。当年雒城虽然被围困，依然能和刘备的虎狼之师相持将近一年的时间，并且还击杀了组织攻城的一流军师庞统。而在半个世纪后，曾经守护了成都平原近一年的雒城若是能再抵挡邓艾一年，邓艾深入敌国腹地，既无粮草又无强援，非常有可能全军覆没的

可能。可就在邓艾刚刚抵达雒城的时候，却迎来了刘禅从成都派来请求投降的使者。原来，是留守成都的益州本土旧派集团发挥了致命的作用。

在成都方面刚刚接到邓艾奇袭而来的消息时，朝野中的那些益州旧派人物已经想好了对策，鼓动新派代表人物诸葛瞻率领主张抵抗的新派大臣、将领们倾巢而出，去迎战邓艾。本来新派的主心骨姜维、廖化等人就不在成都，而诸葛瞻又将剩下的新派人物都带离成都，留守成都的大臣们就基本都是阴谋颠覆蜀汉的益州旧派人物了。这些旧派人物也想得很清楚，一旦诸葛瞻击败了邓艾，

他们也可以挟持刘禅,固守成都,防止诸葛瞻回城;如果诸葛瞻及其他新派人物战败被杀,那么朝中就再也没有人能够阻挡他们投靠魏国了。

果然,当刘禅的小朝廷听闻诸葛丞相的嫡子诸葛瞻都兵败被杀,邓艾军队已经一步步逼近成都的时候,便各自心怀鬼胎。满朝大臣不是想着怎样抵抗,而是要么想着逃跑,要么想着投降。不过就到底是逃跑,跑到哪里,还是直接投降魏军,蜀汉大臣们却争论不休。有的大臣提议说,东吴和蜀汉是盟国,如果出奔东吴,东吴一定会收留刘禅。还有的大臣提议说,南中七郡之地(现今云贵高原)地处偏远,且山高路险交通不便,应该跑到南中去,依然可以自守。

就在这时,益州本土旧派集团代表光禄大夫谯周力排众议:"自古以来,我没听说过有寄身于别的国家还依然可以自称皇帝的事情,如果现在投奔了吴国,一定会被迫称臣。可是魏国强大,吴国弱小,既然注定要称臣,那么我们为什么不去向一个强国称臣,而是去向一个小国称臣呢?况且早晚有一天强大的魏国会将弱小的吴国吞并掉,如果我们投奔了吴国,向吴国称臣,到那个时候我们还要再向魏国称臣,本来投降一次就已经是耻辱了,怎么可以一辱再辱呢?再说南逃到南中这个计划,其实本来是可行的,但是要提前做好打算,然后才能成功。现在强敌近在眼前,国家马上就要灭亡了,朝野上下人心惶惶,手下的人已经靠不住了,如果我们匆忙南逃,南中还没到达,我们就被手下的别有用心的小人趁机抓住去向魏国邀功请赏了。"这时又有大臣站出来质疑谯周说,现在邓艾已经快兵临城下了,如果他执意拒降,强行攻打我们,到那个时候怎么办?谯周回答道:"现在东吴还没有归顺魏国,魏国一定会善待我们,给吴国人树立个投降的好榜样。如果皇上投降魏国之后,魏国不封给皇上土地和爵位,我一定会拼了这把老骨头到魏都洛阳去为皇上争取应得的权益。"

谯周这一番言论一说完,立即得到了旧派集团的支持。不过刘禅还是有点迟疑,想要采纳南逃南中的计划。谯周又劝刘禅说:"南逃南中这个计划实在是不可取,理由有三点。第一点,南中是蛮夷聚集之地,非我族类,其心必异。平时他们就对朝廷没什么贡献,还经常发动叛乱。当年诸葛丞相率军南征,好不容易才镇压了叛乱,那些南中蛮夷是因为迫于压力才勉强表示顺服。此后,

蜀后主刘禅。

朝廷向他们征收赋税，他们早已是满腹怨恨，一心想要报复我们。现在我们大势已去，如果去依靠他们，他们一定会趁机对我们不利的；第二点，魏军这次兴师动众攻打我们，他们的目的不仅仅是攻下巴蜀一带这么简单，不彻底消灭我们的政权他们是不肯罢休的。我们如果逃往南中，他们一定会趁我们势力衰弱而马不停蹄地追赶，斩草除根；最后一点，如果我们凑巧，有幸逃到了南中，在那里扎稳脚跟，对外我们要抗击魏军的进犯，对内我们又要承担迁来的宫廷内部和文武百官的费用，在我们已经没有其他赋税来源的情况下，我们势必要大大加重南蛮各部落的赋税徭役。如果给南蛮部落所施加的负担过重，他们一定会苦不堪言，起兵造反，到时候我们还是无家可归。"

实际上，此时的刘禅已经发现，以谯周为首的留守大臣们根本就没有丝毫抵抗或者是要保存蜀汉朝廷的意思，甚至还有些逼宫的意味。再加上刘禅本身也不是一个强权果断之人，于是只得无可奈何的顺从了益州旧派的意愿。刘禅便让秘书令郤正写了降书，派侍中张绍、驸马都尉邓良和主降派的领袖谯周到邓艾军中传达投降的想法。为表诚意，还顺便送去了象征国家最高权力的皇帝绶带和蜀汉传国玉玺。刘禅的第五个儿子北地王刘谌苦谏父亲无果，气愤填膺，自己也无力和满朝的旧派势力相抗衡，却又不甘愿做亡国奴，在投降使者出发的当天，回到家中杀死了自己的妻子和儿子，之后前去祭告祖父刘备的昭烈皇帝庙，引刀自刎，壮烈殉国。

邓艾接到刘禅的降书后大喜，立刻应允，并让张绍和邓良先行回成都复信，随即率领军队开赴成都北郊，接受蜀汉方面举办的受降仪式。当邓艾大军抵达成都时，蜀汉后主刘禅率领太子刘璿和诸王，以及朝野重臣六十多人按照亡国君主投降的仪式，绑上自己，抬着棺材，到邓艾驻营的辕门前跪拜投降。邓艾手持大魏天子赐予的象征权力的节杖（有点类似后世的尚方宝剑），弯下腰来，亲手解开刘禅的绑绳，并让人烧掉棺材，接受了刘禅的投降，并且免除了刘禅等人的罪过。至此，蜀汉政权终于宣告灭亡。

▎南中蛮族象兵。

▎三国时代应用较为广泛的环首刀。

五 兴衰有因，后患无穷

此时，在僵持许久的东线战场，姜维本以为再坚持几天钟会就会撤军，到时候姜维大军出剑阁，必然能逆转乾坤。可就当姜维暗自得意之时，成都方面突然传来了紧急军报，姜维一看，上面居然说邓艾偷渡阴平，奇袭江油，复又大破诸葛瞻所统帅的羽林军于绵竹，诸葛瞻父子以身殉国，成都岌岌可危。姜维心想邓艾谋略勇武皆属一流，既已破了诸葛瞻军团，成都必然陷落。虽然现在自己马上就要逼退钟会大军，但若成都不保，皇帝刘禅被抓，那么这一切都失去意义。于是姜维果断率领主力大军近五万人和廖化、张翼、董厥等大将撤离剑阁天险，自东由巴郡方向往成都急速行军。一路上姜维不断派人打听成都朝廷的消息，有的人说刘禅要固守成都，有的人说刘禅要东奔孙吴，还有的人说刘禅要南逃南中建宁郡。姜维心急如焚，恨不得插翅飞到成都。

而此时已经决定撤军的钟会忽然接到姜维大军已经撤离剑阁的消息，先是满腹狐疑，又派出士兵仔仔细细确认了姜维确实已经率军离开时，他又气又喜。所喜是自己终于可以攻入剑阁，而不至于回京请罪；所气是姜维离开剑阁只会有一个原因，那就是邓艾的奇袭战术成功了，如此一来邓艾会先抵达成都，一旦拿下成都，灭蜀之战的头号功劳将会被邓艾抢走。于是钟会急忙指挥大军进入剑阁，随后派司马夏侯咸、护军胡烈等人急速穿过新都、大渡等地，在姜维回师的必经之路上围截；又令蜀国降将句安等人在姜维后面追击；又派参军皇甫闿和将军王买等人从涪南出击，穿插进入蜀汉腹地；而钟会本人则亲自前往涪城，随时准备进攻成都。

当姜维且战且退，一路行进到广汉、郪道一带时，突然遇到了太子太仆蒋显，而蒋显此次前来正是来宣读刘禅降魏的圣旨。姜维闻知大惊，悲恸万分，转而又义愤填膺，大骂留守在成都的文武百官误国误民。姜维手下近五万名将士俱悲愤不能自已，纷纷拔出刀来，向石头砍去。姜维此时面临着极其艰难的选择：若降，心有不甘；若战，则兵少将寡难以回天，且皇帝已经投降，人心涣散，强行反抗，反而会使刘禅陷入危险的境地。一番思量之后，姜维计上心头，决定听从刘禅的旨意，暂时屈身投降，别做图谋。姜维知道钟会有很大的野心，可以加以利用。当姜维听闻钟会已经到达了涪县县城，于是

■ **姜维像。**

立刻掉头到钟会的军营，投降钟会。

姜维、廖化等人是蜀汉新派势力的代表，他们自然是不甘心的，于是姜维等人才选择暂时投降钟会。这些人世世代代担任蜀汉高官，作为蜀汉政权的最大获利者，怎会让蜀汉政权如此覆灭。

可以看出，战争期间出现的所有蜀汉高官，除资历很老、功勋卓著的老将张翼，还有黄权之子黄崇、李恢之侄李球外，其他人几乎都是后到益州的新派。

姜维，丞相诸葛亮的嫡系将领，凉州天水冀县人氏，官至大将军；董厥，丞相诸葛亮的亲信，荆州义阳郡人氏，官至侍中、尚书令；廖化，前将军关羽的亲部，荆州襄阳郡中卢县人氏，官至右车骑将军、并州刺史；诸葛瞻，丞相诸葛亮之子，徐州琅琊郡阳都县人氏，官至卫将军、行都护；张绍，车骑将军张飞之次子，幽州涿郡人氏，官至侍中、尚书仆射；张遵，车骑将军张飞之孙，幽州涿郡人氏，官至尚书；赵广，镇西将军赵云之次子，冀州常山真定人氏，官至牙门将；

蒋斌，大将军蒋琬之长子，荆州零陵郡湘乡人氏，官至汉城护军、绥武将军；蒋显，大将军蒋琬之次子，荆州零陵郡湘乡人氏，官至太子太仆；邓良，车骑将军邓芝之子，荆州义阳郡人氏，官至驸马都尉；傅佥，将军傅彤之子，荆州义阳郡人氏，官至关中都督。

以这些人为代表的新派集团仕途上一帆风顺，基本没有留给旧派集团的人物多少掌权的空间。所以，等到了危难之时，被打压的旧派集团只会帮助敌方，而这些掌权的新派人物，或空有热血，战死沙场；或无力回天，被迫投降。一个国家两派斗争到了如此地步，灭亡是迟早的事情，魏国的强大武力只能算是一个催化剂。

不过，灭蜀首功邓艾和野心颇大的钟会之间的矛盾也愈演愈烈，再加上被迫投降的蜀汉新派将领姜维等人也不那么安分，一直在鼓动钟会发动兵变，自己好趁乱恢复刘禅和蜀汉新派集团的统治。成都虽然陷落了，刘禅虽然投降了，可是笼罩在巴蜀大地上的战争阴霾却依然没有消散。

借刀杀人的司马氏阴谋

作者：王春翔

公元263年，魏国实际掌权者司马昭下令邓艾、钟会、诸葛绪兵分三路讨伐蜀国。蜀军主战派代表姜维、廖化等人据剑阁天险，阻魏军主力钟会部队于剑门关之外。魏偏师邓艾部偷渡阴平七百余里无人古道，奇袭蜀中，尽破蜀汉后方精锐部队于绵竹，成都震恐。在益州本土派大臣的压力下，蜀帝刘禅降于邓艾。蜀汉虽亡，但是以姜维、廖化等人为代表的蜀国新派将领们却很不甘心，欲图复国。而魏军中最有实力的钟会也有所企图。邓艾、钟会、姜维这三方的矛盾一定会逐渐尖锐起来，到时候，笼罩在成都城上空的将是一番腥风血雨。

一 钟姜合谋，独霸蜀中

在顺利地接受了刘禅君臣的投降后，邓艾率领大军进驻成都城中。邓艾出于安定人心、结束动乱的目的，做出了两个重要的决定。

第一点是承制封官，以稳定蜀地旧皇族和文武百官的心。封刘禅为代理车骑将军、太子刘璿为奉车都尉、其余诸王封为驸马都尉，蜀汉的文武百官也依据曾经的官职高低各有分封，有的比较贤能的官员还被邓艾征辟为属官。又委任自己的司马师纂兼任益州刺史，陇西太守牵弘等人同时兼任蜀地各郡的太守。

第二点是稳定蜀地民心。邓艾下令自己的军队务必要严守军纪，不得扰民，并且将魏蜀双方战死的士兵一视同仁，共同埋葬。蜀地的老百姓于是安居乐业，蜀中局势渐渐地平定下来。

这两个决策对快速稳定蜀地的局势和动乱显然是效果显著的，但是第一个决策却埋下了一个极大的隐患，这个隐患日后不但让邓艾本人身首异处，更让蜀中成都血流成河。所谓"承制"，实际上就是奉了皇帝之命，有便宜行事之大权。而实际上邓艾并没有这个权力，他只是仿效东汉开国时代的大将邓禹的例子。当年邓禹曾经有两次承制分封官职，第一次是承制分封河东之地的大小官员以迅速平定河东动乱，第二次是承制封陇右诸侯隗嚣为西州大将军，得专制凉州、朔方事，拉拢隗嚣以便助光武帝刘秀早日统

▎邓艾画像。

借刀杀人的司马氏阴谋

一全国。不过，邓禹承制没事，不代表邓艾承制没有事。邓禹自幼便和刘秀是非常要好的朋友，长大之后又拒绝了许多人的推荐，一心去追随刘秀，是刘秀帐下首席大将，这等经历和交情可不是邓艾所能比拟的。因此说，邓禹承制，刘秀不会疑心，而邓艾承制，却是犯了司马昭的大忌了，司马家族此时虽然掌握魏国的权力，毕竟还没有正式篡权，因此司马昭把权力的掌握看得十分重要，可此时远在益州的邓艾手握兵权，功高盖主，还承制分封大权，这势必会让司马昭心生不满。不过让司马昭更加不满，也更加猜忌的事情还在后面。

且说姜维等人得知刘禅投降后，悲愤不已。情急之下，姜维顿生一计。姜维知晓钟会有所图谋，不想屈身于司马氏集团之下，于是便主动到钟会军前投降，想借钟会之手对抗忠于司马氏的魏军。日后趁双方对抗之际，再联络旧部，复兴蜀汉。钟会在剑阁吃尽了姜维的苦头，也深知姜维是旷世奇才，因此当姜维特意到涪城向钟会投降时，钟会很是高兴，以为从此有了一个不可多得的助手。钟会和姜维一见如故，厚待姜维及其将士们，并下令军队禁止扰民。此时的钟会接连吞并了诸葛绪军团的三万多人、姜维的蜀国最精锐的近五万大军，又得到了姜维等蜀汉大将的辅佐，羽翼强劲，野心急剧膨胀。钟会和姜维出则同车，坐则同席，日夜密谋计策。

远在魏国主持大局的司马昭接到了邓艾、钟会攻灭蜀国的捷报后，大喜过望。司马昭在朝议上奏报魏帝蜀国灭亡的消息，魏帝下旨封主持灭蜀计划的策划者司马昭为相国，总领百官；又册封灭蜀首功邓艾为太尉、

▎司马昭画像。

加封封地两万户，封邓艾的两个儿子为亭侯，各领封地一千户；封灭蜀次功钟会为司徒、加封封地一万户，封钟会的两个儿子为亭侯，各领封地一千户。在成都接到圣旨的邓艾志得意满，不禁有些飘飘然，自以为身建不世之功，足以荣耀千古，不把一切放在眼里。已经灭了蜀国的邓艾顿时觉得灭掉吴国也不在话下，于是怀着一腔报国建功的热情给司马昭上书说："现在刚刚平定蜀国，天下震动，东吴朝野上下必定闻风丧胆，现在正是趁机席卷孙吴，一统天下的大好时机。然而灭蜀战争刚刚结束，征蜀将士经过几个月的连续征战已经是很疲惫了，应该休整一番，不宜出战。我倒是有一条计策可以不用发动战争就能够灭掉吴国：令我的陇右部属两万人、蜀国降兵两万人在益州煮盐炼铁，准备充足的兵器和军粮，同时在长江上游地区大规模修建战船，做出准备顺流而下横扫东吴

237

的样子。再封刘禅为扶风王，刘禅诸子为公侯，让他在扶风一带享受极其优厚的待遇，而不是流徙到京城。然后我们再派出使者去劝降东吴，既有军事方面的压迫，又有优厚的待遇诱惑，这样东吴就会畏惧朝廷之威，感激朝廷之德，望风归顺了。"司马昭看到邓艾如此自作主张的上书后很不高兴，再加上不久之前邓艾擅自分封蜀地官员的事情，司马昭认为他忘记了自己的身份，有越权的嫌疑，不过邓艾毕竟刚刚建立了大功，司马昭决定再给他一个机会。于是让监军卫瓘转告他的回复。这回复只有冷冷的一句话："大小事都要上报给我，你不可自作主张。"可怜这邓艾此时还没有醒悟，他虽然被浇了一头冷水，可仍然不死心，又上书司马昭，用"将在外，君命有所不受"的那套话来辩解自己做得并没有错。

司马昭本来就对邓艾有很大不满了，而这时钟会又来添了一把旺火。手握十几万重兵的钟会此时已经有了别的打算，可文武双全又忠心耿耿的邓艾实在是一个不容小觑的敌手，再加上钟会非常不满邓艾夺去了本属于他的伐蜀首功，于是钟会瞅准司马昭不信任邓艾的机会，威逼利诱护军胡烈和邓艾任命的益州刺史师纂和他一同上书司马昭，诬告邓艾谋反。

司马昭深知邓艾有不世之才，再加上军权在握，如果谋反后果不堪设想，于是下令将邓艾和邓艾的儿子邓忠抓起来押送回京，同时下令搜捕邓艾留在京城的几个儿子，全部处死。同时，司马昭害怕邓艾被逼急了起兵叛乱，于是命令驻扎在涪城的钟会率领十几万大军进发成都，一旦邓艾军团不听从朝廷的判决，立刻围歼。不过司马昭也留了一个心眼，虽然钟会一直是自己的心腹，可钟会连日来兼并了诸葛绪军团、姜维降军，此时又要兼并邓艾的部众，一旦钟会反叛，要比邓艾叛乱严重得多，不可不防。于是司马昭亲率十万大军开赴长安，并派遣自己另一位心腹重臣中护军贾充率领一万精锐部队先行，从斜谷长驱直入，驻扎在汉中的乐城。

监军卫瓘抵达成都，向成都诸军宣告

▎汉与三国时代的步兵、骑兵复原图。

了司马昭抓捕邓艾的命令。邓艾虽然惊愕不已，但自恃身负战功，且忠心不二，以为像这样莫须有的罪名只要见到了司马昭就可以辩解清楚，于是没有丝毫抵抗，和儿子邓忠坐上囚车，被押解回京。钟会得知邓艾被抓时，高兴得不得了，如果顺利的话，他到达成都之后，便可以收编邓艾的三万多精锐部队和数万蜀军降兵。在这之后钟会便可拥有二三十万大军，且邓艾已经获罪被抓，姜维也已经归顺了自己，他自认为普天之下再也没有可以和自己对抗的敌手了，连司马昭也不放在眼里。

二 计划周详，欲夺天下

此时的姜维忍辱负重，一方面极力奉承讨好钟会，帮助他策划谋反的事宜，另一方面暗地里联络蜀汉旧将和蜀汉旧太子刘璿，准备先助钟会叛乱，待到趁钟会出蜀和司马昭争夺天下时，在钟会的后方成都重新建立蜀汉政权，实现复国大业。姜维在策划好一切之后，偷偷写信给刘禅让他再忍耐数日，称如果实现计划，就可以让刘禅复辟。

就在钟会和姜维各自心怀鬼胎不断在为了新的战争做准备时，钟会突然接到了司马昭的一封书信。信上说司马昭害怕邓艾不听从钟会的命令，起兵反叛，自己率领十万大军前来支援钟会。钟会看罢书信，仔仔细细揣摩了一会儿之后，大惊失色，急忙下令召集自己的亲信。钟会说："我为晋国公策划计谋多年了，晋国公深知我的能力。而凭借我的能力也足够可以收拾邓艾了，如今却亲自率领大量军队前来，这不是为了防范邓艾，而是为了防范我啊。看来相国大人一定是察觉到了我要反叛的蛛丝马迹。看来我们反叛的计划要提前了。我从蜀地出兵中原，进可以一统天下，建立千古帝业，退可以像刘备那样扼守险要，称霸巴蜀。自从为相国大人出谋平定了淮南叛乱以来，我的计谋从来都没有失误过，这是天下人都知晓的。凭借这独步天下的智慧谋略再加上我这手里数十万雄师，我怎么可以再屈居人下呢？"于是开始实施谋反计划。首先，将忠心于司马昭的将校们都软禁起来作为人质，以此来要挟这些将校们的部属听从钟会的号令。然后释放被俘虏的蜀军，给他们发放武器，全归姜维统帅。再然后假太后遗诏，以讨伐奸臣司马昭，归政大魏皇帝为名，正式起兵"勤王"。之前的计划本是令姜维的蜀军军团为北伐先锋，从斜谷道入秦川，自己率领魏国军队近二十万紧接其后。攻克长安后，令骑兵走陆路；步兵乘船由渭河入黄河，5天之内到达孟津，然后数十万精锐步骑会师于洛阳城外，攻克洛阳易如反掌，如此便可一战而定天下。虽然这个计划很好，但是成功实施的前提是奇袭，现如今司马昭的大军既然已经抵达长安，而贾充的先头部队也已经在汉中驻扎，奇袭已经是不可能了，接下来只能硬碰硬了。可是钟会还是颇有自信的，毕竟司马昭为了灭蜀，把几乎所有的精锐部队都派到了蜀地，现在的司马昭是既无良将，

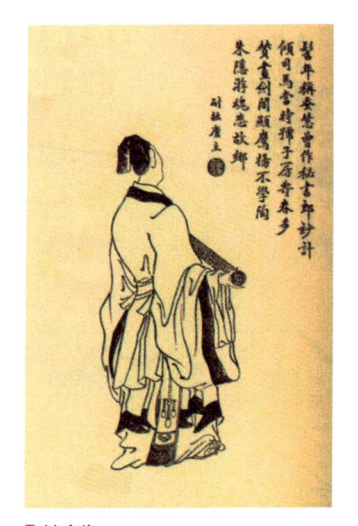

钟会像。

军队数量也不及钟会的一半。若是自己的大军真的能够顺利抵达长安，击败司马昭也不是件很困难的事情。

至于击败司马昭之后，钟会有什么打算，这就很难预料了。钟会很有可能走当年曹操、司马懿的老路，挟天子以令天下，最后一步步地走上权力的最高峰。最后统一天下的，便极有可能是钟会家族建立的王朝了。不过，也有学者认为，钟会可能并不是一个我们一般人想象中的那么跋扈阴鸷的阴谋家，而是一个忠心于君王的耿耿士子。中国史学泰斗吕思勉先生就认为，钟会是一个"效忠于魏""封建道德之下的烈士"，讨伐司马氏的钟会"这正和日落时的余晖一般，流连光景的人，更觉得其可爱了"。钟会之所以要反叛，是因为司马氏日益跋扈，有代魏自立之心。钟会的父亲钟繇曾在早年替曹操镇抚关中，后来又受魏朝的恩典很深。而钟会则是一个文人，很有学问，自然懂得忠君爱国这一纲常伦理。可是钟会在司马氏帐下任职多年，深知其树大根深，难以推翻，故而一直隐忍不发，以无数功劳来换取司马昭的信任。蜀国灭亡后，钟会大权在握，当然要发兵勤王，扫平司马氏，还政于魏帝。不过，不论是吕思勉先生的观点，还是其他认为钟会单纯只是为了自己的野心而起兵的观点，都只能称之为一家之言。毕竟，钟会的叛乱行动最终失败了，我们永远无法准确得知，在行动成功之后，钟会是如何打算的了。

三　成都兵变，三雄身殒

在伐蜀战争打响之后第二年的正月十五，钟会率军进驻成都。第二天，按照计划，钟会邀请随军的所有护军、郡守、牙门将、骑督以上文武官员以及蜀汉旧臣到魏国朝堂之上集会。集会上，钟会为上个月刚刚去世的郭太后发表，并诈称自己接到了郭太后的遗诏。遗诏里明确提到要钟会率军勤王，除掉把持朝政多年，废一帝、弑一帝的司马家族，杀掉晋国公司马昭。钟会把伪造的遗诏传给在场的官员和将领们一一观看，又让他们发表自己的观点。在场所有被邀请的人无不惊愕不已，面面相觑，但是由于惧怕钟会的淫威，不敢直接就提出异议，却也不积极地表态，只得含糊其辞。钟会早已预料到这些人不会轻易地就归顺自己,于是在木板上写下任命书,把各军重要的职位都换成自己的亲信担任,并把所有不肯谋反的官员将领都关押在原蜀国朝廷内各属官的房屋当中,派士兵严加看守。

叛乱计划的第一步完成了,钟会又开始接下来的动作,为姜维的益州降军配置武器装备。这时钟会的帐下督(相当于后世的警卫连连长)丘建忽然请求钟会允许他为被关押的护军胡烈安排一名端茶送水的亲兵。原来,丘建是胡烈的老部下,办事可靠,善解人意,胡烈后来把丘建推荐给司马昭,当了司马昭的随从。由于钟会常和司马昭商讨计划,因此钟会也经常能遇到丘建,有了很多交情,也非常喜欢丘建。当钟会要率军伐蜀时,便向司马昭请求让丘建随行。丘建看到自己的老首长胡烈被单独关押,无依无靠,非常担心,这才恳求钟会允许胡烈选择一名侍奉自己的亲兵。钟会一看是丘建求情,心一软,就答应了丘建,同时怕别人说自己不公平,就给每个被关押的将领都配备了一名伺候的亲兵。

胡烈等人本来在被关押的处所里心急如焚,生怕钟会造反会连累到自己,可又联系不上自己的部队。可巧这时钟会允许一名亲兵接近他们,胡烈等人简直是大喜过望。于是胡烈就编造了一套谎话骗亲兵说:"丘建密告我说,钟会已经挖好了大坑,准备了几千根大木棒,要把在宫外驻扎的魏军全部叫进来,每个人赏赐一顶白色丝帽,假装是要加封散将的官衔,实际上是要用木棒依次打死后埋入坑中。"胡烈又将这番话写到小纸条上让这名亲兵藏起来,偷偷交给在军营里等候的儿子胡渊。其他被关押的将领也大都使用了这样的伎俩让亲兵向自己在宫外驻扎的部队传递消息。于是,仅仅在一夜之间,钟会要杀光宫外魏军的消息都传遍了。每个军营里的士兵都想冲进宫来杀死钟会,救出自己的统领,可是又怕自己势单力薄,无法与钟会对抗,因此大家都在犹豫不决。而此时宫外魏军蠢蠢欲动的风声也传入了钟会的耳朵里。这时有亲信向钟会建议杀死所有不肯叛乱的被关押将领,以防止这些将领被自己的部队救出来,指挥部队反抗钟会。钟会却害怕因为此事彻底激怒了魏军士兵,反而于己不利,因此也在犹豫。转眼之间已经过了两天,驻扎在宫外的士兵一天比一天浮躁,生怕钟会真的把屠刀伸向自己的脖子。在这天的中午,胡烈那年仅18岁的儿子胡渊终于忍耐不住,率领父亲的部属,敲着战鼓向蜀汉宫城袭来,其他的军营看到有人挑头,虽然没有谁督促,却也纷纷敲着战鼓,跟随胡渊来攻打钟会,解救自己的统帅。

这时钟会正在忙着给姜维的部队分发武器和铠甲,准备攻打汉中。突然有士兵跑来报告宫门外有喧闹的声音,可能是失火了。钟会听了并不以为意,派人去灭火。可没过多久又有士兵跑来说,那喧闹声是大军攻城的声音。钟会一下子就慌了神,不知所措,面对如此险恶的局势,平时纵然聪明绝顶,也想不出一条好的计策出来。情急之下,钟会只得问身边的姜维该如何是好。姜维倒是还算比较冷静,不过也没什么好的计策,对钟会说:"现在只有拼死抵抗,才能有一线生机了。"姜维的冷静让钟会稍微平静了一

关羽像。

下，思索一番后，钟会认为眼下兵变的士兵都还只是乌合之众，人数虽多，却没有章法，千万不能让他们的长官回到部队的身边，一旦兵变士兵有了指挥，那么自己一定抵挡不了这些士兵的攻击。于是钟会派兵去杀死所有被关押的官员和将领们，屋子里的人看到有人要来杀他们，急忙一同举起案几顶住房门。钟会的士兵用刀砍门也砍不破，双方一直僵持着。过了一会儿，一些兵变的士兵竖起云梯登上了城楼，并放火烧城。于是官城外的大军从城楼上攻了进来，一时间杀声震天，箭如雨下。围在关押处所的钟会士兵们一见大事不好，纷纷逃窜。被关押的将领和官员各自从屋内跑了出来，和自己的部队会合。就这样，有了指挥的部队士气大振，朝着钟会大营杀去，在大营门口正遇到姜维率领钟会的亲兵出来平叛。魏国士兵们本来就怨恨姜维，此时更是气不打一处来，便围攻姜维。姜维虽然武艺卓绝，无奈寡不敌众且

年事已高，在亲手杀了五六个人之后，被杀身亡，时年63岁，一同遇难的还有姜维的妻子和儿子。愤怒的魏军士兵将姜维的尸体剁碎以泄愤，发现姜维的胆像斗一样大。姜维身首异处，复兴蜀汉的大业也跟着流产了。杀了姜维的魏军又争先恐后地去杀钟会，钟会不能抵挡，也被杀害，年仅40岁。可怜钟会自淮南平叛以来，谋划大事从未失算，第一次失算就付出了生命的代价。

钟会、姜维被杀的同时，一大批涉嫌帮助钟会谋反的魏蜀官员以及数百名忠于钟会的亲兵也被杀害。其中包括蜀汉太子刘璿、蜀汉左车骑将军张翼、蜀汉已故大将军、大司马蒋琬的长子绥武将军蒋斌、次子太子太仆蒋显。乱兵由于没有人加以管束，甚至烧杀抢掠成都的百姓，一时间尸横遍野。钟会的部下庞会，是曹魏大将庞德的儿子，庞德曾在樊城战役中因为天降水灾而被关羽所俘杀。庞会趁着蜀中动乱之际，率兵来到关家的府邸，将关氏一族满门抄斩，老幼不留，

邓艾祠碑文。

可怜一代武圣就此绝后。这场动乱一连持续了好几天才渐渐稳定下来，给成都留下了满目疮痍。

趁着成都大乱，邓艾的亲兵们急忙去追回被钟会等人陷害的邓艾回成都来主持大局。监军卫瓘由于是自己到成都来宣读的收押邓艾的旨意，并且是自己亲自将邓艾押进囚车，心想邓艾一旦冤情昭雪，重掌大权，必然会对自己不利，心怀报复。于是卫瓘急找来和邓艾颇有私怨的护军田续，让他去截杀邓艾。田续率领军队在绵竹一带和被迎回的邓艾相遇，一番激战之后，邓艾的亲兵被击溃，邓艾和儿子邓忠一同被杀，邓艾时年68岁。

四 螳螂捕蝉，黄雀在后

钟会等人精心策划的成都叛乱宣告失败，钟会本人为此付出了生命的代价。自古以来，凭借强大的军权谋反成功的不在少数，可为什么以钟会的不世之才却败得这么惨，还没有出征就死于兵变？问题出在哪里呢？首先，钟会的保密工作不好，不应该因为丘建的求情，就允许被押的将领有了和外界沟通的机会。其次，钟会的准备时间太短。谋反之事，需要有长时间的准备，可钟会才到成都的第二天就开始行动了，不过这并不怪钟会，而是司马昭的行动速度太快，十万大军已兵临长安，容不得钟会再拖延时间。而司马昭如此迅速的行动也恰恰说明了第三点，那就是邓艾、钟会此次伐蜀从一开始就是不被信任的，司马昭早已经准备好了应对的后手。其实，以上都是钟会谋反失败的直接原因，根本原因在于钟会虽然手握军权，但是他手下的士兵却不以他为主人。钟会之所以能够调度十万余大军伐蜀，有生杀大权，并不是因为这些士兵服从他本人，而是这些士兵服从司马昭。钟会实际上是"狐假虎威"，他有了司马昭的任命，才获得了权力，一旦

■ 三国时代文士衣着图。

他反叛司马昭，那些士兵自然也就不会再怕他。这和钟会的阅历有极大的关系。钟会从小就广读诗书，却不曾涉足行伍，长大后担任过秘书郎和尚书中书侍郎的职务，而这些职务都是在朝廷内当值，不曾接触过军队。后来钟会一直跟随着司马昭南征北战，担任

的也大都是负责机要文书或者是军师一类的职务,不曾亲自带过兵马。这次伐蜀是钟会第一次统帅大军,时间短促,也根本没有时间去培养出效忠于自己的嫡系部队。因此,事到临头便根本就没有一支军队是真正支持钟会的。反观三国时代其他发动军事政变的例子,如:司马懿发动高平陵之变,虽然当时他手上已无兵权,但是他却历任边防大员数十年,亲自指挥过军队征讨四方,有大量的将领自愿效忠于他;丁奉能够帮助东吴景帝孙休除掉权臣孙綝也是因为丁奉从孙权当政初年就开始统兵为将,在军中有很高的威望和大量的拥护者。俗语道:"秀才造反,三年不成。"钟会作为一介文臣谋图造反显然是几乎不可能成功的。

另外,还有一个最重要的原因是,钟会的叛乱是在司马昭的掌控之中的,或者说,钟会的这次叛乱很有可能就是司马昭所精心策划的阴谋。司马昭一直对邓艾、钟会这两个功高盖主的臣下心有顾忌,一旦司马昭去世后,这两人未必真心拥护司马家族。司马昭要想让自己的后代顺顺利利的坐稳江山,就必须除去这两个本事过于强大的人。因此,司马昭经过一番策划后,特意选择这两个人参加入蜀之战。让此二人自相残杀,而自己则渔翁得利。

事实上在当时,有很多局外人从邓艾、钟会还没有出发伐蜀时都已经对司马昭的阴谋有所预见。当初,司马昭刚想派钟会等人伐蜀时,西曹属邵悌便求见司马昭说道:"您现在派钟会率领十万余大军讨伐蜀国,钟会手握军权却没有至亲当作人质留在洛阳,一旦钟会反叛他将会毫无顾忌,不如改让其他人去。"司马昭笑着回答道:"你以为我不知道这一点吗?只不过现在朝野上下除了钟会都不同意讨伐蜀国,如果派去了不敢伐蜀的人统帅大军,那个人如果心怀畏惧岂不是误了大事?钟会则对蜀国没有畏惧之心,如果派他去伐蜀,一定会取得胜利。灭蜀之后,钟会一旦心存反叛之心,那也不足为虑。正所谓败军之将不可言勇,蜀军将士已经亡国了,根本就没有斗志,而魏军将士在建功立业之后必然想着衣锦还乡,没有人会跟着钟会叛乱。到时候钟会就会众叛亲离,孤家寡人一个,束手就擒。我都已经策划好了,你就别担心这件事啦,不过你千万别把我今天对你说的话告诉别人。"等到后来,钟会等人密报邓艾造反时,司马昭准备率领十万大军西行,邵悌又跑来说:"钟会的兵力是邓艾的五六倍,您下令让钟会抓捕邓艾就可以了,不需要兴师动众亲自西行。"司马昭则回答说:"你难道忘了我上次和你说的话了吗?我此行的目的不在邓艾,而是冲着钟会去的啊。钟会若是本分一点儿的话就没事,一旦钟会谋反,我自当去收拾他。"结果司马昭刚兵至长安,就传来了钟会被杀的消息。无独有偶,邓艾刚刚接到伐蜀的命令时,珍庨护军爰邵就对邓艾说此次伐蜀估计必胜,但是恐怕是回不来了。司马昭的军事参谋刘寔也对门客说过:"邓艾、钟会二将此次必然能够灭掉蜀国,但是恐怕是回不来了。"

钟会、邓艾被杀的消息传到司马昭的耳中后,司马昭心里的石头总算是落了地,在派人处理成都的后事之后,便率领大军回到了洛阳。同年,刘禅以及蜀汉降臣被押送到了洛阳，大魏皇帝册封其为安乐县公，食邑一万户，赏赐丝绢一万匹，服侍的奴婢一百人。刘禅的儿子和孙子们五十多人都被封为奉车都尉、驸马都尉、骑都尉等官职，其中一些人还被赐予了侯爵的爵位。随行的蜀汉降臣尚书令樊建、侍中张绍、光禄大夫谯周、秘书令郤正、殿中督张通等人都被封为列侯。司马昭设宴宴请刘禅，为其接风洗尘。宴会上有一个节目是舞姬跳蜀地的舞蹈，跟随刘禅赴宴的蜀汉旧臣全都哀伤不已，既怀亡国之痛，又有离乡之悲。只有刘禅谈笑自若，跟没事人一样。司马昭见了，对身旁的贾充小声地说道："想不到刘禅居然是这样的糊涂啊，就算是诸葛亮活着也辅佐不了啊，何况是区区的一个姜维呢？"贾充笑着说："刘禅要不是这样糊涂，您又怎么能轻而易举地灭掉蜀国呢？"司马昭听罢也就一笑了之了。

过了几天，司马昭又在一次集会中碰到了刘禅，于是随口嘘寒道："在洛阳这儿待得怎么样啊？您还想念蜀国吗？"刘禅回答道："我在这里待得很好啊，不想念蜀地。"郤正知道了这件事，连忙去找刘禅说："如果下次司马昭再问你思不思念蜀地，你应该流着眼泪回答父亲的坟墓远在蜀地，我时时刻刻都在惦念。"后来有一次司马昭又问刘禅是否思念蜀地时，刘禅就按照郤正的话做了。司马昭感到非常奇怪，说："你说的这话怎么那么像郤正的语气呢？"刘禅听了大吃一惊，睁开双眼说道："是啊，是啊，就是郤正教我的啊。"司马昭和左右的人听了都笑了起来。刘禅就这样在洛阳平静的享受了自己最后的时光，公元271年，这位17岁登基，在位42个春秋的亡国之君因病逝世，享年64岁。

五 三家消散，乱世终焉

这次成都叛乱不仅使得蜀汉政权最后一点复国的希望破灭，一同走向灭亡的还有邓艾、钟会和姜维这三位当世英杰。而以司马昭为代表的司马家族则因为平息叛乱和灭掉蜀国而威望大增，同时借此机会也除掉了邓艾、钟会这两个功高盖主的隐患，为司马代魏的道路清除了障碍。后世多谓司马家族夺取天下多靠阴谋诡计，非君子所为。而司马昭对钟会、邓艾二人所实施的阴谋便是一个最典型的例子。

蜀中兵变2个月后，司马昭得寸进尺，逼迫魏帝册封自己为晋王，加封土地，算上之前的封地竟多达二十个郡。同年冬天，册封长子司马炎为晋王世子。第二年的5月，司马昭又逼迫魏帝赐予自己的一切规格均等同于皇帝的权力，并册封司马炎为太子，这样做实际上就离称帝只有半步之遥了。

可是司马昭的天命有限，3个月后，司马昭就因病去世了，时年55岁，太子司马炎继承相国之职和晋王的爵位。不过，此时不论从政治、军事还是舆论方面司马昭都已经为称帝做好了十足的准备。仅仅过了1年，司马炎就迫使魏帝让位，自己称帝建立晋朝。

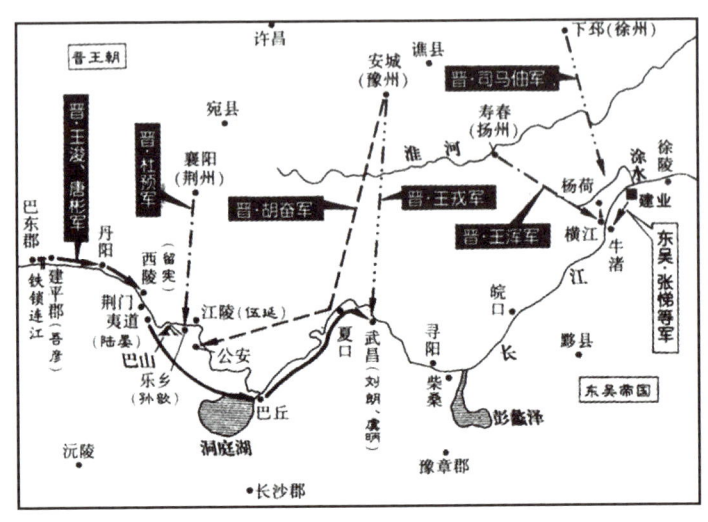

晋灭吴之战，选自《柏杨版通鉴纪事本末》。

公元279年11月，晋武帝司马炎下令六路大军，合计二十余万精锐部队讨伐东吴。其中一路大军便是从蜀地乘坐战船东下荆扬的，而这路大军正是依靠巴蜀将士和益州物资组建起来的，一路上所向披靡，于第二年的3月15日直达东吴都城建业，东吴末代皇帝孙皓投降。其统帅龙骧将军王濬拔得灭吴第一功，爵封襄阳县侯，食邑一万户。东吴之所以被轻易攻灭，这是和当年邓艾、钟会的灭蜀之功分不开的。

至此，三国时代的三家均已消散于历史的舞台之上，纷纷扰扰的乱世终于归为一统。

突厥控诉下的
隋唐秘密战

作者：刘帅、李谢菲

三国乱世后，中国很快又陷入了南北朝乱世，而这场乱世又是隋唐盛世的前夜。著名历史学家陈寅恪先生曾在《金明馆丛稿二编》中写道："取塞外野蛮精悍之血，注入中原文化颓废之躯，旧染既除，新机重启，扩大恢张，遂能别创空前之世局。"这段评价用于对隋唐时期情报战的形容亦十分贴切。

隋唐时期，社会动荡不安，混战、阴谋相伴相随。连年的战争，不但激发了交战双方的军事智慧，也大大促进了另一种战争形式的发展，这就是情报战。而对情报战最好的褒奖，莫过于来自敌人的控诉。

长孙晟的离间计

隋、唐与突厥的冲突由来已久。而突厥对这两个中原王朝所擅长的秘密战刻骨铭心，以至于将其刻于石碑之上。

1889年，俄国学者雅德林采夫在漠北鄂尔浑河右岸的和硕柴达木湖畔发现毗伽可汗之弟阙特勤的墓碑。这块建于公元732年的"阙特勤碑"上，有这样一段话："……因訇及民众间不和，因唐家从中施用诈术及阴谋，因兄弟自相龃龉而使訇及民众间水火，遂至突厥帝国崩溃……"这至少表明，唐对突厥进行过秘密战。

其实，唐朝之前，隋朝与突厥之间已然争斗许久，双方都挖空心思，通过各种手段欲致对方于死地。

最初，突厥只是草原上的一个小角色。而此时的草原狼是两个强大的部落——蠕蠕和嚈哒。蠕蠕之前被称为"柔然"，北魏太武帝因其无知而起名为蠕蠕；而嚈哒此前被称为滑国。在这两只"草原狼"分庭抗礼时，突厥只是古代居漠北（今蒙古高原大沙漠以北）的游牧民族，北魏时期兴起于金山，是依附于柔然的小部落，柔然在历史上"其西则焉耆之地，东则朝鲜之地，北则渡沙漠，穷瀚海，南则临大碛"。而突厥并不满足于拾人牙慧，他们不断摸索着柔然强大的原因，摒弃缺点吸收长处。随着突厥由原始民主制向奴隶制过渡，突厥贵族不断南下掠夺中原王朝的人口和财富，财富积累，到了5世纪中叶后突厥逐渐强大，于公元552年建立突厥汗国。

强大后的突厥渴望与柔然搭成联姻的关系，被拒绝后突厥很愤怒，不久就把柔然消灭，又转而向北魏求婚，北魏皇帝将长乐公主下嫁给突厥。此外，突厥与当时的北齐、北周政权时战时和，中原各封建王朝也用和亲政策笼络突厥，突厥则与中原王朝保持朝贡关系。我们都知道，以游牧生活为主的突厥虽然放养着大量的牛羊等牲畜，但一遇到自然灾害，他们就一无所有了。而且突厥汗国的政治制度也十分松散，仅仅依靠简单粗暴的军事征服和对外扩张扩大疆域。据史料记载，突厥汗国地域辽阔，东西万里，南北五六千里。为了便于管理，全国划分为东西两个大区，东部为突利区，西部为达头区，各区的长官称作"设"。按照《新唐书》突厥传记载："其别部垫兵者曰设。"因此，设首先是汗国大区的军事长官,监管行政赋税事务只是其次,设或可汗甚至将这些杂务交给其他胡人办理。从设这一官衔的设置也可看出,突厥汗国的军事体制分为两部分,一部分为可汗自己直接控制的本部落军队,可视为"中央军";另一部分为其他联盟部落(别部)的军队,由可汗任命的设统率,战时随从可汗出征,可视为"地方军"。部落的大小强弱直接决定了各自在汗国的地位,而在生产力水平很低的塞外游牧社会,部落的强弱或曰其军事实力很大程度上取决于该部落所拥有人口的多寡,而中原固定的农耕收入则填补了他们的空缺。可这种小资生活到隋朝建立就一去不复返了。

隋朝于公元581年建国,而此时的突厥因为生活的优越已经壮大到五个部落——摄图称沙钵略可汗,毗罗称第二可汗,大逻便称阿波可汗,玷厥称达头可汗,此外还有步离可汗。各汗无所统辖,分居四面,而以沙钵略可汗最为强大。隋文帝杨坚取代北周以后,待遇突厥礼数渐薄。以游牧为生的突厥因为缺少了固定的生产来源,各个部落与隋朝的积怨渐深。加之北周嫁给摄图叔父佗钵可汗的千金公主屡次劝沙钵略可汗出兵为周室复仇,双方就像干柴遇到烈火一样,熊熊的战火燃烧了广阔的边疆。

开皇元年(581年),突厥沙钵略可汗联合中原营州(今辽宁朝阳市)刺史高宝宁合兵入侵隋朝。隋文帝命令边境修筑堡障,加高长城,并派上柱国阴寿率兵屯驻幽州(今北京市),京兆尹虞庆则率兵屯驻并州(今山西太原市),太子杨勇兵驻咸阳,防备突厥。隋初,突厥与隋朝的战事进行了两年多。

公元583年4月,隋朝分八道出塞,依靠强大的军事实力击败了突厥,突厥内部发生分裂,之后东突厥归附隋朝。隋朝采取得当的策略,如利用东突厥"各统强兵,俱号可汗,分居四面。内怀猜忌,外示和同,难以力征,易可离间",分化瓦解之,用和亲、册封等柔和方式维持与东突厥各部的安定关系。

而隋朝是怎样将强大的突厥战胜的呢?为攘外安内对付突厥,隋文帝盯住了一个小部落——奚族。奚族只是草原上的小角色,常常被突厥统领发动对隋的掠夺。开皇元年(581年),沙钵略可汗"约诸面部落谋共南侵",奚族也随之前往。但因为他们的兵器很差,打仗也是"人肉战",根本没有任何战斗力。

隋朝在修筑长城和军事回击的同时,积极联络奚族部落的首领。其实各个小部落都不是真正忠于突厥,只是为利益和生存才虚与委蛇。隋朝遣长孙晟到黄龙,随身携带数以百计的资币、帛,向奚族等部落示好。长孙晟的到来受到奚族部落热烈欢迎,首领决定归附隋朝。于是长孙晟又拜访了霄、契丹等部落,这些部落为了摆脱突厥,也纷纷倒戈。他们和隋朝约定——以奚等族作为向导达突厥处罗侯所,诱导其内附。就这样,隋朝借奚、霄、契丹等族之力,使处罗侯与沙钵略可汗产生矛盾,从内部分化和瓦解了突厥势力。

隋朝的离间政策之所以见效,源于包括奚族在内的突厥联盟内部存在着深刻的矛盾。突厥在依靠武力征服北方诸民族之后,又对其进行残酷的镇压和统治,正如隋文帝下讨突厥诏所言:"东夷诸国,尽挟私仇,

唐三彩釉陶马。

西戎群长，皆有宿怨，突厥之北，契骨之徒，切齿磨牙，常侍其便……部落之后，尽异纯民，千种万类，仇敌怨偶，泣血扪心，衔悲积恨。"所以，面对隋朝的利益诱惑，各个部落争相转而助隋，这就大大削减了突厥的综合势力，并逐步脱离了突厥的役属。开皇三年（583年），"突厥犯塞，崇辄破之。奚、霫、契丹等慑其威略，争来内附。"

此外，隋朝早就知悉突厥的内部纷争，也曾派间谍到突厥部落调查，从而发现了可汗之间的微妙矛盾。后来，阿波可汗联合西部的达头可汗公开对抗大可汗沙钵略，就是隋朝一手策划的结果。

突厥部落虽然庞大，但政权的政治结构十分松散。况且，可汗们对大可汗的位子虎视眈眈。在佗钵可汗时，突厥汗国又分封了一些小可汗，所有小可汗均听命于大可汗；自木杆可汗继承起，传统的"子承父业"继承模式被打破，采取了"兄终弟及"的继承制度。大可汗位置先是由乙息记可汗传于他的弟弟木杆可汗，再由木杆可汗传给他的弟弟佗钵可汗。三位可汗中，木杆可汗在位时间最长，功劳最大，完全可以将汗位传给自己的儿子，但他却依照惯例将汗位传给自己的弟弟佗钵可汗。佗钵可汗对木杆可汗舍子立弟的做法一直非常感激。临死前教导儿子庵罗，要其将汗位让与木杆可汗的儿子大罗便。但在佗钵可汗去世后，他的遗嘱受到乙息记可汗的儿子摄图为首的国人强烈反对。他们认为大罗便的母亲出身卑贱，没有资格出任大可汗，而庵罗的母亲出身高贵，故主张由庵罗继任突厥可汗。摄图在土门诸孙中年龄最大，势力也最强，所以他的主张占了

上风。史载"大罗便不得立，心不服庵罗，每遣人辱骂之。"而成为突厥可汗的庵罗，不能制约大罗便，不堪其苦，便将汗位让于有功于己的摄图。摄图继汗位，"号伊利俱卢莫何沙波罗可汗，一号沙钵略。"作为回报，摄图以庵罗为第二可汗，驻牧于独洛水流域。大罗便对摄图的继位更加不满，公开就沙钵略大可汗位置的合法性提出挑战。后沙钵略以其为阿波可汗，还领所部。

这场争夺大可汗位置的斗争，最终以摄图的胜利而结束，但突厥汗国内部大小可汗之间的矛盾由此愈演愈烈。其结果，双方间的信任已不复存在，突厥大可汗对小可汗的控制能力，也随着大小可汗间矛盾的表面化而大大降低了。突厥内部矛盾不断激化，在隋朝的挑唆下，两个势力公开对抗，最终分裂为东西突厥两部分，分别为鄂尔浑的东突厥，伊塞克湖与怛逻斯的西突厥。

东西突厥即统治着从中国东北部到呼罗珊的半个亚洲，如果他们能够保持在公元552年基础上的统一，即东突厥居首，取帝王的可汗称号；西突厥统治者居次，取叶护称号，寓意着他们将是不可战胜的。但事与愿违。东突厥的佗钵可汗，即木杆可汗的兄弟和继承者，是该家族中得到西突厥承认的最后一位可汗。西突厥叶护达头是一个极端残暴的人，在582年至584年间，他摆脱了东方的新君主，自己称汗。此时，隋朝已经恢复了汉朝在中亚的全部政治活动，便鼓动达头叛乱，结果，历经浩劫，突厥人的势力一分为二。此后，东、西突厥再未重新统一，且长时间处于敌对状态。在这种形势下，为彻底解决突厥这一心腹大患，斩草除根，隋

朝再次使用离间计。

隋朝派出谍报人员获悉，由于东突厥新可汗沙钵略（581—587年在位）被其堂兄庵罗和大罗便觊觎权位，同时受西突厥"新可汗"达头的攻击，而契丹人也来凑热闹，致使沙钵略雪上加霜。如果沙钵略领导的东突厥被打倒，势必使西突厥达头一家独大，或可致使突厥的统一，而这是隋朝不愿见到的。为此，隋文帝迅速改变联盟对象，转而支持东突厥可汗沙钵略共同对付达头（585年），以达到借刀杀人的目的。

开皇五年（585年），沙钵略可汗率东突厥部众南迁，寄居白道川（今内蒙古呼和浩特市西北），受隋管辖。

此后，沙钵略的兄弟、继位者莫何杀死了大罗便（587年），但不久他就去世了，其后都蓝（587年－600年在位）继位可汗。但由于突利反对自己，都蓝于599年驱逐了突利。而突利正是隋朝的支持者。于是，隋文帝将突利及其部众作为盟邦安置在鄂尔多斯，为其提供生活必备品，以便为己所用。

都蓝死后，西突厥达头可汗欲趁机降服东突厥人，以便建立起他对蒙古地区和突厥斯坦的统治，实现突厥重新统一。为防止隋文帝干涉，达头于公元601年威胁隋朝都城长安；602年进攻驻在鄂尔多斯的、受隋朝保护的突利可汗。可达头万没料到，由于隋文帝早已在突厥内部利用间谍进行了分化活动，公元603年，突厥西部的一个主要部落公开反叛达头，达头被击败，逃往青海避难，从此销声匿迹。就这样，这个曾令波斯和拜占庭战栗的西突厥强国瞬间瓦解。达头之孙射匮只获得了他应该继承领土的极西部分和塔什干，而反可汗的处罗成了伊犁地区的君主。处罗计划继续达头的事业，但隋文帝派大臣暗中支持处罗的敌人射匮，及时扼杀了他的野心。射匮把他的胜利归于隋朝，与其和睦相处。与此同时，东突厥政权一直掌握在被隋朝保护的突利手中，后来权力又传其子始毕。

二　李世民"反间计"大败突厥

唐太宗即位不满二十天，东突厥颉利可汗趁着唐皇室内乱余波未平，准备南侵。颉利可汗命一偏师佯攻牵制住唐军主力，自己则同其弟突利可汗以及铁勒首领率二十万大军南下，一直打到离长安城只有四十里的渭水北岸。

颉利可汗认为唐太宗刚刚登基，政局不稳，必不敢领兵对抗，于是派使者进到长安城见唐太宗，气焰嚣张地扬言突厥的士兵多达百万，兵锋将至长安。唐太宗李世民并不在意颉利可汗的虚张声势，还将使者扣押了起来。太宗精于兵法，大设疑兵之计，他先将长安城的唐军布置开来，令其展开阵势。然后率长孙无忌、房玄龄、高士廉、段志玄、侯君集、独孤彦云等6名将领来到长安城外的渭水便桥南岸，指名要与颉利相见。

颉利可汗听说派去的使者被扣押，大吃一惊，后来看到唐太宗率众将领亲自上阵，

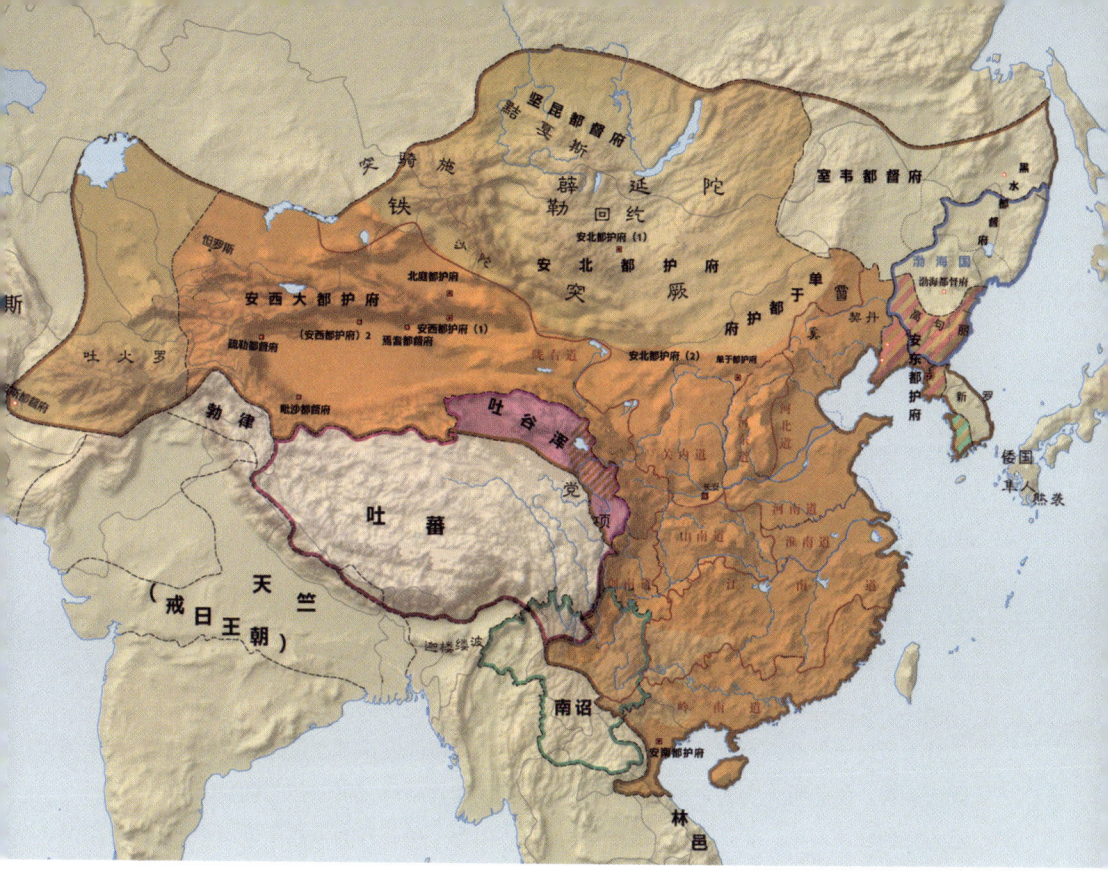

唐代版图。

而长安城的唐军军容整齐,大唐旗帜随风飘展,心中渐有怯意。唐太宗隔岸痛斥东突厥的过失:"我们双方之前早已订立盟约,这几年来未曾少给你们金帛财物,你们为何背信弃义带兵进犯?"而这时有消息传来,说突厥的左翼军被唐朝猛将尉迟敬德率领的军队在泾阳战役中击溃,突厥的名将阿史那乌默啜也被生俘。颉利可汗预感大事不妙,自知理亏,又因自己的侧翼遭袭、大将被俘,于是表示愿意讲和。两人后,颉利可汗与李世民在渭水便桥斩白马为盟誓,订立盟约,之后颉利可汗就退兵撤走。这就是历史上著名的渭水之盟。自经此事变,李世民也深深感到突厥对唐王朝的巨大威胁,加紧训练将士,下定决心要将突厥消灭掉。

然而,这并不是唐朝与东突厥的第一次冲突。早在公元624年夏天,东突厥就利用唐军忙于与各地军阀征战的空隙,入侵大唐。东突厥的颉利可汗同其弟突利可汗进入中原后,烧杀掠抢无恶不作,兵锋直指北方重镇幽州。李世民奉命带兵出战,但由于天公不作美,全军的粮道被连日暴雨阻断,军队补给出现危机。李世民和众将领一时缺乏良策。这时,颉利可汗和突利可汗又趁机率一万多名骑兵攻占了幽州城西高地,居高临下围困李世民军营,以至唐军人心惶惶。

在这紧要关头,李世民又想出了一招反间计,用来破坏颉利可汗和突利可汗的关系。他先率领了百名骑兵出阵,对颉利可汗说:"大唐与可汗曾立誓相互不相负,如今你为何入侵我中原？我李世民特地前来与你等决一死战，如果你只身前来，我便一人同你独战，如果你是率领大军来，我便只用这一百名骑兵来与你等作战，你意下如何？"颉利可汗不知道李世民葫芦里卖什么药，笑而不语。李世民转而又派人向突利可汗说道："你曾经和我结为盟约，说好在危难时刻要互相帮助。眼下你带兵袭来，难道不顾当年的兄弟情义了么？希望你能早出，决出胜负。"突利可汗也沉默不语。生性多疑的颉利可汗此时已经起了疑心，李世民对自己的态度强硬，对突利却叙怀"兄弟情义"，还让突利"早出"，莫非是暗示突利早点帮助唐军吗？而且李世民居然敢以百人兵力公然来到突厥阵前挑衅，如此胆大妄为之举，不排除他早已与突利私下勾结，准备里应外合的可能。

颉利为了验证自己猜忌的虚实，便下令全军暂退。李世民看颉利已经起疑，便趁热打铁，派间谍向突利送上丰厚礼物，并令其转述了自己的问候之意和封官之言。突利见到这些厚礼就已经欣然欢喜，答应不再出战并表示愿与李世民结盟为兄弟。颉利可汗听说了突利不打算出战，而自己顿时势单力孤，如果强行发起进攻，有被李世民与突利夹击的可能，于是他只能通过突利对李世民送上了化干戈为玉帛的愿望，这正中李世民下怀。于是突厥两位可汗纷纷退兵，唐王朝的第一次严重边患危机就此解除。

在渭水之盟后，唐太宗李世民励精图治，在经济上鼓励生产，在军事上积极备战，培养了一支能征善战的精锐军队，准备讨伐突厥，永绝后患。

当时的突厥已分裂为东西两部，由于常年征战和霜冻、干旱等天灾，东突厥大量的马、羊被活活冻死、饿死，人民生活困苦，大漠以北发生了严重的饥荒。颉利可汗不与民休养生息，却加紧对其他部族的压迫征伐，引起了各部族的强烈反抗。颉利派其兄弟突利带兵前去镇压，然而突利却大败而归，颉利怒发冲冠，将他不留情面地痛斥一顿。突利感到深受侮辱，极为不满，又因为长期在政治上受颉利可汗的压制排挤，遂暗中与大唐联络，声称愿意归顺大唐。而反对颉利可汗的薛延陀、回屹、拔也古、同罗等部落也纷纷起兵反抗，并另立薛延陀为可汗，接受唐朝的册封。唐朝此时的政局稳定，国力繁荣昌盛，与之对应，则是东突厥天灾人祸不断。此消彼长之际，一切迹象都表明了唐朝反击东突厥的时机已经成熟了。

唐太宗贞观三年（公元629年），唐太宗以东突厥进扰河西一带为借口，于23日下诏派遣李靖、李道宗、柴绍等等十余员大将统领十余万兵马，在李靖的总指挥下分六路进攻东

1. 突厥"鞑靼"兵
2. 阿史那蓝突厥装甲骑兵
3. 东突厥游牧部落民

6—8世纪的突厥骑兵。

突厥。唐灭东突厥的大战就此开始了。

唐太宗贞观四年（公元630年）正月，李靖亲自率领三千名精锐骑兵，从马邑出发，进入恶阳岭，趁颉利不防备，连夜进军逼近东突厥的营地，袭占了定襄城南的重要战略要地——恶阳岭。颉利可汗没料到唐军会突然袭击，以为李靖之所以敢孤军深入，一定后面尾随着唐军的主力部队，将士们也都纷纷慌张了起来，皆认为："兵不倾国来，靖敢请孤军至此？"（出自《新唐书·李靖传》）。

唐军还未发起攻击，突厥人就自乱了方寸。李靖利用突厥人恐慌的心理，派间谍到定襄城中散布谣言，离间各个将领，并说服了东突厥颉利可汗的心腹将领康苏密归降唐王朝。紧接着，李靖又趁夜攻下了定襄城，而颉利可汗见到心腹大将康苏密公开投敌，军队士气低落，不敢再多停留，仓促率余部北撤阴山。他的部队在浑河与柴绍的金河军遭遇，后又在白道受徐世绩军队的伏击，连续大败。颉利可汗只能率领逃脱出来的余众数万退驻铁山。突厥可汗知道如今自己已经不是唐军的对手，怕唐军继续赶尽杀绝，于是派使者到长安城中向唐太宗李世民谢罪求和，表示愿意归降大唐王朝。但这只是颉利的缓兵之计，他心中的计划依然是准备卧薪尝胆，伺机东山再起。

2月，唐太宗一方面派唐俭、安修仁等以使节的身份前往东突厥进行抚慰，另一方面又令李靖率兵前去查看颉利的虚实动静，并与唐俭、安修仁等人相接应。

李靖率兵在白道与徐世绩的军队会师，两人一同商量对策。李靖认为颉利虽然已战

卫国公李靖画像。

败，但手下的兵马还是不少，如果放任他逃到漠北，以后再歼灭他的军队就会有一定难度了；而且唐俭等使臣正在突厥，颉利的防备想必会松懈一些，只要挑选一万名精锐骑兵跟踪偷袭他，必能事半功倍。徐世绩赞同这个想法。于是他们各率精兵一万，自备20天的干粮，两支军队连夜出发向铁山前进。颉利可汗看到唐俭等人的到来，以为唐太宗中了他的缓兵之计，自鸣得意之余也就未加强戒备。当天夜里，李靖和徐世绩的军队便到达了铁山，李靖派手下苏定方率两百骑兵作为前锋，利用夜雾的掩护疾行进军。突厥哨兵发现唐军时，为时已晚，唐军离颉利营地只有七里的距离了。颉利仓促应战，力战不支，连忙骑上他的千里马逃走。李靖号令唐军继续追杀，突厥军队因为群龙无首而大乱阵脚，唐军歼灭突厥军队超过一万，并俘获了大量人丁与牲畜。唐俭、安修仁等

255

人也趁乱脱险回归。颉利可汗在铁山被击败后东奔西逃，不久竟又与李道宗的大同军狭路相逢，身边只有数十骑兵的颉利可汗被生擒押送往长安。

自此，曾经一度强大的东突厥汗国灭亡了。唐太宗没有杀死颉利可汗，将他封为了归义王，让其在长安了度终生。其他的俘虏也大体得到了善待，某些突厥大将还受到了李世民的重用。唐朝将东突厥的领地划入到国家的版图中，并在东突厥原地设立了都督府，由他们的贵族担任都督对东突厥各部进行管理。

三 独孤怀恩"卧底"失败

其实，唐朝的秘密战不仅仅施用于突厥，在内部战争等方面也是如此。由于唐代宗室出自北周关陇集团①，且多与鲜卑贵族通婚（如李渊之妻、李世民之妻皆为鲜卑拓跋部贵族后裔），与传统华夏军事谋略相比，唐初将领在用间、谍报方面，显得更加大开大合，不落窠臼，涌现出不少经典战例。

武德二年（619年），距离李渊迫使隋恭帝禅位建立唐朝定都长安刚过去一年，根基并不稳固，天下还处于四分五裂的局面。当时刘武周在马邑拥兵自重，并与北方的突厥汗国相勾结，自立为帝，是唐王朝的心腹之患。是年9月，刘武周挥师南下，向危机四伏的唐朝发动全面进攻，直击其龙兴之地太原。刘武周出身富贵之家，原是隋朝的鹰扬府校尉，在隋末民变的混乱中趁机杀死了太守王仁恭，招兵买马，广结豪侠，称霸一方。与普通诸侯不同，刘武周熟悉边事，具有"国际眼光"，率先向隋朝长期的外患突厥示好，甚至将隋炀帝的宫女进献突厥可汗，自己则被封为"定杨可汗"。由于得到了突厥战马，刘武周的部队战力强悍，声势浩大。唐高祖李渊的三儿子李元吉本应受命在太原留守，

▎隋炀帝杨广。

---

① 唐高祖李渊的祖父为北周的八柱国之一的李虎，封陇西郡公。

抵御刘武周大军，但李元吉见刘军来势凶猛，竟擅离职守亡命于长安。刘武周不战而胜，轻易地夺得了太原，全军士气高涨，继续南进。新生的唐王朝势如危卵，大臣吕崇茂也趁机反唐。裴寂受命率军抵御刘武周、吕崇茂，却连战连败，不得不撤往南方。千钧一发之际，11月，唐高祖李渊派李世民出兵应战刘军，与刘军大将宋金刚率领的精锐部队相持在柏壁；工部尚书、亦是唐高祖表兄弟的独孤怀恩与礼部尚书唐俭也临危受命上阵杀敌。后者加入了永安王李孝基的部队，参与围攻夏县的吕崇茂叛军。吕崇茂很快不支，便向宋金刚求援。宋金刚遂派勇猛善战的部下尉迟敬德率部前往支援。尉迟敬德擅于骑射，惯于身先士卒，其带领的部队骁勇异常。他的援军风驰电掣般向李孝基部的后背发动袭击，与吕崇茂里应外合，唐军不堪重负最终全军覆没。永安王李孝基被刘军斩首示众，而其他主要将领则被俘虏，其中就包括了独孤怀恩与唐俭。

独孤怀恩被俘之后，长期隐藏的反唐之心再也按捺不住。他本人野心勃勃并自命不凡，不甘心仅仅是一名外戚。他的家族一直盛产皇后，隋唐时期的杨广、李渊的母亲都出自独孤氏，然而独孤怀恩却不满道："我家岂女独贵乎？"而李渊听说后却调侃他："姑之子皆已为天子（指杨广及李渊），次应至舅之子乎？"独孤怀恩听后愈发对李渊不满，暗地里开始筹备叛乱。这次战败是天赐良机，独孤怀恩秘密向刘武周提出结盟反唐的想法。这令刘武周大为欣喜。他们商量好计谋：刘武周故意放独孤怀恩从军中逃脱，返回唐朝的独孤怀恩则作为间谍，向刘武周

▌唐高祖李渊。

提供情报，并伺机刺杀李渊。

独孤怀恩成功"越狱"后，觐见了唐高祖并讲述其身陷敌营却心怀旧主的辛酸经历。唐高祖深受感动，对他反更加信任，让他官复原职并重新带兵与叛军作战。于是这只鼹鼠便成功在唐军核心中潜伏下来。

与此同时，身陷囹圄的唐俭并不消沉，他利用一切机会仔细观察刘武周军营的一切动向，尤其关心其人才情况。《唐俭墓志》曾这样记载，"（唐俭）乃察诸贼帅，皆是庸流，惟尉迟敬德识量宏远。"他发现尉迟敬德乃不世将才，便制造各种机会接近之，准备以自己的三寸不烂之舌策反他。《旧唐书》中这样记载："唐俭在贼中，说贼将尉迟敬德，请使让还，连和罢兵。"尉迟敬德

唐彩陶俑。

名恭，字敬德，有鲜卑族血统，骁勇善战，屡立战功。据《尉迟敬德墓志铭》记述，他的曾祖父、祖父分别为北魏和北齐的大将，尉迟敬德可谓是出自军事世家。虽然是鲜卑后裔，但鲜卑入主中原已数百年，尉迟敬德早被中原文化所同化，因此也不满突厥侵犯中原的举动，对刘武周和突厥狼狈为奸颇有微词。

唐俭的出现给了他一个重新思考前程的机会。唐俭分析了现世的利弊关系，劝他应另择明君，归顺大唐。尉迟敬德也深知刘武周不是成大事之人，在前者的再三游说下，他开始动摇。而唐俭不仅是一位口灿莲花的说客，还是一名城府颇深的"间谍"。在被囚禁期间，与他同屋的还有一个叫元君实的独孤怀恩手下。这对难友在平日攀谈中，元君实无意向唐俭透露，说独孤怀恩其实并非自行逃脱，而是被刘武周特意放走的——他已与刘武周结盟，准备去刺杀唐高祖李渊。

唐俭听完大为震惊，但仍强作镇定，他深谙此事至关重要，独孤怀恩是名朝廷大员，贵为皇亲，深得李渊器重，镇守一方且拥有兵权，一旦此人作乱而李渊毫无防备，后果则不堪设想。稳住元君实后，唐俭立即去面见"身在曹营心在汉"的尉迟敬德，请求他悄悄释放自己的一个手下，让其回去向李渊报信。尉迟敬德已经决定踏上李渊这条大船，当即应允。

当唐俭的手下马不停蹄地赶到黄河岸边的时候，唐高祖李渊正准备乘船过河到独孤怀恩镇守的蒲州视察，独孤怀恩则在黄河对岸埋伏兵马准备了一场"鸿门宴"。李渊得到唐俭密报，惊愕失色，他当机立断，趁独

▌尉迟敬德。

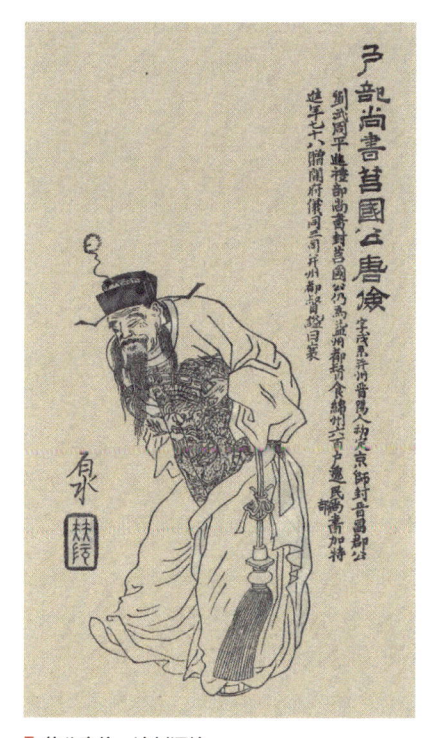

▌莒公唐俭，清刘源绘。

孤怀恩生疑前单独召见，并派亲兵将他擒拿，怀恩及其余党对谋逆一事供认不讳。一场惊天的阴谋就这样被唐高祖无心插柳的间谍唐俭消弭于无形之中。

《旧唐书》有这样的记载，"（唐高祖）乃使召怀恩，怀恩不知事已泄，轻舟来赴。及中流而执之，收其党按验，遂诛之。"事后，因唐俭的奇功，他官拜礼部尚书，授天策府长史，封莒国公，还被特赐免死罪一次，与后来弃暗投明的尉迟敬德一同位列凌烟阁二十四功臣。《旧唐书》如此写道唐高祖对其的嘉奖："（唐俭）复旧官，仍为并州道安抚大使，并赐独孤怀恩田宅资财等。"

武德三年（620年）4月，在与李世民的相持对战中，宋金刚终于支撑不住，仓皇撤退。但李世民紧追不舍，两军决战终日，刘军大败，刘武周和宋金刚不得不向突厥逃奔。尉迟敬德收集残兵在附近的一座城池里落脚，后来唐军围城，李世民因爱惜尉迟敬德的才能，不愿玉石俱焚，特派任城王李道宗和宇文士及（弑杀隋炀帝的宇文化及之弟，后投奔李渊帐下）两名地位显赫的官员进城劝降。尉迟敬德早就被唐俭说动，就此归顺大唐，从此死心塌地追随李世民。而丧失了利用价值的刘武周，最终被突厥可汗杀死，身败名裂。

四 间谍毁掉窦建德

除了刘武周的进犯以外，另一豪强王世充率领的叛军也对唐王朝虎视眈眈。王世充，字行满，是西域的胡人，自小喜爱学习研究兵法，隋朝年间因军功得以升职，他善于谄媚奉承，对隋炀帝杨广的喜好了如指掌，深受杨广宠信。但随着隋炀帝倒行逆施的变本加厉，王世充预料到隋朝的政局终有一日将会全面崩溃，就未雨绸缪地暗地里结交各路英雄豪杰，广泛地收买人心，甚至给一些囚犯设法减刑，以结私恩，使其成为自己的亲信，为日后飞黄腾达做铺垫。

如他所料，这一天很快来临了。公元618年3月，宇文化及发动叛乱，隋炀帝被弑。王世充拥护越王杨侗为帝，被任命为吏部尚书、郑国公。公元619年，王世充将杨侗废掉，自立为帝，国号郑，年号开明，是年5月，为了问鼎中原，王世充开始与北方另一诸侯夏王窦建德兵戎相见，由于窦建德拥有地利人和，王世充大败。王世充统治颇为严苛，加之军事失利，他的根据地洛阳因此衰败，粮食短缺，民不聊生，人民纷纷投奔唐王朝以求自保。通过难民之口了解到郑国的虚弱后，第二年7月，唐朝借机派出以李世民为首的大军出关讨伐王世充。李世民率领军队直向洛阳进军，将该城包围得水泄不通。王世充在听闻刘武周覆灭时就已经预料到会成为李渊的下一个目标，并做好了准备工作，派遣亲信坚守洛阳外围的各处军事要地。为了防止城里士兵叛逃并向城外的唐军提供情报，他还企图用严刑峻法加以遏制，规定若家中有一人外逃，则全家会被连坐问斩。然而尽管处死的人越来越多，城里百姓叛逃的念头却愈发强烈。

郑国的军队在本土作战，有城郭之利，本应占据优势，王世充估计双方应该会长期对峙，出现旷日持久的拉锯场面，难分高下。现实却恰恰相反。战争才一开始，王世充的局面犹如雪崩一般，变得极为被动。一个重要原因是王世充疑心太重，对部将总是百般掣肘，不能完全信任，于是他的将领便选择不战而败的方式，纷纷向唐军投降。7月，张公谨宣降；8月，邓州宣降；9月，田瓒以所部二十五州宣降；10月，大将张镇周、王要汉宣降，郭庆以则献出管州。短短3个月的时间，李世民势如破竹，兵不血刃，轻而易举地攻下洛阳外围多座城池。武德四年（公元621年）李世民已率领大军兵临城下，向洛阳发动最后的总攻。眼看战事急转直下，王世充亲自出面与李世民和谈，两队人马隔着洛水在洛阳城外会商，但唐王朝的目的是统一天下，而王世充却希望保住帝位，双方的谈判以破裂告终。唐军斗志昂扬，声势浩大，洛阳城内却是一片悲鸿。末日降临，王世充别无他法，只好派出使者向曾经的敌人窦建德求援。窦建德当时据有黄河以北大部地区，重用隋朝官员裴矩、定朝仪、制律令、兴文教，颇受部下爱戴。他也深知唇亡齿寒的道理，便同意发兵援助王世充。窦建德亲自率军十余万向中原挺进，在虎牢关与唐军相持不下，战况十分紧张。

当下，窦建德有一位名叫凌敬的谋臣为其出谋划策。他对窦建德提议说："我军应该全员横渡黄河，攻克怀州、河阳，进入汾晋，一举夺下关中，之后再回过头来对付唐军，令李世民腹背受敌。实施这个计谋有以下益

■ 唐太宗李世民。

处，一是能保全我军的实力，不至于在双方的混战中损失大批人马；二是既补充了兵源又得以扩展土地，一举两得；三是洛阳之围则因此顺势不救自解。"窦建德认为这个意见很有见地，便准备着手实施。而潜伏在窦建德军营里的唐军细作在探知这一消息后火速禀报李世民。

作为一员优秀的将领，李世民立刻领会了这一方略的分量。如果分兵抵御，而王世充实力尚存，洛阳围城战势必功败垂成；如果坐视不管，则关中大唐的根据地将面临无兵可守的窘境。为了挫败这个计谋，早日攻取洛阳，李世民决定用间。

早在唐军围攻洛阳城的初始，王世充派出的使者内史令长孙安世见郑国亡国在即，便见风使舵地在暗中归降了大唐，听命于李世民。李世民此时派遣他以王世充使者的身

份，带着大量钱财进入窦建德的军营，在其营中开展间谍活动。长孙安世以重金收买窦建德的将领，同时勾起他们的思乡之情，在其挑拨离间之下，军官们纷纷在窦建德面前说凌敬的坏话，批驳凌敬的计谋不切实际。他们向窦建德进谏道："凌敬不过只是一介文弱书生，他能晓得什么军事上的谋略呢，只是胡言乱语罢了。"窦建德见手下将士们都这么说，慢慢也失去了主见。他找来凌敬，解释说："目前军心稳定，这是天助我也。凭借我军的军威与李世民决战，必将大获全胜！"凌敬不知道其中发生了什么变故，只能竭力劝谏。可是窦建德听不进去，最后甚至勃然大怒，痛斥凌敬。

窦建德听信众将领的意见，决定在虎牢关与李世民的唐军决一死战。至此，他的命运已定。窦建德将队伍列阵20里，擂鼓前进，看似势不可挡。然而李世民早已了解了他的计划，设下罗网，只待请君入瓮。双方展开了激战，窦建德在战场上中箭，负伤坠马，斗志全无，本想趁着混乱突围而出，不料却被唐军生擒。

武德四年3月，李世民将在虎牢关生俘的窦建德及其党羽，带至洛阳城外示众，并派长孙安世进入城内向王世充禀告窦建德军队战败的噩耗。王世充知道大势已去，作为一代枭雄，原本他还计划突出重围，南下襄阳，以图东山再起，但手下的将领们均面面相觑，噤若寒蝉。王世充明白军心业已溃散，只好决定开城投降。同年5月11日，他统领朝中文武百官出城前往李世民的军营，正式投诚，唐军顺利拿下洛阳。武德四年7月9日，李世民率军凯旋，回到大唐都城长安，将王世充、窦建德交给唐高祖李渊。李渊历数王世充的罪行，由于秦王李世民许诺饶他不死，最终将其废为庶人，并把王世充的家族流放川蜀之地。后来王世充在押送途中被仇家独孤修德刺杀身亡。

五 "双面卧底"助李世民登基

经过两场大战，中原地区尽归唐土。唐高祖建立唐朝后，原本立长子李建成为太子，李世民为秦王，李元吉为齐王。但三兄弟中，李世民所立的军功最大，当年太原起兵反隋本是他提出的谋略，据说李渊也答应事成后将立他为太子，但最终因群臣反对和李建成的活动而作罢。天下渐渐稳定后，李世民在民间的威望渐渐盖过了兄长，太子李建成和齐王李元吉将他视作心腹之患，联起手来排挤李世民，甚至千方百计地想要除掉他。武德八年（625年），李建成召李世民到东宫饮酒，散席后李世民却"心中暴痛，吐血数升"，怀疑是太子下毒，至此兄弟关系彻底破裂。

武德九年（公元626年），突厥再次犯边。太子李建成向唐高祖李渊提议，由齐王李元吉做统帅，领兵北征突厥。李渊同意后，李建成又请求将李世民的手下尉迟敬德、秦叔宝、程咬金三名大将以及秦王府的精英将士划归李元吉指挥。他俩计划将李世民的左

突厥控诉下的隋唐秘密战

隋朝行政区划
以及周边各势力（610年）

▌隋炀帝时，改州为郡。设有九个监察州，共有190个郡。

膀右臂调离身边，而后施计将李世民根除。但他们不知道，太子李建成东宫的率更丞（主管计时的官员）王晊，已被秦王李世民收买成为安插在太子身边的眼线。他悄悄地找到李世民，将这个秘密计划向他汇报："李建成想借此控制秦王的兵马，并准备在昆明池设伏兵谋害秦王。"李世民感到事态严重，急忙找到尉迟敬德和长孙无忌等人商量对策。他们均建议先发制人，发动政变击垮太子的势力。但李世民仍犹豫不决，担心背上弑兄的骂名。最后还是尉迟敬德促成秦王下了决心，《旧唐书·尉迟敬德传》有如下记录：

李世民说："寡人虽深被猜忌，祸在须臾，然同气之情，终所未忍。欲待其先起，然后以义讨之，公意以为何如？"

尉迟敬德答："人情畏死，众人以死奉王，此天授也。若天与不取，反受其咎。王若不从敬德言，请奔逃亡命，不能交手受戮。敬德今若逃亡，无忌亦欲同去。王今处事有疑，非智；临难不决，非勇。王纵不从敬德言，请自决计，其如家国何？其如身命何？且在外勇士八百余人，今悉入宫，控弦披甲，事势已就，王何得辞！"

李世民原觉得兄弟间自相残杀将留污名于青史，想先等李建成和李元吉动手之后，再加以反击，届时自然师出有名。但尉迟敬德说这是天意所为，甚至表示若不当机立断，他和长孙无忌宁愿挂印而去，同时又表示本方准备充分，击败李建成十拿九稳，终于让李世民定下了决策。

阎立本的名画《步辇图》，展现了唐太宗接见吐蕃使者的情景。

当天夜里，李世民进宫向唐高祖李渊告状说太子李建成、齐王李元吉与尹德妃、张婕妤私通乱伦，并预谋加害自己，高祖答应第二天召集他们兄弟三人进宫对质，由他亲自盘查事情的原委虚实。玄武门之变的序幕就此被揭开了。

这场政变中，李建成贵为太子，并得齐王李元吉、宰相裴寂、谋士王珪、魏徵、东宫卫士将领薛万彻等人追随，实力本不容小觑。秦王李世民能够力挽狂澜的一个重要原因，便是他成功安插了重要间谍深入对方的阵营内部——此人就是防守玄武门的御林军将领常何。常何原本是李世民的部下，曾经跟随李建成讨伐刘黑闼，之后李建成在魏徵的授意下极力与其结交并收买成为亲信，但他在李世民的多次暗访劝诱中又秘密回归到李世民阵营里，成为一位双面间谍。

玄武门事变前夕，李世民在与尉迟敬德等人谋划好对策后，夜访常何，向其安排玄武门伏兵之事，除此之外，还交予其一个特殊的任务。李世民自幼与李元吉一起长大，他深知李元吉擅长弓箭，武艺高强。为了练习箭术，李元吉甚至从小就常以射杀移动中的俘虏为乐，弓箭是他身上形影不离的武器。李世民为了确保计划的顺利实施，打算从李元吉随身携带的弓箭上动手脚，而这项任务的最佳执行者就是身为太子心腹的常何，他所要执行的任务就是偷换掉李元吉的弓箭。弓箭不同于佩剑佩刀，通常没有固定专用的配备，且常何熟知李元吉的习惯，李元吉出门一般都是随手拿一把弓箭，并没有留意过细节。事变前夕，常何潜进齐王府和太子府的武器库，将武器架上的弓箭偷偷调换成了经过伪装的大膂力弓。由于伪装得惟妙惟肖，

突厥控诉下的隋唐秘密战

表面上根本无法将它与普通弓箭相区别。常何利用自己的地位，在王府中进出自如，没有任何人起疑，过程十分顺利。

武德九年六月初四庚申日，即公元626年7月2日，李世民发起了"玄武门之变"。是日清晨，尉迟敬德和长孙无忌率领一支精锐部队埋伏在帝都长安城皇宫北面的玄武门，这是李建成和李元吉一同入朝的必经之路。当两人与少数随从骑着马进入了玄武门后，察觉情况异常，空气中弥漫一股危险诡异的气息，两人心中开始起疑，准备调头返回。就在这时，常何立马命人将玄武门的大门关闭，将他们的手下隔绝在外，李世民则从玄武门里骑着马带领一群亲兵蜂拥而至，李世民向他们喊道："殿下，勿走！"李元吉知道事情有异，连忙转身过来拿起弓箭准备开弓射杀李世民，然而平日驾轻就熟的弓箭此刻无论使多大劲儿都拉不开。利用这机会，李世民却用箭射向了太子李建成，将其射死坠马。紧接着尉迟敬德就率了一支70名骑兵组成的队伍冲进混战中，将李元吉也射下马。可在此时，李世民的坐骑受到了惊吓，带着他窜入玄武门旁边的树林，他又被林中的树枝挂住，从马上摔下，倒在地上，一时来不及起身。负伤的李元吉目睹此景准备孤注一掷，他冲上前去，夺过李世民的弓，准备用弓弦勒死秦王，为太子报仇。但尉迟敬德及时跃马奔来大声呵斥他。元吉自忖不是对手（元吉曾与其比武，大败而回），仓促放开世民，准备遁入武德殿寻求父皇李渊庇护，但尉迟敬德快马追上，毫不留情的放箭将他射死。太子府和齐王府的将士们听到玄武门里发出喊杀声，猜想到必定出了变故，倾巢出动前往救援，而常何手下的御林军此

265

先不但不干涉政变，还与前来救援的太子部队展开厮杀。李世民一边指挥将士们抵抗太子势力，一边派大将尉迟敬德进宫向唐高祖禀报。高祖正悠闲地在宫内的海池上划船，并等着兄弟三人前来觐见，却不料见到尉迟敬德全身甲胄，手执利器，气喘吁吁地闯入禁宫。《资治通鉴》对这段史事有着详细记载，唐高祖问尉迟敬德："今日乱者谁邪？卿来此何为？"尉迟敬德答："秦王以太子、齐王作乱，举兵诛之，恐惊动陛下，遣臣宿卫。"唐高祖于是才知晓外面出了大事，不免心神不宁，愁肠百结。宰相萧瑀等大臣见状进言道，"太子李建成和齐王李元吉本就没有立过任何汗马功劳，反而因此仇恨功名显著的秦王李世民，欲加害于秦王，这下秦王将他们都铲除了，这是好事啊，把国事交付给战功赫赫的秦王还有什么不放心呢？"唐高祖见目前已成定局，只好采纳大臣们的意见，说："善！此吾之夙心也。"很快，李渊宣布了太子李建成、齐王李元吉的"罪状"，并将军政大权交予秦王李世民。三天后，即武德九年六月初七癸亥日（公元626年7月5日），唐高祖立秦王李世民为太子，下诏曰："今日起军国事务，不分大小皆由太子处决，然后奏报皇上。"

过了两个月，也就是武德九年八月初九甲子日（公元626年9月4日），唐高祖李渊禅位给李世民，自己退位做太上皇。李世民登基，做了大唐王朝的第二任皇帝，即唐太宗，次年改元贞观。常何也因功升职为中郎将。

唐朝从建国伊始就经历了大小不计其数的战役，无论是对待隋末各地割据的群雄，还是塞外彪悍的突厥，唐代的帝王将相们大都能熟练掌握谍战技艺，四两拨千斤，以柔克刚，以弱胜强。情报信息的来源更是多种多样，举重若轻。在中国历史上，虽然此前历朝历代的帝王们都十分重视间谍的培养，但像唐朝这样，上至皇帝亲王，下至文臣武将，均能将秘密战的艺术运用得如此娴熟圆滑，依然称得上前无古人。无论是对内巩固政权，还是对外开疆拓土，唐代的统治阶级充分意识到了间谍的作用，情报活动无论规模还是深度在有唐一代都上升至新的高度。

从政斗中走出的
女皇帝

作者：刘帅

秘密战 3000 年

唐太宗画像。

武则天（624—705 年），名曌，并州文水（今山西文水县）人。在其退位时被尊为则天大圣皇帝，史称"武则天"。历史上谣传"唐太宗爱其才，故取名为则天"，这一说法未加考证，不足为信。而"则天"二字也是后世对她的称谓。但不可否认的是，武则天绝对是唐代秘密战领域的女性胜利者。

武德九年（626 年）六月初四，秦王李世民发动"玄武门政变"，同年 8 月称帝，改元"贞观"。

贞观十年，武家女儿的美名传到了李世民耳朵里。史书记载，武则天"方额广颐"，意思是说她额头宽、下巴满、身材胖、脸蛋圆。唐朝的女性以丰满为美，武则天可算得标准美人。

此时李世民刚刚经历了丧妻之痛，于是在长孙皇后丧期满后，贞观十一年（637 年）11 月，武则天被通知进宫面试。她母亲杨氏为此痛哭流涕，可武则天却不以为然："见天子庸知非福，何儿女悲乎？"

果然，武则天的才貌吸引了李世民，当即聘她为五品才人，并赐号"武媚"。才人相当于皇帝的事务、文字秘书，主要负责安排宫廷宴会及休息娱乐活动，处理宫廷中一些政令性的文件。武媚很快成为皇帝的近身侍女，已属于姬妾。在唐朝，除皇后以外，才人之上还有一等妃、二等嫔、三等婕妤、四等美人，才人则属于第五等，地位卑微，在后宫中无任何权力。可 14 岁的武媚凭借天资聪颖，渐渐得到太宗赏识，但后来因为一件事改变了太宗对她的看法。据《资治通鉴》记载：一次武媚看太宗驯马，其中一匹"狮子骢"无人能够驯服。武媚娘对太宗道："妾能制之，然需三物：一铁鞭，二铁锏，三匕首。铁鞭击之不服，则以锏挝其首，又不服，则以匕首断其喉。"太宗见她一介女流手段竟如此强硬，之前积累起的一点好感也荡然无存，之后也就没再封赐。而据野史所传，太宗不喜武媚的原因是他曾在某本书上看到"以后夺李之江山者为武姓"。当然，这种说法并无实据。

唐代临摹晋王献之《新妇地黄汤帖》。

一 费尽心机，接近李治

由于职务原因，武媚对皇家公文有了一定的了解，也日渐通晓官场政治和权术。12年中，武媚虽然在地位上一直没有提高，但在人际交往及政治能力上突飞猛进。她期待自己人生转折点的出现。最后她终于等到机会，与唐的第三任皇帝李治有了交集。

李治是唐太宗的第九个儿子，史书记载李治"柔弱好内"。不过，这样性格随和的皇帝与武则天的强势刚好互补，这也是李治目疾后选择武则天辅政的一个重要原因。

其实，性格软弱的他原本与皇帝无缘，但历史跟他开了一个玩笑。唐太宗一共有14个儿子，其中太子李承乾、四子魏王李泰和九子晋王李治是长孙皇后所生。因为太宗朝的储君制起初也是嫡长子继承制，长子李承乾在武德九年（626年）就被封为太子。此时的唐太宗刚刚即位10个月。这一年，太子年仅8岁，虽然有跛足的毛病，但"性聪敏，太宗甚爱之"。甚至在贞观九年（635年）5月，高祖逝世太宗守孝时，太宗将东宫事务以及其他一般性事务都交给太子。但是随着年龄的增长、权力的膨胀，太子逐渐沾染恶习，他贪恋女色，奢侈挥霍，太宗十分痛心，逐渐疏远了他，转而把目光投向魏王李泰。据史料记载，李泰"少善书文"，"好士爱文学"，随着太宗宠爱的加深，而两人也分别养养了若干间谍安插到各自的阵营里，在权术方面可谓不分伯仲。贞观十七年（643年）四月，李承乾勾结汉王李元昌、驸马都尉杜荷等人谋反，企图害死唐太宗，

篡夺皇位。唐太宗立即废黜了太子。但太宗也逐渐认识到，魏王李泰诡计多端，不适合作为大唐储君，万般无奈之下，唐太宗听了长孙无忌的觐见，选定了同为长孙皇后儿子的第九皇子——晋王李治为接班人。

太宗晚年身体很差，武媚便与其他嫔妃轮番入侍。而太子李治常常来看望父皇给两人相识创造了机会。一次晚间值班，本应休息的武媚为接近李治，与一个比较要好的侍女换班，而且不惜擦了上好的胭脂。太宗死后，武媚和既没有儿女也没有妃位的被临幸侍女一起被送到感业寺，成为一名尼姑。而她与此时的天子李治有着不为人知的秘密。此间武媚的孤寂由一首诗中可以感知："看朱成碧思纷纷，憔悴支离为忆君。不信比来常下泪，开箱验取石榴裙。"（《如意娘》）

▌唐高宗画像。

唐代周昉所作《仕女画簪花图》是目前全世界唯一认定的唐代仕女画传世孤本。

一年后，高宗李治来感业寺进香。武则天知道机会不容错过，她贿赂了皇帝身边的宦官，让其"提醒"皇帝，得以与高宗一见。看到宫中故人，李治再次想起两人的海誓山盟。此后，被政事烦扰的高宗常常来此与武媚相会。

这时，皇宫里有两个女人也在为皇帝的宠爱争风吃醋，这就是王皇后和萧淑妃。显然皇后的思考欠缜密，为了扳倒萧淑妃，她竟然主动提出将武则天带回皇宫，殊不知这是引狼入室。永徽二年（651年）5月，唐高宗的孝服已满，武媚被带入宫中，成了皇后身边的贴身侍女。为了笼络皇后，赢得一席之地，也为了自己能在皇宫中有人庇佑，武则天不仅对皇帝屡进忠言，令高宗感觉她精明强干，对待皇后她也谦卑恭顺，尽其所能讨她欢心。武则天在皇宫里过上了安逸而优越的生活，同时滋养了她无限的权力欲望。

入宫前武氏就已怀孕，入宫后便生下儿子李弘。次年5月，被拜为二品昭仪。

《讨武檄文》碑帖。

对权力充满攫取欲望的武媚左右逢源，不仅将严谨方正的王皇后送进温柔的圈套，也把高宗拉进了"温柔乡"。

据说一年后，武则天生下一个女儿，高宗很喜欢。但有一说为"武则天扼女扳倒王皇后"。《新唐书·则天皇后传》中有这样

从政斗中走出的女皇帝

的记载："昭仪生女，后就顾弄，去，昭仪阴毙，儿衾下，伺帝至，阳为欢言，发衾视儿，死矣。又惊问左右，皆曰：'后适来'。昭仪即悲涕，帝不能察，怒曰：'后杀吾女，往与妃相谗媚，今又尔邪！'由是昭仪得入其訾，后无以自解，而帝愈信爱，始有废后意。"稍后，《资治通鉴》也有类似的记载。但是经过对比可以看出，《资治通鉴》几乎是全文抄录《新唐书》。然而，比《新唐书》

更有权威的《旧唐书》却对此事只字不提。此外，经过与其他文献的对比考证，武则天如果真做了这事，骆宾王的《讨武檄文》不会一字不提。檄文中列举了武则天的种种罪行，以至于发出"神人之所共疾，天地之所不容"的偏激言语。檄文写于唐睿宗光宅元年（公元684年），此时武则天已完全掌握朝政，假如真的有"扼婴"事件，骆宾王不可能放过。

二 争宠夺权，手段狠辣

不管是否存在"扼婴"之事，武媚"变身"则天皇帝，经历了诸多惊心动魄的宫闱斗争却是必然的。

《资治通鉴》卷199高宗永徽六年（655年）记载："六月，武昭仪诬王后与其母柳氏为厌胜，敕禁后母柳氏不得入宫"；《新唐书》卷76《后妃传》（上）亦载："昭仪乃诬后与母柳氏厌胜"。也就是从这个时候开始，高宗便有了废后之心。可贵为六宫之首的皇后是如何被废的呢？

其实，这都源于武则天设计的圈套。而间谍在其中更是起到了关键作用。史书记载王皇后为人质朴，平常与身边的侍从也很少交谈。她的舅父中书令柳奭出入宫禁时对宫

271

做工精美的唐代银杯。

从政斗中走出的女皇帝

内侍妾们也无谦和之礼。于是,武媚用金钱和饰品买通了王皇后身边的亲信,将眼线遍布后宫各处,还专门结交王皇后和柳奭不礼重的侍从和宫人,还常把自己得到的赏赐送给她们,以求得她们的拥戴和保护。而那些得到好处的宫人们自然成了武则天安插在王皇后、萧淑妃和唐高宗身边的耳目。因此,王皇后、萧淑妃和唐高宗的一举一动,武则天都一清二楚。逐渐地,柳奭发现外甥女失宠,很担心她失掉皇后的地位,便让王皇后认领唐高宗与一个侍妾刘氏所生的男孩为儿子,起名李忠,并劝说唐高宗立其为太子。唐高宗虽然按照支持王皇后一派大臣的意图办了,但却一如既往地宠爱武则天。为了试探唐高宗,柳奭主动提出辞去中书令的职务。谁知唐高宗顺水推舟,让他当了吏部尚书。这样,王皇后受到第一次打击。

自武则天得势后,王皇后深感危机,但她又没有办法与武则天正面冲突。这时她母亲恰好来探望她,于是她们共同想出一个绝妙的办法——巫术。她们自以为得计,孰知她们的计划早就被武媚的耳目侦知。武则天马上报告给高宗,以此不但排挤了王皇后的势力,顺便拉上了一无所知的萧淑妃,武媚诬陷两人合谋害自己。

此后,武则天更加得势,她不断在朝中笼络官员,很多人成为她的心腹,其中包括许多像许敬宗这样的重要人物,"皆潜布腹心于武昭仪矣。"

永徽六年(655年)7月,武则天周围已形成一大批拥护自己的大臣,重要人物有李义府、崔义玄等人。武则天开始筹划"废王立武"阴谋,她采取先软后硬的策略,先争取长孙无忌的支持。她指示许敬宗拉拢长孙无忌,但长孙无忌并不为所动,甚至破口大骂。不过武则天并没有放弃。为争取李氏宗亲长辈的认可,唐高宗和武则天亲自登门拜望长孙无忌,又封长孙无忌的三个儿子为大夫,还送去十车金银珠宝。但是,长孙无忌根本不表态。武则天又让母亲杨氏多次带着重礼到长孙无忌家求情劝说,长孙无忌也不答应。从此武则天对长孙无忌怀恨在心,她也通过这件事认识到自己与李唐王朝旧臣之间存在不可逾越的鸿沟。为避免夜长梦多,武则天快刀斩乱麻,与效忠自己的朝臣加紧部署封后计划。

同年(655年)9月,高宗皇帝终于采取行动,"召长孙无忌、李绩、于志宁、褚遂良"诸朝廷重臣"入内殿",商量废王立武的换后大事。这次宫廷内争十分激烈,当

▎长孙无忌画像。

273

■ 佛教在唐代得到空前的发展。

朝吵闹起来,以至在后廷窃听的武则天不禁"在帝中大言曰:'何不扑杀此獠'!"她当面斥责反对她为后的褚遂良。这场争论还是由建国大功臣李勣一句"此陛下家事,何必更问别人?"才终止。"上意遂决",高宗终于下决心废王皇后立武则天为后。

武氏成为皇后不久,就以防止外戚干政为借口,"上《外戚诫》,解释讥操"。这样既打击了以元舅辅政的长孙无忌,又将以前不礼于自己母女的长兄们贬斥流放,进而虐待致死。《资治通鉴》称"武氏巧慧,多权数";而《新唐书·后妃上》也记载"后有权数,诡变不穷"。同时,经过在感业寺里出家无望与希望并存的磨炼,武则天变得更加坚强,对机遇的把握也更加准确。在与王皇后、萧淑妃的斗争中,武氏抓住她们的性格弱点,广结宫中各色人物充当耳目,及时掌握宫中动态,做到知己知彼。"武昭仪伺后所不敬者,必倾心与相结,所得赏赐分与之。由是后及淑妃动静,昭仪必知之,皆以闻于上",这些间谍在关键时刻起了关键作用。

同年10月,唐高宗终于下诏废除王皇后,诏书写得很严厉,说:"王皇后、萧淑妃谋行鸩毒,废为庶人;母及兄弟,并除名,流岭南"。同月,下立武皇后诏书,对她评价甚高,有"誉重椒闱,德光兰掖……宫壸之内,恒自饬躬,嫔嫱之间,未尝迕目"诸词。

同年11月,被囚冷宫的王皇后和萧淑妃又因于别院遭到虐待而受到高宗同情。据《资治通鉴》记载,唐高宗到了囚房,看到环境如此恶劣,天性里温柔多情的那一面又表现出来。他不由得心酸落泪,对着洞口喊道:"皇后、淑妃安在?"不一会儿,从洞里传来一个凄凉的声音:"妾等得罪为宫婢,何得更有尊称!"这是王皇后的声音,语气之中有点抱怨。但是马上王皇后的心头涌起了一丝希望和光明,她又改了口气,哀求道:"至尊若念畴昔,使妾等再见日月,乞名此院为回心院!"意思是说,皇上,如果您还念及昔日的恩情,把我们放出去重见天日,我们一定改过自新,重新做人,并请您把这个院子改名为"回心院"。高宗不禁动了恻隐之心,打算把两人放出牢笼。但是这个消息早已被武则天安插在皇帝身边的间谍报告给武则天,心狠手辣的武后得知此事后,害怕死灰复燃,立即将二人虐杀,并剁去手足投入酒瓮中。历时6年的武、王宫廷夺后斗争,至此画上句号。

在麟德元年的废后事件中:"左右驰告,后遽从帝自诉。帝羞缩,待之如初",化解了武氏册后以来遇到的最大的一次危机。

紧接着,在帮助高宗打击元老重臣的斗争中,武氏笼络了一批失意的官僚如李义府、许敬宗等为己效力。"于是卫尉卿许敬宗、御义大夫崔义玄、中承袁公瑜皆潜布腹心于武昭仪矣""字深,痛柔屈不耻,以就大事"从而帮助皇帝实现其对朝政的"乾纲独断"。"高宗自显庆后,多苦风疾,百司奏事,时时令后决之,常称旨,由是参豫同政"在高宗因病不能理事时,便自然而然地将政事托付于最值得信任的皇后了。据《新唐书·则天皇后本纪》记载,武则天"性明敏,涉猎文史,处事皆称旨"。高宗病情加重导致武则天插手政务,这一偶然性因素冥冥之中也包含着某种必然性。高宗不会料到,自己出于信任将部分国家事务交由武则天处理，但这位皇后要冲破皇帝的束缚，曾经的"屈身忍辱，奉顺上意"的女人却要控制整个国家机器。"已得志，即盗威福，施施然无惮避"，使得高宗"久稍不平"。等到李治想收回权柄，妄图通过西台侍郎上官仪废掉武则天时，得到间谍密报的武则天急忙飞奔至皇帝面前，向高宗申诉。而高宗竟说："我初无此心，皆上官仪教我"。之后，武则天暗中指使许敬宗诬告上官仪，说其欲与废太子李忠合谋，要谋权篡位。最后，无辜的上官仪被满门抄斩，只留下一个儿媳和未满月的上官婉儿。公元 674 年 8 月，李治号称"天皇"，武则天号称"天后"，当时人称为"二圣"。

三　登基称制，其路漫漫

武则天与高宗共同执政约四十年。在此期间，武则天提出的许多政策得到高宗肯定，国家治理也颇见成效。但随着太子李弘年龄增长，高宗逐渐加强了与武后的权力争夺。咸亨至仪凤年间，高宗加大了对太子李弘的培养力度，频频令太子监国，甚至有禅位于太子的想法。李弘为人正直、善良，颇有能力，他与母亲武则天的许多意见相左，成为武则天掌权过程中的障碍。为实现自己的政治理想，武则天选择毒杀儿子。她安排间谍到太子的东宫伺机而动。《资治通鉴》记载："太子弘仁孝谦谨，上甚爱之；礼接士大夫，中外属心。天后方逞其志，太子奏请，数迕旨，由是失爱于天后。义阳、宣城二公主，萧淑妃之女也。坐母得罪。幽于掖庭，年逾三十不嫁。太子见之惊恻，遽奏请出降，上许之。天后怒。即日以公主配当上翊卫权毅、王遂古。己亥，太子薨于合璧宫，时人以为天后鸩之也。"

李弘被害死后，次子李贤被立为太子。由于李贤有较高的政治天赋，让武后再次惴惴不安。于是，她以"莫须有"的罪名将李贤贬谪为庶人，之后逼其自杀。史载："文明元年（公元 684 年），则天临朝，令左金吾将军丘神勣往巴州检校贤宅，以备外虞。神勣遂闭于别室，逼令自杀，年三十一。"之后，三子李显被立为太子。弘道天年（683 年），高宗卒，中宗李显刚刚即位，武后则天以"皇太后"的名义临朝称制。

为了称帝，武则天在中宗身边安插无数

武则天画像。

从政斗中走出的女皇帝

追封为皇帝的太子李弘的陵墓。

唐章怀太子李贤亦遭废杀。

心腹，以便搜罗其罪状。一年后，由于裴炎上奏的"让位于岳父"事件，中宗最终被废。

虽然裴炎被武则天视为心腹，但裴炎并不认为武则天有资格做皇帝。作为一朝宰相，裴炎忠于高宗，并受高宗托孤之命。弘道元年（683年）十二月丁巳（四日），"是夜，召裴炎入，受遗诏辅政"，"遗诏太子柩前即位，军国大事有不决者，兼听天后进止。"高宗临死前已窥见武后的野心，他希望儿子能够决断政事，故托付裴炎辅政。中宗主政后，形成了以裴炎为首的宰相辅政群体。此举制约了武则天的权柄。皇帝和宰相只是在"军国大政有不决者"之时才请武则天裁量。从制度层面看，武则天已不能直接插手朝政。"庚申，裴炎奏太子未即位。未应宣敕，有要速处分，望宣天后令于中书、门下施行"。从表面看，裴炎这个奏请并不过分，只是在中宗即位前数天内的权宜行为，但是更深层的原因是裴炎不满武则天的强权政治。由于裴炎的政治地位，一大批的拥唐人士开始加入以他为首的团队中，成为拥唐反武势力的核心。虽然裴炎与武则天策定废中宗，但是两个人在文化背景和政治利益上都存在较大差异，武则天也终于认识到，要想顺利取代李唐王朝，首先要打击裴炎的势力。

在武则天的策划下，裴炎最终被杀。此后，武则天完全控制了朝廷，武周王朝得以建立。《唐统记》记载了武则天在杀裴炎和程务挺之后训诫臣下的一段话："且卿辈有受遗老臣，倔强难制过裴炎者乎？有将门贵种，能纠合亡命过徐敬业者乎？有握兵宿将，攻战必胜过程务挺者乎？此三人者，人望也，不利于朕，朕能戮之。卿等有能过此三者，当即为之，不然，须革心事朕，无为天下笑。"

为扫清登基称帝的障碍，武则天大肆诛杀李唐皇族势力。她重用酷吏，奖励告密者，打击徐敬业、越王父子等反武势力。对于公开反叛者，武则天可以派兵声讨，可打击那些暗流中的政治势力，她只能依靠酷吏。

公元691年除夕，也就是武则天称帝的第二年，传来消息说牡丹开花了，女皇大喜，欲前往。此时酷吏来俊臣密报此事有玄机，后经查实果然是朝廷旧臣密谋反叛。神功元年，又发生了"三十六名家"图谋叛乱的事件。同年正月，箕州刺史刘思礼谋反被来俊臣告

277

无字碑不仅是乾陵的象征，更是女皇武则天的象征。

发，武则天顺利地平定了叛乱。

由此可见，武则天执政初期任用酷吏是奏效的，否则很难稳定政局。皇位稳固后，武则天除掉了周兴、来俊臣等酷吏，结束了"酷吏政治"。可以说，武则天的政治手段相当高明，她借助酷吏之手消灭政敌，之后再铲除他们平息大臣及百姓的愤怒，可谓一石二鸟，无论是权臣还是酷吏，都被这个智慧的女人玩弄于股掌之间。

然而，武则天最终也逃脱不了自己的命运。神龙元年正月，武则天一手提拔的心腹张柬之等人带领武士，闯入武则天的病房，武则天喝令乱军回营，张柬之强硬地回答："高宗皇帝将太子殿下托付给陛下。现在太子年纪已长，天意人心都归顺太子。臣等不忘太宗、高宗皇帝的厚恩，所以奉太子诛贼，请陛下立即传位太子，上顺天心，下孚民望。"

随后，武则天镇定地立下了自己的遗嘱，她的遗嘱很简单，但意味深长："去掉帝号，称则天大圣皇后，附葬在高宗的乾陵，陵墓上立一块碑，上面一个字也不要写。"这就是"无字碑"的来历，或许"无字碑"上本该书写着那些关于武则天的秘密战故事。

比小说好看
比剧本精彩

你一定爱读的中国战争史
（系列丛书）

有史可证，有迹可循
从春秋到清朝，2600多年的战争故事，让你一读就上瘾

通俗易懂，有趣有料
插科打诨也好，正色直言也罢，说的是古往今来战场风云，塑的是家国内外忠奸百态。场场大戏，英雄、奸雄与"狗熊"，人人都是角儿；篇篇传奇，妙招、奇招和险招，处处有谋略。

中国历史新演绎
用人物刻画战争，用战争串联历史。每一场战争都有典籍支撑。14位新锐作者联袂执笔，精选经典战役铺陈，涉及战略、战术、战法、武器、兵力、布阵、战场展开……

情节紧张，行文爽快
跌宕起伏的王朝命运，两军交戈的剑拔弩张，千钧一发的安危瞬间，惊心动魄的逃亡旅程，风林火山的用兵之法，三十六计的多方施展，卧薪尝胆的多年隐忍，柳暗花明的意外展开……古人的故事，今人读来依然扣人心弦。

《世界军服图解百科》丛书

欧美近百位历史学家、考古学家、军事专家、作家、画家、编辑集数年之力编成。

史实军备的视觉盛宴
千年战争的图像史诗

《罗马世界甲胄、兵器和战术图解百科》
《美国独立战争军服、武器图解百科1775-1783》
《拿破仑时期军服图解百科》
《19世纪军服图解百科》
《第一次世界大战军服、徽标、武器图解百科》
《第二次世界大战军服、徽标、武器图解百科》